Die Implementierung der Richtlinie 94/45/EG
über Europäische Betriebsräte
in Deutschland und Frankreich

Europäische Hochschulschriften
Publications Universitaires Européennes
European University Studies

Reihe II
Rechtswissenschaft

Série II Series II
Droit
Law

Bd./Vol. 3243

PETER LANG
Frankfurt am Main · Berlin · Bern · Bruxelles · New York · Oxford · Wien

Claudia Glückert

Die Implementierung der Richtlinie 94/45/EG über Europäische Betriebsräte in Deutschland und Frankreich

Eine rechtsvergleichende Skizze

PETER LANG
Europäischer Verlag der Wissenschaften

Die Deutsche Bibliothek - CIP-Einheitsaufnahme

Glückert, Claudia:

Die Implementierung der Richtlinie 94/45/EG über
Europäische Betriebsräte in Deutschland und Frankreich :
eine rechtsvergleichende Skizze / Claudia Glückert. - Frankfurt
am Main ; Berlin ; Bern ; Bruxelles ; New York ; Oxford ; Wien :
Lang, 2001
(Europäische Hochschulschriften : Reihe 2,
Rechtswissenschaft ; Bd. 3243)
Zugl.: Frankfurt (Main), Univ., Diss., 2000
ISBN 3-631-38086-0

D 30
ISSN 0531-7312
ISBN 3-631-38086-0

www.peterlang.de

Die Gemeinschaft und die Mitgliedstaaten verfolgen eingedenk der sozialen Grundrechte, wie sie in der am 18. Oktober 1961 in Turin unterzeichneten Europäischen Sozialcharta und in der Gemeinschaftscharta der sozialen Grundrechte der Arbeitnehmer von 1989 festgelegt sind, folgende Ziele: die Förderung der Beschäftigung, die Verbesserung der Lebens- und Arbeitsbedingungen, um dadurch im Wege des Fortschritts ihre Angleichung zu ermöglichen, einen angemessenen sozialen Schutz, den sozialen Dialog, die Entwicklung des Arbeitskräftepotentials im Hinblick auf ein dauerhaft hohes Beschäftigungsniveau und die Bekämpfung von Ausgrenzungen.

(Art.136 Abs.1 EG-Vertrag)

Inhaltsverzeichnis:

Literaturverzeichnis:

Abeltshauser, Thomas E. Strukturalternativen für eine europäische Unternehmensverfassung: eine rechtsvergleichende Untersuchung zum 5. gesellschaftsrechtlichen EG-Richtlinienvorschlag, Berlin, 1990.

Adamy, Wilhelm / Bobke, Manfred Soziale Grundrechte in der Europäischen Gemeinschaft, ArbRdGegw. 1990, S.21 ff.

Adelmann, Gerhard Quellensammlung zur Geschichte der sozialen Betriebsverfassung, Bonn, 1960.

Albrecht, Klaus L. Hugo Sinzheimer in der Weimarer Nationalversammlung, Frankfurt, 1969.

Asshoff, Gregor / Bachner, Michael / Kunz, Olaf Europäisches Arbeitsrecht im Betrieb, Köln, 1996.

Aufrère-Philbert, Denise La rigidité de la procedure en matière d'extension des conventions collectives et accords collectifs du travail, Droit social 1989, S.237 ff.

Bachner, Michael / Nielebock, Helga Ausgewählte Aspekte des Gesetzes über Europäische Betriebsräte (EBRG), AuR 1997, S.129 ff.

Bachner, Michael / Kunz, Olaf Gesetz über Europäische Betriebsräte (EBRG) - der Entwurf zur Umsetzung der Europäischen Richtlinie, AuR 1996, S.81 ff.

Barton, Dirk Michael Tendenzschutzprinzip hinreichend berücksichtigt, Der Arbeitgeber 1994, S.801 ff.

Behrens, Peter Integrationstheorie, RabelsZ 45 (1981), S.8 ff.

Bélier, Gilles Le comité d'entreprise européen: une institution encore à construire?, Droit social 1994, S.1027 ff.

Bertram, Michel Das Streikrecht in der französischen Privatwirtschaft, AiB 1990, S.352 ff.

Birk, Rolf Europäisches Arbeitsrecht, München, 1990.

Birk, Rolf, Europäische Aktiengesellschaft und nationales Betriebsverfassungsrecht, ZfA 1974, S.47 ff.

Birk, Rolf Unterrichtung und Anhörung der Arbeitnehmer in Transnationalen Unternehmen, Gedächtnisschrift für Constantinesco, S.33 ff., Köln, 1983.

Birk, Rolf "Tendenzbetrieb" und Wirtschaftsausschuß, JZ 1973, S.753 ff.

Blank, Michael Europäische Kollektivverträge und Sozialer Dialog, Festschrift für Gnade zum 65. Geburtstag, S.649 ff., Köln 1992.

Blank, Michael Perspektiven der Mitbestimmung in der EG, AuR 1993, S.229 ff.
Blanke, Hermann Europäischer Betriebsrat und Tendenzbestimmungen, AiB 1996, S.204 ff.
Blanke, Thomas 75 Jahre Betriebsverfassung: Der Siegeszug eines historischen Kompromisses, KJ 1995, S.12 ff.
Blanke, Thomas / Erd, Rainer / Mückenberger, Ulrich / Stascheit, Ulrich Kollektives Arbeitsrecht, Band 1. (1840 - 1932), Hamburg, 1975.
Blanke, Thomas Europäische Betriebsräte-Gesetz, Baden-Baden, 1999.
Blanpain, Roger (Hrsg.) International Encyclopaedia for Labour Law and Industrial Relations, Den Haag, Stand März 1999.
Blanpain, Roger / Windey, Paul European works councils, Leuven, 1994.
Blanpain, Roger / Klein, Elisabeth Europäisches Arbeitsrecht, 1. Auflage, Baden-Baden, 1992.
Blanpain, Roger / Schmidt, Marlene / Schweibert, Ulrike Europäisches Arbeitsrecht, 2.Auflage, Baden-Baden, 1996.
Blanpain, Roger Representation of Employees at the Level of the Enterprise and the EEC, RdA 1992, S.127 ff.
Bleckmann, Albert Europarecht, 6. Auflage, Köln, 1997.
Blomeyer, Christian Das Verbot der mittelbaren Diskriminierung gemäß Art.119 EGV, Baden-Baden, 1994.
Blomeyer, Wolfgang Die rechtliche Bewertung des Betriebsfriedens im Individual- und Betriebsverfassungsrecht, ZfA 1972, S.85 ff.
Bobke, Manfred Europäischer Binnenmarkt erfordert Europäische Betriebsräte in Steger (Hrsg.), Auf dem Weg zum Euro-Betriebsrat? Frankfurt, 1993.
Buchner, Herbert Die Rolle des Europäischen Gerichtshofs bei der Entwicklung des Arbeitsrechts, ZfA 1993, S.279 ff.
Bulla, G.-A. "Vertrauensvolle Zusammenarbeit" von Arbeitgeber und Betriebsrat als Generalklausel des Betriebsverfassungsrechts, RdA 1965, S.121 ff.
Code du travail (édition Dalloz) Paris, 1998.
Coen, Martin Die Europäische Dimension der Tarifautonomie nach Maastricht FS für Bleckmann zum 60. Geburtstag, S.1 ff., Berlin, 1993.
Colneric, Ninon Verbot der Frauendiskriminierung im EG-Recht -Bilanz und Perspektiven- FS für Gnade zum 65. Geburtstag, S.627 ff., Köln 1992.

Costas, Ilse Anfänge der Partizipation im Industriebetrieb. Die Arbeiterausschüsse 1889 bis 1920 in Bergmann, Jürgen (Hrsg.), Geschichte als politische Wissenschaft, Stuttgart, 1979.
Däubler, Wolfgang Sozialraum Europa -Dumping oder sozialer Fortschritt- in Steinkühler (Hrsg.), Europa'92, Hamburg, 1989.
Däubler, Wolfgang Soziale Mindeststandards in der EG -eine realistische Perspektive? in Birk, Rolf (Hrsg.), Die soziale Dimension des europäischen Binnenmarkts, S.49 ff., Baden-Baden, 1990.
Däubler, Wolfgang Europäische Tarifverträge nach Maastricht, EuZW 1992, S.320 ff.
Däubler, Wolfgang Europäischer Binnenmarkt und Gewerkschaftspolitik, GewerkMH 1988, S.459 ff.
Däubler, Wolfgang Grenzüberschreitende Fusion und Arbeitsrecht, DB 1988, S.1850 ff.
Däubler, Wolfgang Europäischer Betriebsrat und Rechte der Gewerkschaften, AuR 1996, S.303 ff.
Däubler, Wolfgang / Wohlgemuth, Karl Transnationale Konzerne und Weltwirtschaftsordnung, Baden-Baden, 1978.
Däubler, Wolfgang / Lecher, Wolfgang Die Gewerkschaften in den 12 EG-Ländern, Köln, 1991.
Däubler, Wolfgang / Klebe, Thomas Der Euro-Betriebsrat, AiB 1995, S.557 ff.
Däubler, Wolfgang / Kittner, Michael Betriebsverfassungsgesetz, 6. Auflage, Frankfurt am Main, 1998.
Däubler, Wolfgang / Kittner, Michael / Lörcher, Klaus Internationale Arbeits- und Sozialordnung, 2. Auflage, Köln, 1994.
Desjardins, Bernadette / Pélissier, Jean / Roset, Agnès / Tholy,Lysiane Le nouveau code du travail annoté, 15.Auflage, Paris, 1995.
Deppe, Joachim Euro-Betriebsräte, Wiesbaden, 1992.
Despax, Michel La réforme du droit des conventions collectives de travail par la loi n° 71-561 du 13 juillet 1971, Droit social 1971, S.530 ff.
Despax, Michel La mesure de l'application de la loi sur les conventions collectives à la négociation d'entreprise: les accords en marge de la loi, Droit social 1982, S.672 ff.
Dietz, Rolf / Richardi, Reinhard Betriebsverfassungsgesetz, Bd.1 (§§ 1- 74), 6 Auflage, München, 1981., Bd.2 (§§ 74 - Schluß), 6. Auflage, München, 1982.

Dowe, Dieter (Hrsg.) Protokoll der Verhandlungen des Ersten Reichskongresses der Betriebsräte Deutschlands, Berlin/Bonn, 1981.

Dreher, Meinrad Ratsprotokollerklärungen, nationale und europäische Publizität und die Umsetzung von EG-Richtlinien, EuZW 1994, S.743 ff.

Eberwein, Wilhelm Zur Geschichte und Soziologie der deutschen Betriebsverfassung, WSI-Mitteilungen 1992, S.497 ff.

Engelen-Kefer, Ursula Auf dem Weg: Eurobetriebsräte, AiB 1996, S.137 ff.

Engels, Gerd Die Entwicklung des französischen Rechts der Koalitionen, Berlin, 1972.

Engels, Gerd / Müller, Christopher Regierungsentwurf eines Gesetzes über Europäische Betriebsräte, DB 1996, S.981 ff.

Eser, Gisbert Europarechtliche Aspekte der Arbeitnehmermitbestimmung in multinationalen Unternehmen, AuR 1994, S.91 ff.

Fabricius, Fritz / Kraft, Alfons Betriebsverfassungsgesetz Bd.1 (§§ 1-73), 5.Auflage, Neuwied, 1993. Bd.2 (§§ 74 - 132), 5. Auflage, Neuwied, 1996.

Figge, Jutta Mitbestimmung auf Unternehmensebene in Vorschlägen der Europäischen Gemeinschaften, Baden-Baden, 1992.

Flatow, Georg / Kahn-Freund, Otto Betriebsrätegesetz, 13.Auflage, Berlin, 1931.

Frik, Roman Die neue Interpretation des Günstigkeitsprinzips in Frankreich, NZA 1998, S.525 f.

Galperin, Hans / Löwisch, Manfred Kommentar zum Betriebsverfassungsgesetz Bd.1 (§§ 1-73), 6. Auflage, Heidelberg, 1981., Bd.2 (§§ 74 - 132), 6. Auflage, München, 1982.

Gaul, Björn Die Einrichtung Europäischer Betriebsräte NJW 1995, S.228 ff.

Gaul, Björn Das neue Gesetz über die Europäischen Betriebsräte, NJW 1996, S.3378 ff.

Germelmann, Claas-Hinrich Der Betriebsfrieden im Betriebsverfassungsrecht Frankfurt, 1972.

Goos, Wolfgang Kommt der Europäische Betriebsrat? NZA 1994, S.776 ff.

Grabitz, Eberhard / Hilf, Meinhard Kommentar zur Europäischen Union, München, Stand 1997.

Groeben, Hans von der / Thiesing, Jochen / Ehlermann, Claus-Dieter Kommentar zum EG-Vertrag, 5. Auflage, Baden-Baden, 1997.

Groupe de travail "Information et consultation" Résultats des travaux V/6943/95/FR vom 22.08.1995

Gürteler, Alfred Kommentar zum Betriebsrätegesetz, 2. Auflage, Hamburg, 1929.

Guirlet, Claude Le comité d'entreprise européen -mythes et réalités- La Semaine Juridique 1991, S.290 ff.

Hanau, Peter Aktuelles zu Betrieb, Unternehmen und Konzern im Arbeitsrecht ZfA 1990, S.115 ff.

Hanau, Peter Nationale Regelungen für internationale (europäische) Betriebsräte, Festschrift für Ralf Vieregge zum 70. Geburtstag, S.319 ff., Berlin, 1995.

Hans-Böckler-Stiftung (Hrsg.) Europäische Betriebsräte -Ein Beitrag zum sozialen Europa- 5. Auflage, Düsseldorf, 1994.

Harazim, Harald Aktuelle Probleme der Arbeit der Europäischen Betriebsräte, AiB 1997, S.633 ff.

Heinze, Meinhard Probleme der Mitbestimmung und Betriebsverfassung bei einer grenzüberschreitenden Umstrukturierung von Unternehmen im Binnenmarkt, ZGR 1994, S.47 ff.

Herschel, Wilhelm Vom Werden der Betriebsverfassung, Juristen-Jahrbuch Bd.2 (1961/62), S.80 ff.

Herschel, Wilhelm Entwicklungstendenzen des Arbeitsrechts, RdA 1956, S.161 ff.

Hess, Harald / Schlochauer, Ulrike / Glaubitz, Werner Kommentar zum Betriebsverfassungsgesetz, 4. Auflage, Neuwied, 1993.

Höland, Armin Mitbestimmung und Europa, Gütersloh, 1997.

Höland, Armin Partnerschaftliche Setzung und Durchführung von Recht in der Europäischen Gemeinschaft, ZIAS 1995, S.425 ff.

Hohenstatt, Klaus-Stefan Der Europäische Ausschuß -Der Richtlinienvorschlag der Kommission zur Mitwirkung der Arbeitnehmer in gemeinschaftsweit operierenden Unternehmen, EuZW 1994, S.427 ff.

Holz, Berthold Die Richtlinie des Rates vom 22. September 1994 über die Einsetzung eines Europäischen Betriebsrats oder die Schaffung eines Verfahrens zur Unterrichtung und Anhörung der Arbeitnehmer in gemeinschaftsweit operierenden Unternehmen und Unternehmensgruppen 94/45/EG, Aachen, 1996.

Hopt, Klaus, J. Harmonisierung im europäischen Gesellschaftsrecht -status quo, Probleme, Perspektiven- ZGR 1992, S.265 ff.

Hopt, Klaus J. Grundprobleme der Mitbestimmung in Europa, ZfA 1982, S.207 ff.

Hornung-Draus, Renate Gestaltungsspielräume nutzen, Arbeitgeber 1994, S.759 ff.

Hromadka, Wolfgang Rechtsfragen zum Eurobetriebsrat, DB 1995, S.1125 ff.

Jäger, Wolfgang Gewerkschaften und Linksparteien in Frankreich in Rühle, Hans (Hrsg.), Gewerkschaften in den Demokratien Westeuropas Bd.1, Paderborn, 1983.

Jansen, Peter / Kißler, Leo / Kühne, Peter / Leggerie, Claus / Seul, Otmar Gewerkschaften in Frankreich, Frankfurt, 1986.

Jauch, Susanne Gewerkschaftsbewegung in Frankreich und Deutschland, Frankfurt, 1984.

Javillier, Jean-Claude La partie "obligatoire" de la convention collective, Droit social 1971, S.258 ff.

Javillier, Jean-Claude Les réformes du droit du travail depuis le 10 mai 1981, Paris, 1982.

Jeammaud, Antoine / Le Friant, Martine / Lyon-Caen, Antoine Gewerkschaftsrechte im Betrieb nach französischem Recht, AiB 1989, S.388 ff.

Jeammaud, Antoine / Le Friant, Martine Das System des Arbeitsrechts in Frankreich, NZA 1995, S.210 ff.

Jeammaud, Antoine / Le Friant, Martine Grundprinzipien des französischen Arbeitskampfrechts, AuR 1994, S.85 ff.

Jacquier, Jean-Paul Les chemins possibles du comité d'entreprise européen, Droit social 1996, S.1081 ff.

Jarass, Hans D. Richtlinienkonforme bzw. EG-rechtskonforme Auslegung nationalen Rechts, EuR 1991, S.211 ff.

Joost, Detlev Betrieb und Unternehmen als Grundbegriffe des Arbeitsrechts, München, 1988.

Junker, Abbo Der "Europäische Betriebsrat" in rechtsvergleichender Perspektive, JZ 1992, S.1100 ff.

Karl, Joachim Zur Rechtswirkung von Protokollerklärungen in der Europäischen Gemeinschaft, JZ 191, S.593 ff.

Kessler, Francis Der französische Betriebsrat (Comité d'Entreprise) seit dem Gesetz vom 28. Oktober 1982, BlStSozArbR 1984, S.113 ff

Kessler, Francis Das neue französische Tarifvertragsgesetz vom 13. November 1982, BlStSozArbR 1983, S.369 ff.

Klebe, Thomas / Kunz, Olaf Europäische Betriebsräte: Eine praktische und rechtliche Zwischenbilanz Festschrift für Wolfgang Däubler, Köln, 1999, S.1 ff.

Klinkhammer, Heiner / Welslau, Dietmar Mitbestimmung in Deutschland und Europa, Neuwied, 1995.

Klinkhammer, Heiner / Welslau, Dietmar Auf der Zielgeraden: Der Europäische Betriebsrat, AuR 1994, S.326 ff.

Körner, Marita Formen der Arbeitnehmermitwirkung. Das französische Comité d'entreprise- eine Länderstudie- Baden, Baden, 1999.

Kolvenbach, Walter Europäische Betriebsräte - Großbritannien, NZA 1998, S.582 ff.

Kolvenbach, Walter Die weitere Entwicklung der Betriebsverfassung und Unternehmensmitbestimmung in den Mitgliedstaaten der Europäischen Union, Festschrift für Ulrich Everling, S.669 ff., Baden-Baden, 1995.

Kolvenbach, Walter Die europäische Gemeinschaft und die deutsche Mitbestimmung, DB 1986, S.2023 ff.

Kolvenbach, Walter Vom "Europäischen Betriebsrat" zum "Europäischen Ausschuß", RdA 1994, S.279 ff.

Kolvenbach, Walter EG-Richtlinie über die Information und Konsultation der Arbeitnehmer, DB 1982, S.1457 ff.

Konzen, Horst Der europäische Einfluß auf das deutsche Arbeitsrecht nach dem Vertrag über die Europäische Union, EuZW 1995, S.39 ff.

Kraft, Alfons Der Informationsanspruch des Betriebsrats - Grundlagen, Grenzen und Übertragbarkeit, ZfA 1983, S.171 ff.

Kühne, Peter Gewerkschaftliche Betriebspolitik in Westeuropa, Berlin, 1982.

Kunz, Olaf Das Gesetz über Europäische Betriebsräte, AiB 1997, S.267 ff.

Langenbrinck, Bernhard Europäische Aspekte kollektiven Arbeitsrechts, DB 1998, S.1081 ff.

Langenfeld, Christine Die Gleichbehandlung von Mann und Frau in der Europäischen Gemeinschaft, Baden-Baden, 1990.

Latournerie, Roger Le droit francais de la grève, Paris, 1972.

Le Friant, Martine Die Tarifverhandlungen in grenzüberschreitenden Unternehmen, NZA 1994, S.158 ff.

Le Friant, Martine Frankreichs erneuertes Arbeitsrecht, AuR 1984, S.78 ff.

Lecher, Wolfgang Das französische Arbeitsbeziehungssystem - und was uns das angeht, WSI-Miteilungen 1993, S.421 ff.

Lecher, Wolfgang Europäische Betriebsräte und Arbeitsbeziehungen - zur Lage und Entwicklung in Großbritannien, Frankreich und Italien, Düsseldorf, 1998.

Lecher, Wolfgang Ressourcen des Europäischen Betriebsrats, WSI-Mitteilungen 1998, S.691 ff.

Lecher, Wolfgang / Platzer, Wolfgang Europäische Betriebsräte: Fundament und Instrument europäischer Arbeitsbeziehungen? WSI-Mitteilungen 1996, S.503 ff.

Lecher, Wolfgang / Nagel, Bernhard / Platzer, Hans-Wolfgang Die Konstituierung Europäischer Betriebsräte - Vom Informationsforum zum Akteur?, Baden-Baden, 1998.

Lehmann, Jürgen Kritische Anmerkungen zum geänderten Vorschlag für eine Richtlinie über die Unterrichtung und Anhörung der Arbeitnehmer, RdA 1984, S.160 ff.

Leibfried, Stephan / Pierson, Paul Zur Dynamik sozialpolitischer Integration: Der Wohlfahrtsstaat in der europäischen Mehrebenenpolitik in Leibfried, Stephan/Pierson, Paul (Hrsg.), Standort Europa, S.422 ff., Frankfurt, 1998.

Leibfried, Stephan / Pierson, Paul Der Wohlfahrtsstaat in der europäischen Mehrebenenpolitik: Die Rolle der Mitgliedstaaten in Platzer, Hans-Wolfgang (Hrsg.), Sozialstaatliche Entwicklung in Europa und die Sozialpolitik der Europäischen Union, S.77 ff., Baden-Baden, 1997.

Leipold, Dieter Die Einigungsstellen nach dem Betriebsverfassungsgesetz, Festschrift für Ludwig Schnorr von Carolsfeld zum 70. Geburtstag, S.273 ff., Köln, 1973.

Lerche, Christoph-Nikolaus Der Europäische Betriebsrat und der deutsche Wirtschaftsausschuß, Frankfurt, 1997.

Lörcher, Klaus Anforderungen, Defizite und Durchsetzungsmöglichkeiten bei der Umsetzung der Euro-Betriebsräterichtlinie 94/45/EG in innerstaatliches Recht, AuR 1996, S.297 ff.

Lörcher, Klaus Die Normen der Internationalen Arbeitsorganisation und des Europarats -Ihre Bedeutung für das Arbeitsrecht der Bundesrepublik- AuR 1991, S.97 ff.

Lorenz, Frank / Zumfelde, Meinhard Der Europäische Betriebsrat und die Schließung des Renault-Werkes in Vilvoorde/Belgien, RdA 1998, S.168 ff.

Loritz, Karl-Georg Sinn und Aufgabe der Mitbestimmung heute, ZfA 1991, S.1 ff.

Lutter, Marcus Die Auslegung angeglichenen Rechts, JZ 1992, S.593 ff.

Lyon-Caen, Gérard Négaciation collective et législation d'ordre public, Droit social 1973, S.89 ff.

Lyon-Caen, Gérard Critique de la négociation collective, Droit social 1979, S.350 ff.

Lyon-Caen, Gérard Grundlagen des Arbeitsrechts und Grundprinzipien im Arbeitsrecht, RdA 1989, S.228 ff.

Lyon-Caen, Gérard / Tillhet-Pretnar, Jeanne Droit social, Paris, 5.Auflage, 1995.

Lyon-Caen, Gérard / Pélissier, Jean / Supiot, Alain Droit du travail, Paris, 18.Auflage, 1996.

Macedo VanOverbeek, Junia Pais Handbuch Gleichbehandlung von Männern und Frauen in der Europäischen Gemeinschaft, Luxemburg, 1995.

Mansfeld, Werner Betriebsrätegesetz, 2.Auflage, Mannheim, 1930.

Manzella, Gian-Paolo Brèves réflexions relatives au comité d'entreprise européen, Revue du Maché commun et de l'Union européenne 1995, S.647 ff.

Mielke, Siegfried Internationales Gewerkschaftshandbuch, Opladen, 1983.

Milert, Werner / Tschirbs, Rudolf Von den Arbeiterausschüssen zum Betriebsverfassungsgesetz, Köln, 1991.

Mommsen, Hans Arbeiterbewegung und industrieller Wandel, Wuppertal, 1980.

Müller, Christopher Europäisches Betriebsräte-Gesetz (EBRG), Stuttgart, 1997.

Müller, Richard Die Novemberrevolution , Berlin, 1973.

Müller-Graff, Peter-Christian Europäisches Gemeinschaftsrecht und Privatrecht, NJW 1993, S.13 ff.

Nagel, Bernhard Der EG-Richtlinienentwurf zum Europäischen Betriebsrat, AuR 1991, S.161 ff.

Nagel, Bernhard Entwicklungsperspektiven von Euro-Betriebsräten und deutsche Mitbestimmung, WSI-Mitteilungen 1996, S.494 ff.

Nagel, Bernhard / Riess, Birger / Rub, Stefan / Beschorner, Andreas Information und Mitbestimmung im internationalen Konzern, Baden-Baden, 1996.

Nagels, Karlheinz / Sorge, Arndt Industrielle Demokratie in Europa, Frankfurt, 1977.

Nagels, Karlheinz Überbetriebliche Partizipation von Arbeitnehmern in Europa, Frankfurt, 1978.

Niedenhoff, Horst-Udo Der Europäische Betriebsrat aus Arbeitgebersicht, WSI-Mitteilungen 1996, S.489 ff.

Niedenhoff, Horst-Udo Mitbestimmung in den Staaten der Europäischen Union, 2.Auflage, Köln, 1995.

Nowak, Alfons Die EWG-Richtlinie über die Unterrichtung und Anhörung der Arbeitnehmer Heidelberg, 1985.

Oertzen, Peter von Betriebsräte in der Novemberrevolution, 2 Auflage, Berlin, 1976.

Oetker, Hartmut Europäischer Betriebsrat und Pressefreiheit, Beilage Nr.10/96 zu DB 1996, S.1 ff.

Papst Leo XIII. Enzyklika "rerum novarum" -Über die Arbeiterfrage- Rom 1891, nachgedruckt im Herder-Verlag, Freiburg.

Pechstein, Matthias Die Bedeutung von Protokollerklärungen zu Rechtsakten der EG, EuR 1990, S.249 ff.

Pipkorn, Jörn Arbeitnehmerbeteiligung in Unternehmen auf Europäischer Grundlage, RdA 1992, S.120 ff.

Pipkorn, Jörn Die Mitwirkungsrechte der Arbeitnehmer aufgrund der Kommissionsvorschläge der Strukturrichtlinie und der Richtlinie über die Unterrichtung und Anhörung der Arbeitnehmer, ZGR 1985, S.567 ff.

Pipkorn, Jörn Der Einfluß der Europäischen Gemeinschaft auf das Unternehmens- und Betriebsverfassungsrecht in Schwarze, Jürgen (Hrsg.), Integrationsrecht Band I, S.33 ff., Baden-Baden, 1985.

Potthoff, Heinrich Probleme gewerkschaftlicher Organisation im Weltkrieg, Revolution und Republik in Mommsen, Hans (Hrsg.), Arbeiterbewegung und industrieller Wandel, S.140 ff., Wuppertal, 1980.

Rademacher, Ulf Der Europäische Betriebsrat, Baden-Baden, 1996.

Ramm, Thilo Das deutsche Arbeitsrecht zwischen den beiden Weltkriegen, ZfA 1988, S.157 ff.

Ranke, Fritz Arbeitsrecht in Frankreich, München, 1995.

Rapport Adam La négociation collective en France, Droit social 1978, S.385 ff.

Reichold, Hermann Betriebsverfasung als Sozialprivatrecht, München, 1995.

Rheinhard, Paul Sozial- und arbeitsmarktpolitische Entwicklungen in den europäischen Ländern -Konsequenzen und Aufgaben für die Europäische Union- in Platzer, Hans-Wolfgang (Hrsg,). Sozialstaatliche Entwicklung in Europa und die Sozialpolitik der Europäischen Union, S.45 ff., Baden-Baden, 1997.

Richardi, Reinhard / Wlotzke, Otfried (Hrsg.) Münchener Handbuch zum Arbeitsrecht , München, 1993.
Rodière, Pierre Le comité d'entreprise à l'heure européenne, Droit ouvrier 1995, S.61 ff.
Rojot, Jacques European works councils in Blanpain/Hanami (Hrsg.), European works councils, S.139 ff.
Ross, George Das "soziale Europa" des Jacques Delors: Verschachtelung als politische Strategie in Leibfried, Stephan/Pierson, Paul (Hrsg.), Standort Europa, S.327 ff., Frankfurt, 1998.
Rückert, Joachim / Friedrich, Wolfgang Betriebliche Arbeiterausschüsse in Deutschland, Großbritannien und Frankreich im späten 19. und frühen 20. Jahrhundert, Frankfurt, 1979.
Rühle, Hans Gewerkschaften in den Demokratien Westeuropas (Band 1), Paderborn, 1983.
Ruoff, Axel Das Europäische Betriebsräte-Gesetz (EBRG), BB 1997, S.2478 ff.
Sandmann, Bernd Die Euro-Betriebsrats-Richtlinie, Heidelberg, 1996.
Savatier, Jean Les attributions respectives du comité central d'entreprise et des comités d'etablissements en matière économique, Droit social 1976, S.392 ff.
Savatier, Jean Das französische Arbeitsrecht von 1981 bis 1985, RdA 1986, S.34 ff.
Savatier, Jean L'obligation de discrétion des membres du comité d'entreprise, Droit social 1985, S.111 ff.
Savatier, Jean A propos de l'action en justice des comités d'entreprise, Droit social 1987, S.101 ff.
Savatier, Jean Vote du président et pouvoir de la majorité dans les délibérations du comité d'entreprise, Droit social 1989, S.206 ff.
Schaub, Günter Arbeitsrechtshandbuch, 8. Auflage, München, 1996.
Schmidt, Monika Der Europäische Betriebsrat, NZA 1997, S.180 ff.
Schneider, Dieter Arbeiterräte in der Novemberrevolution, Frankfurt, 1973.
Schneider, Dieter / Kuda, Rudolf F. Mitbestimmung. Weg zur industriellen Demokratie? München, 1969.
Simitis, Spiros Europäisierung oder Renationalisierung des Arbeitsrechts? Festschrift für Otto Kissel zum 65. Geburtstag, S.1097 ff. München, 1994.
Sinay, Hélène / Javillier, Jean-Claude Droit du travail, Bd.6 (la grève), 2. Auflage, Paris, 1984.
Söllner, Alfred Grundriß des Arbeitsrechts, 10. Auflage, München, 1990.

Söllner, Alfred Zur vertrauensvollen Zusammenarbeit zwischen Betriebsvertretung und Arbeitgeber, DB 1968, S.571 ff.

Steindorff, Ernst Gleichbehandlung von Mann und Frau nach dem EG-Recht, RdA 1988, S.129 ff.

Streeck, Wolfgang Vom Binnenmarkt zum Bundesstaat? Überlegungen zur politischen Ökonomie der europäischen Sozialpolitik in Leibfried, Stephan/Pierson, Paul (Hrsg.), Standort Europa, S.369 ff., Frankfurt, 1998.

Teuteberg, Hans Jürgen Geschichte der industriellen Mitbestimmung in Deutschland, Tübingen, 1961.

Teyssié, Bernard Le droit de la représentation du personnel à l'épreuve du comité d'entreprise européen, La Semaine Juridique 1995, Teil I 3858, S.299 f.

Wank, Rolf Arbeitsrecht nach Maastricht, RdA 1995, S.10 ff.

Weber, Ralph Lothar Die vertrauensvolle Zusammenarbeit zwischen Arbeitgeber und Betriebsrat, Heidelberg, 1989.

Weinstock, Ulrich Neun für Europa -Die EWG als Motor europäischer Integration- Düsseldorf, 1973.

Weiss, Manfred Europäische Betriebsräte, ZRP 1992, S.422 ff.

Weiss, Manfred Europäische Betriebsräte und Konzern - 20 Thesen, ZIAS 1995, S.633 ff.

Weiss, Manfred Die Bedeutung von Maastricht für die EG-Sozialpolitik, Festschrift für Gnade zum 65. Geburtstag, S.583 ff., Köln, 1992.

Weiss, Manfred Der soziale Dialog als Katalysator koordinierter Tarifpolitik in der EG, Festschrift für Otto Kissel zum 65. Geburtstag, S.1253 ff., München 1994.

Weiss, Manfred Arbeitnehmermitwirkung in der Europäischen Gemeinschaft, Festschrift für Eugen Stahlhacke zum 70. Geburtstag, S.657 ff., Neuwied, 1995.

Weiss, Manfred in Blanpain, Roger/Hanami, Tadashu (Hrsg.), European works councils, S.150 ff., Leuven, 1995.

Weiss, Manfred Die Umsetzung der Richtlinie über Europäische Betriebsräte, AuR 1995, S.438 ff.

Weiss, Manfred / Weyand, Joachim Betriebsverfassungsgesetz, 3. Auflage, Baden-Baden, 1994.

Westermann, Harm Peter Tendenzen der gegenwärtigen Mitbestimmungsdiskussion in der Europäischen Gemeinschaft, RabelsZ 48 (1984), S.123 ff.

Willard, Claude Geschichte der französischen Arbeiterbewegung, Frankfurt, 1981.

Willemsen, Heinz Josef / Hohenstatt, Klaus-Stefan
Chancen und Risiken von Vereinbarungen gemäß Art.13 der "Euro-Betriebsrat"-Richtlinie, NZA 1995, S.399 ff.

Winkler, Heinrich August Von der Revolution zur Stabilsierung. Arbeiter und Arbeiterbewegung in der Weimarer Republik 1918 bis 1924, 2.Auflage, Berlin, 1985.

Wirmer, Anton Die Richtlinie Europäische Betriebsräte -Ein zentraler Baustein europäischer Sozialpolitik- DB 1994, S.2134 ff.

Witt, Carsten Die betriebsverfassungsrechtliche Kooperationsmaxime und der Grundsatz von Treu und Glauben, Berlin, 1987.

Wunsch-Semmler, Bettina Entwicklungslinien einer europäischen Arbeitnehmermitwirkung, Baden-Baden, 1995.

Zachert, Ulrich Betriebliche Mitbestimmung, Köln, 1979.

Zachert, Ulrich Betriebsverfassung in Westeuropa - Eine rechtsvergleichende Skizze - AuR 1982, S.20 ff.

Zöllner, Wolfgang / Loritz, Karl-Georg Arbeitsrecht, 4. Auflage, München, 1992.

Zügel, Johannes Mitwirkung der Arbeitnehmer nach der EU-Richtlinie über die Einsetzung eines Europäischen Betriebsrats, Frankfurt, 1995.

Zuleeg, Manfred Gleicher Zugang von Mann und Frau zum Arbeitsleben als europäisches Problem, Saarbrücken, 1985.

Zumfelde, Meinhard Die 35-Stundenwoche per Gesetz in Frankreich? -eine Herausforderung für das französische Tarifvertragssystem! NZA 1998, S.410 ff.

Abkürzungsverzeichnis:

AiB	Arbeitsrecht im Betrieb
AP	Arbeitsrechtliche Praxis
ArbRdGegw	Arbeitsrecht der Gegenwart
AuR	Arbeit und Recht
BAG	Bundesarbeitsgericht
BB	Betriebs-Berater
BetrVG	Betriebsverfassungsgesetz
BlStSozArbR	Blätter für Steuer- Sozial- und Arbeitsrecht
BR.-Drucks.	Drucksache des Bundesrats
BT.-Drucks	Drucksache des Deutschen Bundestags
BVerfG	Bundesverfassungsgericht
BVG	Besonderes Verhandlungsgremium
BRG	Betriebsrätegesetz
DB	Der Betrieb
EG. Abl.	Amtsblatt der Europäischen Gemeinschaften
EBR	Europäischer Betriebsrat
EBRG	Gesetz über Europäische Betriebsräte
EuGH	Gerichtshof der Europäischen Gemeinschaften
EuR	Europarecht
EuZW	Europäische Zeitschrift für Wirtschaftsrecht
EWG	Europäische Wirtschaftsgemeinschaft
FS	Festschrift
GewerkMH	Gewerkschaftliche Monatshefte
GS	Gedächtnisschrift
JZ	Juristenzeitung
KSchG	Kündigungsschutzgesetz
NJW	Neue Juristische Wochenschrift
NZA	Neue Zeitschrift für Arbeitsrecht
RabelsZ	(Rabels)-Zeitschrift für Ausländisches und Internationales Privatrecht
RdA	Recht der Arbeit
WSI-Mitteilungen	Monatszeitschrift des Wirtschafts-und Sozialwissenschaftlichen Instituts in der Hans-Böckler-Stiftung
RIW	Recht der Internationalen Wirtschaft
ZfA	Zeitschrift für Arbeitsrecht
ZGR	Zeitschrift für Unternehmens und Gesellschaftsrecht
ZIAS	Zeitschrift für ausländisches und internationales Arbeits- und Sozialrecht
ZRP	Zeitschrift für Rechtspolitik

Einleitung:

Im Herbst 1999 werden die Europäischen Betriebsräte flächendeckend nach den Kriterien der Richtlinie 94/45/EG eingesetzt sein. Nach heutiger Schätzung werden dann etwa 1200 international tätige Konzerne ein solches Gremium gebildet haben[1].

Die Verabschiedung der Richtlinie 94/45/EG ist die Antwort der Europäischen Union auf die immer stärker werdende Transnationalisierung der europäischen Unternehmen[2]. Die Internationalisierung der Unternehmen hat zwar schon vor Jahrzehnten begonnen, doch mittlerweile hat die Globalisierung quantitativ wie qualitativ eine neue Dimension erreicht. Gestützt auf moderne Computertechnologie erfaßt sie mittlerweile auch kleinere und mittlere Unternehmen von 300 bis 1000 Beschäftigten und macht vor keiner Unternehmensfunktion halt[3]. Entscheidungen über Investitionen, Standorte oder Arbeitszeitmodelle fallen in den Konzernspitzen unter Ausnutzung weltweiter Informationsnetzwerke und Steuerungsmechanismen und werden anschließend dezentral umgesetzt.

Die Schaffung geeigneter Steuerungsmechanismen war und ist unter diesen Umständen eine vordringliche rechtspolitische Aufgabe[4]. Einerseits gilt es, die Zusammenarbeit und den Zusammenschluß von Unternehmen über die nationalen Grenzen hinaus zu erleichtern. Andererseits müssen aber auch die Belange und Interessen der Arbeitnehmer angemessen geschützt werden[5]. Bei der angesprochenen Problematik geht es aber nicht nur darum, eine wirksame Arbeitnehmervertretung auch gegenüber ausländischen Entscheidungszentren zu garantieren, sondern vielmehr auch darum, Institutionen zu schaffen, welche die gemeinsame Formulierung der Belange der Arbeitnehmer in verschiedenen Mitgliedstaaten übernehmen können[6]. Hierin besteht die Aufgabe der Richtlinie 94/45/EG. Durch die Errichtung eines Europäischen Betriebsrats oder eines

1 *F/K/H/E*, BetrVG, § 1, RN 260. Eine empirische Studie über die Wirkungsweise von unterschiedlichen Europäischen Betriebsratsmodellen findet sich bei *Lecher*, WSI-Mitteilungen 1998, S.691 ff.

2 So auch die offizielle Begründung der Kommission, BR-Drucks. 453/94, S.2 ff. *Pipkorn* in *Schwarze*, Integrationsrecht Bd.1, S.33 (33).

3 *Klebe/Kunz*, Europäische Betriebsräte, FS für Däubler, S.1 (1).

4 *Weiss*, ZIAS 1995, S.633 (633);

5 *Pipkorn*, ZGR 1985, S.566 (567 f.).

6 *Wißmann*, RdA 1999, S.152 (158).

grenzübergreifenden Unterrichtungs- und Anhörungsverfahrens sollen den Arbeitnehmern geeignete Instrumente an die Hand gegeben werden, um ihre Interessen wirksam vertreten zu können.

Die Internationalisierung der Unternehmen hat gravierende Auswirkungen auf die Arbeitnehmer. Anders als im 19. Jahrhundert werden nicht mehr einzelne Arbeitnehmer gegeneinander ausgespielt, sondern heute sind es ganze Standorte und Regionen, die so unter Druck gesetzt werden, daß es immer schwieriger wird, erreichte soziale Standards zu verteidigen[7]. Weiterhin wird durch die fortschreitende Globalisierung die nationale Mitbestimmung durch Betriebsräte und Gewerkschaften zunehmend untergraben. Da der Grundgedanke der Mitbestimmung der ist, daß die Arbeitnehmerrechte dort ausgeübt werden müssen, wo auch die Entscheidungen fallen, war die Verabschiedung der Richtlinie 94/45/EG der Schritt in die richtige Richtung, um den Arbeitnehmern ihre Interessenvertretung auf internationaler Ebene garantieren zu können.

Selbstverständlich gibt es gerade im Bereich der Harmonisierung des kollektiven Arbeitsrechts besondere Schwierigkeiten. Das kollektive Arbeitsrecht ist in den einzelnen Mitgliedstaaten höchst unterschiedlich ausgestaltet, was auf die unterschiedlichen Traditionen und gesellschaftlichen Kompromisse zurückzuführen ist. So muß grundsätzlich das feine Geflecht zwischen den Gewerkschaftsstrukturen, institutionalisierter Arbeitnehmervertretung der Arbeitnehmer im Betrieb und das Tarifrecht berücksichtigt werden[8]. Aus diesem Grund lag es nahe, auf europäischer Ebene unter Rückgriff auf autonom zu schaffende Strukturen ein Arbeitnehmervertretungsorgan einzurichten. Dies ist mit der Verabschiedung der Richtlinie 94/45/EG über die Einsetzung eines Europäischen Betriebsrats oder die Schaffung eines Verfahrens zur Unterrichtung und Anhörung der Arbeitnehmer in gemeinschaftsweit operierenden Unternehmen und Unternehmensgruppen vom 22.09.1994 geschehen.

Da in Europa sehr unterschiedliche Modelle der betrieblichen Arbeitnehmervertretung vorhanden sind, mußte bei der Verabschiedung der Richtlinie über Europäische Betriebsräte ein Weg gefunden werden, mit dessen Hilfe der Europäische Betriebsrat in die bereits bestehenden Arbeitnehmervertretungssysteme

7 *Klebe/Kunz*, Europäische Betriebsräte, FS für Däubler, S.1 (2).
8 *Wißmann*, RdA 1999, S.152 (158).

integriert werden kann, ohne einen Fremdkörper darzustellen. Eine solche Einbettung war nur durch den prozeduralen Ansatz, der zur Umsetzung der Richtlinie 94/45/EG in nationales Recht gewählt wurde, möglich geworden.

Ein Vergleich der Umsetzung der Richtlinie in deutsches und französisches Recht ist deshalb besonders interessant, da diese beiden Systeme der betrieblichen Arbeitnehmervertretung von sehr unterschiedlichen Traditionen geprägt sind. Im Gegensatz zum deutschen Betriebsverfassungsrecht ist das französische Modell nicht darauf ausgerichtet, daß die Arbeitnehmer soziale Verantwortung im Unternehmen tragen sollen. Auch das Streikrecht ist in beiden Ländern unterschiedlich geregelt; in Frankreich handelt es sich um ein individuelles Recht. Dies hat zur Folge, daß es kein betriebliches Arbeitskampfverbot gibt. Das jeweilige nationale Betriebsverfassungsrecht hat in beiden Ländern seinen Niederschlag in den Umsetzungsgesetzen gefunden. Das Anliegen dieser Arbeit besteht nun darin, das "weiche" Angleichungsmodell der Richtlinie anhand eines Vergleichs der beiden Umsetzungsgesetze von Deutschland und Frankreich herauszuarbeiten und die unterschiedlichen Umsetzungen zu erklären. Eventuell bestehende Umsetzungsdefizite werden hierbei aufgezeigt und Lösungsvorschläge unterbreitet.

1. Kapitel: Die historischen Ereignisse

Die weit über zwanzigjährige Entstehungsgeschichte der Richtlinie über Europäische Betriebsräte gibt Aufschluß über den Werdegang der Sozialpolitik in der Europäischen Union. Die Entwicklungsgeschichte der Richtlinie 94/45/EG ist damit zugleich ein Gradmesser für den momentanen Integrationsstand der Gemeinschaft im Bereich der Sozialpolitik[9].

1. Teil: Der geschichtliche Hintergrund der europäischen Sozialpolitik

A. Die Anfangsphase

Für die Untersuchung erscheint es sinnvoll, kurz auf die wesentlichen Zielvorstellungen des Gründungsvertrages von Rom einzugehen[10]. Nach Art.2 des EWG-Vertrags hatte die Europäische Wirtschaftsgemeinschaft die Aufgabe, "eine harmonische Entwicklung des Wirtschaftslebens innerhalb der Gemeinschaft, eine beständige und ausgewogene Wirtschaftsausweitung, eine größere Stabilität, eine beschleunigte Hebung der Lebenshaltung und engere Beziehungen zwischen den Staaten zu fördern". Bereits in der Zielsetzung des EWG-Vertrags ist auffällig, daß sein Gewicht im wirtschaftlichen Bereich lag[11].

Die konzeptionelle Grundausrichtung des EWG-Vertrags basierte auf der Theorie der funktionellen Integration[12]. Diese verfolgt ein Integrationskonzept, welches in scharfem Kontrast zum System unabhängiger Nationalstaaten steht. Aufgrund der Globalisierung wurde eine ständige Diskrepanz zwischen dem technischen Fortschritt und den politischen Strukturen festgestellt[13].

9 In der folgenden Darstellung soll nur die Entwicklung der Richtlinie über Europäische Betriebsräte Berücksichtigung finden. Zu den anderen europäischen Richtlinien, die ebenfalls die Mitbestimmung von Arbeitnehmern betreffen, siehe ausführlich *Blainpain/Schmidt/Schweibert*, Europäisches Arbeitsrecht (1997); *Wunsch-Semmler*, Entwicklungslinien einer europäischen Arbeitnehmervertretung (1995); *Figge*, Mitbestimmung auf Unternehmensebene in Vorschlägen der Europäischen Gemeinschaften (1992); *Blanpain*, RdA 1992, S.127 ff; *Blank*, AuR 1993, S.229 ff.

10 Zur Vorgeschichte und den Entstehungsgründen der Europäischen Wirtschaftsgemeinschaft siehe *Nagels/Sorge*, Industrielle Demokratie in Europa, S.25 ff.

11 Vergleiche hierzu im einzelnen *Nagels*, Überbetriebliche Partizipation von Arbeitnehmern in Europa, S.7 ff.

12 *Abeltshauser*, Europäische Unternehmensverfassung, S.29 ff; *Behrens*, RabelsZ 45 (1981), S.8 (21 ff); *Weinstock*, Neun für Europa, S.33 ff; *Nagels/Sorge*, Industrielle Demokratie in Europa, S.30 ff. Allgemein zur Theorie der funktionellen Integration im Bereich der Sozialpolitik *Leibfried/Pierson*, Halbsouveräne Wohlfahrtsstaaten, in *Leibfried/Pierson* (Hrsg.), Standort Europa, S.58 (59 ff.).

Integrationsziel ist daher eine internationale Gemeinschaft, die sich durch die Vergemeinschaftung bestimmter technischer Funktionsbereiche gegen die Nationalstaaten durchsetzt[14]. Durch die Übertragung von bislang nationalen Zuständigkeiten in bestimmten Teilgebieten auf die Gemeinschaftsinstanzen wird funktionell ein dynamischer Prozeß in Gang gesetzt. Als Ergebnis dieses Prozesses wird von den Anhängern der funktionellen Integrationstheorie erwartet, daß aufgrund der Interdependenz von nicht kontroversen Bereichen mit anderen Bereichen auch dort eine Kooperation notwendig wird, was letztlich dazu führt, daß die Integration ständig fortschreitet, sog. "spill-over-Effekte"[15].

Die Gründungsväter der Europäischen Gemeinschaft gingen also davon aus, daß eine prosperierende Wirtschaft als Motor für die Sozialpolitik wirken würde[16]. Dies ist die Erklärung, weshalb im EWG-Vertrag weder ein umfassender sozialpolitischer Zielkatalog noch ein entsprechender Kompetenzrahmen festgeschrieben wurde[17]. Die Sozialpolitik blieb daher weitestgehend eine nationale Domäne[18].

B. Die Sozialpolitik der siebziger Jahre

Ende der sechziger Jahre und Anfang der siebziger Jahre wurde die Kritik an der Zurückhaltung der Gemeinschaft im Bereich der Sozialpolitik immer größer wurde und der Vorwurf eines "Europa des Kapitals" immer lauter wurde. Nicht zuletzt führte diese Kritik dazu, daß die Staats- und Regierungschefs im Dezember 1969 in Den Haag für die Verwirklichung der Wirtschafts- und Währungsunion eine gemeinschaftliche Sozialpolitik als unerläßlich ansahen[19],

13 *Behrens*, RabelsZ 45 (1981), S.8 (21).

14 *Abeltshauser*, Europäische Unternehmensverfassung, S.29.

15 *Nagels*, Überbetriebliche Partizipation von Arbeitnehmern in Europa, S.10 ff; *Weinstock*, Neun für Europa, S.31 ff.

16 *Heinze*, ZfA 1992, S.331 (332); *Wank*, RdA 1995, S.10 (11); *Rademacher*, Europäischer Betriebsrat, S.20.

17 *Manzella*, Revue du Marché commun et de l'Union européenne 1995, S.647(648); *Reinhard*, Sozial- und arbeitsmarktpolitische Entwicklungen in den europäischen Ländern, in *Platzer* (Hrsg.), Sozialstaatliche Entwicklungen in Europa, S.45 (45 ff.); *Nagels/Sorge*, Industrielle Demokratie in Europa, S.31; *Nagels*, Überbetriebliche Partizipation von Arbeitnehmern in Europa, S.13; *Weinstock*, Neun für Europa, S.163 ff, bezeichnet die mangelnde Kompetenzausstattung der Kommission im Bereich der Sozialpolitik als Geburtsfehler des Gründungsvertrages von Rom, der darauf zurückzuführen sei, daß die Sozialpolitik anfänglich nur als Kostenpolitik betrachtet wurde.

18 So auch *Däubler*, Soziale Mindeststandards in der EG- eine realistische Perspektive? in *Birk* (Hrsg.), Soziale Dimension des Europäischen Binnenmarktes, S.49 (49).

da die Fortentwicklung der Sozialpolitik auf nationaler Ebene zur Folge hatte, daß die teilweise doch sehr unterschiedlichen Regelungen zu Wettbewerbsverzerrungen in der Gemeinschaft geführt haben. Aufgrund der veränderten politischen Haltung der Mitgliedstaaten über die Notwendigkeit einer gemeinschaftlichen Sozialpolitik konnte in der Abschlußerklärung des Paris Gipfels im Oktober 1972 festgehalten werden, daß Maßnahmen im sozialen Bereich die gleiche Bedeutung zukomme wie der Verwirklichung der Wirtschafts- und Währungsunion[20].

Nach dem Pariser Gipfel arbeitete die Kommission die Leitlinien für ein sozialpolitisches Aktionsprogramm aus, welches der Rat mit seiner Entschließung vom 21.01.1974[21] annahm[22]. Dort verpflichteten sich die Regierungen der Mitgliedstaaten, Maßnahmen zur Verbesserung der Lebens- und Arbeitsbedingungen zu verabschieden sowie der wachsenden Beteiligung der Sozialpartner an den wirtschafts- und sozialpolitischen Entscheidungen der Gemeinschaft und der Arbeitnehmer am Leben der Unternehmen und Betriebe Rechnung zu tragen.
Insbesondere in Ziffer 35 der Leitlinien der Kommission für das sozialpolitische Aktionsprogramm wurde festgeschrieben, daß die Beteiligung der Sozialpartner am Entscheidungsfindungsprozeß der Unternehmen verbesserte Unterrichtungs- und Beratungsverfahren voraussetzt. Weiterhin wurde in Ziffer 36 der Leitlinien unterstrichen, daß der Mitbestimmung in den Unternehmen mit der wachsenden Zunahme von transnationalen Gesellschaften eine immer stärkere Rolle zukomme. In diesen Jahren ergingen alle wesentlichen Verordnungen und Richtlinien zum Europäischen Arbeits- und Sozialrecht, insbesondere zur Gleichbehandlung von Frauen und Männern[23].

19 *Coen* in *Bleckmann*, Europarecht, RN 2482.

20 *Rademacher*, Europäischer Betriebsrat, S.21; *Coen* in *Bleckmann*, Europarecht, RN 2482.

21 Bulletin der EG Beilage 2/74., S.15 ff

22 In der Ausarbeitung des sozialpolitischen Aktionsprogramms sieht *Nagels*, Überbetriebliche Partizipation von Arbeitnehmern in Europa, S.28 f. eine Abkehr vom Konzept der funktionellen Integration, da die erhofften "spill-over-Effekte" im sozialen Bereich ausgeblieben sind. *Leibfried/Pierson*, Der Wohlfahrtsstaat in der europäischen Mehrebenen-Politik, in *Platzer* (Hrsg.), Sozialstaatliche Entwicklung in Europa, S.77 (86 f.) sind dagegen der Ansicht, daß durch die Verabschiedung des sozialpolitischen Aktionsprogramms ein politischer "spill-over" hervorgerufen wurde. Die Theorie der funktionellen Integration sei damit keinesfalls widerlegt. *Dies.*, Zur Dynamik sozialpolitischer Integration, in *Leibfried/Pierson* (Hrsg.), Standort Europa, S.422 (432).

23 Richtlinie 75/117/EWG vom 10.02.1975; Richtlinie 76/207/EWG vom 09.02.1976 abgedruckt bei *Birk*, Europäisches Arbeitsrecht, S.209 ff; Richtlinie 79/7/EWG vom

C. Die Einheitliche Europäische Akte 1986

Mit der Vertragsrevision durch die Einheitlichen Europäischen Akte vom 28.02.1986 sollte in erster Linie die Vollendung des Binnenmarktes bis zum 31.12.1992 realisiert werden. An dem Ausnahmecharakter der Gemeinschaftszuständigkeit im Bereich der Sozialpolitik hat sich hierdurch nichts geändert[24]. Art.118a wurde neu in den EWG-Vertrag eingefügt. Danach stand dem Ministerrat nun erstmals eine Rechtsgrundlage zur Verfügung, um mit qualifizierter Mehrheit sozialpolitische Regelungen zu erlassen, die von wirtschaftspolitischen Zielen losgelöst waren[25]. In dieser Vorschrift war vorgesehen, daß die Mitgliedstaaten sich insbesondere bemühen, die Verbesserung des Arbeitsumfeldes zu fördern, um die Sicherheit und Gesundheit der Arbeitnehmer zu schützen und sich im Wege des Fortschritts um eine Harmonisierung der bestehenden Arbeitsbedingungen bemühen. In Art.118a II EWG-Vertrag wurde die Gemeinschaft ermächtigt, Richtlinien mit Mindestvorschriften zu erlassen. Ferner wurde Art.118b neu in den EWG-Vertrag eingefügt. Dieser sah vor, daß die Kommission den sozialen Dialog auf europäischer Ebene fördern soll, welcher auch zu vertraglichen Beziehungen führen konnte. Diese Norm stellte allerdings weder eine Ermächtigungsgrundlage für die Kommission dar, ein europäisches Tarifrecht zu schaffen noch eine Rechtsgrundlage für die Sozialpartner, europäische Tarifverträge abzuschließen. Ihr kam vielmehr der Charakter einer Programmsatzung zu[26].

D. Der Gipfel von Madrid 1989

Vor diesem Hintergrund wurde die Frage nach der sozialen Dimension des Binnenmarktes immer lauter. Der Europäische Rat hatte in Madrid auf seiner Tagung im Juni 1989 die Ansicht vertreten, daß den sozialen Fragen im Zuge der Schaffung des europäischen Binnenmarktes die gleiche Bedeutung zukomme wie den wirtschaftlichen Fragen und daher in ausgewogener Weise voranzutreiben seien.

19.12.1978, EG Abl. Nr.L 24 vom 10.01.1979.

[24] *Wank*, RdA 1995, S.10 (11); *Rademacher*, Europäischer Betriebsrat, S.22.

[25] *Pipkorn*, RdA 1992, S.120 (122).

[26] *Däubler*, Möglichkeiten und Grenzen europäischer Tarifverträge, in *Heinemann* (Hrsg.), Das kollektive Arbeitsrecht in der Europäischen Gemeinschaft, S.16 (19ff.); *Jansen* in *Grabitz/Hilf*, Kommentar zur Europäischen Union, Art.118b, RN 2; *Pipkorn* in *v.d.Groeben/Thiesing/Ehlermann*, Kommentar zum EG-Vertrag, Art.118b, RN 23.

I. Die Gemeinschaftscharta der sozialen Grundrechte

Dieses Bekenntnis wurde in die Präambel der Gemeinschaftscharta der sozialen Grundrechte der Arbeitnehmer vom 09.12.1989[27] aufgenommen. Für den Bereich der Arbeitnehmermitwirkung in transnationalen Unternehmen sind die Artikel 17 und 18 von Bedeutung. Danach müssen die Unterrichtung, Anhörung und Mitwirkung der Arbeitnehmer in geeigneter Weise unter Berücksichtigung der nationalen Gepflogenheiten weiterentwickelt werden. Dies gilt insbesondere bei Veränderungen in Unternehmen, die die Arbeitsbedingungen und die Arbeitsorganisation der Arbeitnehmer nachhaltig verändern, bei Umstrukturierungsmaßnahmen, wenn dadurch die Beschäftigung der Arbeitnehmer berührt wird und im Falle von Massenentlassungen.

Allerdings stellt die Gemeinschaftscharta der sozialen Grundrechte der Arbeitnehmer nur eine "feierliche Erklärung" des Europäischen Rates dar, ohne jegliche Rechtsbindung[28].

II. Das Aktionsprogramm zur Gemeinschaftscharta

Die Kommission erließ am 29.11.1989 ein Aktionsprogramm[29] zur Anwendung der Gemeinschaftscharta und bezeichnet dort das Vorantreiben von Unterrichtung, Anhörung und Mitwirkung der Arbeitnehmer trotz der unterschiedlichen nationalen Arbeitnehmervertretungssysteme als unerläßlich an. Die nationalen Repräsentationsmechanismen könnten zu einer Ungleichbehandlung der Arbeitnehmer führen, deshalb sei es erstrebenswert, die Unterrichtung und Anhörung von Arbeitnehmern in gemeinschaftsweit tätigen Unternehmen zu verbessern[30].

E. Die Vertragsrevision von Maastricht 1992

Mit den Vorarbeiten zur Änderung des EWG-Vertrages, die in Maastricht abgeschlossen wurden, sollte ein erneuter Versuch unternommen werden, ein umfassendes Gesamtkonzept für die Aktivitäten der Union auf sozialpolitischem Gebiet zu verankern. So wurde zunächst in Art.2 des EG-Vertrages die

27 KOM (89) 248 endg., abgedruckt bei *Birk*, Europäisches Arbeitsrecht, S.43 ff. Ein guter Überblick zur Entstehungsgeschichte der Sozialcharta bei *Adamy/Bobke*, ArbRdGegw. 1990, S.21 ff.

28 Statt aller *Lapeyre,* Semaine social Lamy 1994, S.3 (3).

29 KOM (89) 568 endg. = BR.- Drucks. 717/89; abgedruckt bei *Birk*, Europäisches Arbeitsrecht, S.51 ff.

30 Zu den weiteren Maßnahmen im Rahmen des Aktionsprogramms siehe *Ross*, Das "soziale Europa" des Jacques Delors, in *Leibfried/Pierson* (Hrsg.); Standort Europa, S.327 (339 ff); guter tabellarischer Überblick, *ebenda*, S.344.

Förderung eines hohen sozialen Schutzes mitaufgenommen. Ferner wurden in Art.3i die Sozialpolitik und in Art.3j die Förderung des sozialen Zusammenhalts eingefügt. Damit hat die Sozialpolitik ein eigenständiges Profil gewonnen[31] und ist aus ihrem Schattendasein der wirtschaftlichen Flankierung herausgetreten. Dies ist eine direkte Folge der Neuerung des Vertrags von Maastricht durch Titel II Artikel G, wonach nicht mehr die Gründung einer Europäische Wirtschaftsgemeinschaft, sondern die Gründung einer Europäische Gemeinschaft angestrebt wird.

Da die seinerzeit elf anderen Mitgliedstaaten der Gemeinschaft nicht gewillt waren, auf eine Einführung neuer sozialpolitischer Kompetenzen zu verzichten, wurde unter dem maßgeblichen Einfluß des damaligen Kommissionspräsidenten Jacques Delors in Maastricht ein Kompromiß gefunden, an dem auch die Briten mitwirkten[32]. Die Verfasser der Maastrichter Vereinbarungen haben als Teil des erzielten Kompromisses Veränderungen im sozialpolitischen Bereich aus dem EG-Vertrag herausgenommen[33]. Alle Mitgliedstaaten einschließlich Großbritannien unterzeichneten ein Protokoll über die Sozialpolitik, welches die seinerzeit übrigen Elf ermächtigt, im Rahmen eines dem Protokoll beigefügten Abkommens über die Sozialpolitik den durch die Gemeinschaftscharta der sozialen Grundrechte der Arbeitnehmer von 1989 vorgezeichneten Weg weiterzubeschreiten. Inhaltlich wurden durch das Protokoll und das Abkommen zwei bedeutende Veränderungen in die europäische Sozialpolitik eingeführt: Zum einen wurde die Rechtsetzungskompetenz der Gemeinschaft auf fast alle Kernbereiche des Arbeitsrechts ausgedehnt, zum anderen wurden die Sozialpartner verstärkt in die Gemeinschaftstätigkeit miteinbezogen[34].

I. Kompetenzerweiterung in der Sozialpolitik

Mit Hilfe von Art.2 II des Abkommens über die Sozialpolitik konnten für die Bereiche Verbesserung zum Schutz der Gesundheit und Sicherheit der Arbeitnehmer, Arbeitsbedingungen, Unterrichtung und Anhörung, Chancengleichheit

31 *Coen* in *Bleckmann*, Europarecht, RN 2480.

32 *Lerche*, Europäischer Betriebsrat, S.75 f.

33 Sehr guter Überblick über die Entstehungsgeschichte des Abkommens über die Sozialpolitik unter besonderer Berücksichtigung der Einwirkungen durch den europäischen Arbeitgeberverband UNICE und den europäischen Gewerkschaftsbund EGB bei *Ross*, Das "soziale Europa" des Jacques Delors, in *Leibfried/Pierson* (Hrsg.), Standort Europa, S.327 (345 ff.).

34 *Wank*, RdA 1995, S.10 (13); *Lerche*, Europäischer Betriebsrat, S.72.

von Männern und Frauen auf dem Arbeitsmarkt und Gleichbehandlung am Arbeitsplatz Richtlinien mit qualifizierter Mehrheit verabschiedet werden. Nach Art.2 III des Abkommens konnte der Rat einstimmig u.a. über die Bereiche soziale Sicherheit, Kündigungsschutz sowie die kollektive Wahrnehmung der Arbeitnehmerinteressen einschließlich der Mitbestimmung Richtlinien erlassen. Allerdings durften laut Art.2 VI des Abkommens keine Regelungen über das Arbeitsentgelt, das Koalitionsrecht, das Streikrecht sowie das Aussperrungsrecht getroffen werden.

II. Stärkung der Rolle der Sozialpartner

Ein zweiter Schwerpunkt lag auf der Betonung der Rolle der Sozialpartner. Wie bereits angeführt, gab es mit dem 1986 neu eingeführten Art.118b EWG-Vertrag erste Ansätze zur Einbeziehung der Sozialpartner auf Gemeinschaftsebene. Durch das Abkommen über die Sozialpolitik kamen zwei neue Aspekte hinzu. Erstens werden die Sozialpartner gemäß Art.3 in den Rechtsetzungprozeß stärker miteinbezogen und zweitens wird ihnen nach Art.4 erstmalig die Möglichkeit zugestanden, auf europäischer Ebene selbst Recht zu setzen[35].

1. Das neue Anhörungsverfahren

In Art.3 I des Abkommens über die Sozialpolitik wurde die Kommission allgemein verpflichtet, den sozialen Dialog auf der Gemeinschaftsebene zu fördern. Nach Art.3 II mußten die Sozialpartner angehört werden, bevor die Kommission Vorschläge unterbreitet. Nach Art.3 III waren sie erneut anzuhören, wenn die Kommission eine Maßnahme konkret ins Auge gefaßt hat. Dies galt für alle Vorhaben, welche die Kommission auf das Abkommen über die Sozialpolitik stützt[36].

2. Die Rechtsetzungskompetenz der Sozialpartner

Im Rahmen des Anhörungsverfahrens nach Art.3 des Abkommens über die Sozialpolitik konnten sich die Sozialpartner entschließen, eigene Regelungen zu treffen. In Art.4 I wird über die "vertraglichen Beziehungen", die bereits in Art.118b EG-Vertrag vorgesehen waren, die Möglichkeit hergestellt, Vereinbarungen abzuschließen[37]. Diese Vereinbarungen konnten nach Art.4 II

[35] Zu den Chancen und Risiken des sozialen Dialogs im Rahmen des Abkommens über die Sozialpolitik siehe *Höland*, ZIAS 1995, S.425 ff.

[36] *Wank*, RdA 1995, S.10 (19).

[37] Die Frage, ob mit dieser Vorschrift ein europäisches Arbeitskampfrecht geschaffen

erstens nach den üblichen Verfahrensweisen der Sozialpartner geschlossen werden, oder aber auf Antrag der Sozialpartner durch Beschluß des Rates auf Vorschlag der Kommission. Diese zweite Möglichkeit stellt eine "Art europäischer Allgemeinverbindlichkeitserklärung von Kollektivvereinbarungen " dar[38].

In diesem Zusammenhang muß aber darauf hingewiesen werden, daß die Regelungen des Abkommens über die Sozialpolitik genausowenig wie Art.118b EG-Vertrag eine autonome Normsetzungsbefugnis noch eine entsprechende Tarifzuständigkeit der europäischen Sozialpartner UNICE und EGB begründet haben[39].

III. Gleichbehandlung von Frauen und Männern

Ein weiterer Schwerpunkt des Abkommens über die Sozialpolitik wurde in Art.6 festgehalten. Dort waren Regelungen über das gleiche Entgelt von Frauen und Männern enthalten, welche über den Rahmen des Gebots der Lohngleichheit von Frauen und Männern im Rahmen des Art.119 EG-Vertrag hinausgehen[40]. In Art.6 III des Abkommens über die Sozialpolitik wurde nun ausdrücklich die positive Frauendiskriminierung zugelassen. Wörtlich heißt es, "dieser Artikel hindert einen Mitgliedstaat nicht daran, zur Erleichterung der Berufstätigkeit der Frauen oder zur Verhinderung bzw. zum Ausgleich von Benachteiligungen in ihrer beruflichen Laufbahn spezifische Vergünstigungen beizubehalten oder zu beschließen".

F. Maßnahmen der Kommission 1995/1996

I. Das neue sozialpolitische Aktionsprogramm 1995

Im Juni 1994 hat die Kommission ein Weißbuch über die europäische Sozialpolitik vorgelegt, welches die Umsetzung der Gemeinschaftscharta der sozialen

wurde, wird unterschiedlich beurteilt. Bejahend *Coen*, FS für Bleckmann, S.1 (6 ff.); verneinend *Wank*, RdA 1995 S.10 (20) FN 111.

38 So *Däubler*, EuZW 1992, S.329 (334).

39 *Weiss*, FS für Gnade, S.583 (592 f.); *Blank*, FS für Gnade, S.649 (655); *Wank*, RdA 1995, S.10 (20).

40 Allgemein zur Gleichbehandlung der Geschlechter in der Gemeinschaft monographisch *Macedo VanOverbeek*, Handbuch: Gleichbehandlung von Männern und Frauen in der EG (1996); *Blomeyer*, Das Verbot der mittelbaren Diskriminierung gemäß Art.119 EGV, (1994); *Langenfeld*, Die Gleichbehandlung von Mann und Frau in der EG (1991); *Zuleeg*, Gleicher Zugang von Mann und Frau zum Arbeitsleben als europäisches Problem (1985). Siehe ferner *Steindorff*, RdA 1988, S.129 ff.; *Colneric*, Verbot der Frauendiskriminierung im EG-Recht, FS für Gnade, S.627 ff.

Grundrechte von 1989 weiter vorantreiben und insbesondere der Beschäftigungskrise entgegentreten soll. Diese Vorschläge wurden im neuen sozialpolitischen Aktionsprogramm[41] verarbeitet, welches am 12.04.1995 von der Kommission verabschiedet wurde. Hierin wird vor allem die Notwendigkeit der Verknüpfung von wirtschaftlichem und sozialem Fortschritt betont.

Um diese Ziele zu verwirklichen, wurde vom Europäischen Rat in mehreren Etappen eine "Europäische Beschäftigungsstrategie" entwickelt, die das beschäftigungspolitische Defizit der Gemeinschaft beheben soll[42]. Mit Hilfe von beschäftigungspolitischen Mehrjahresprogrammen sollen wirtschaftliche Maßnahmen der Mitgliedstaaten gefördert werden, die zu einem hohen und nachhaltig nicht inflationären Wachstum führen, welches wiederum das Funktionieren des Dienstleistungs- und Arbeitsmarktes verbessern soll. Die Beschäftigungspolitik fällt zwar weiterhin in die Zuständigkeit der einzelnen Mitgliedstaaten, aber die Gemeinschaft hat hier eine wichtige Koordinierungsrolle übernommen, die den Informationsaustausch fördern und die einzelnen Mitgliedstaaten zu neuen Maßnahmen ermutigen soll[43].

II. Der soziale Dialog in der Praxis

Im Jahre 1996 ließ die Kommission die Erfahrungen mit dem sozialen Dialog auswerten und betonte, daß dieser seit der Gründung der Europäischen Gemeinschaft für Kohle und Stahl eine wichtige Rolle bei der Konzeption und Durchführung der Gemeinschaftspolitik gespielt habe[44]. Allerdings konnte der soziale Dialog bisher nur ansatzweise konkrete rechtsgestaltende Wirkung entfalten. Sehr häufig kam es nur zu programmatischen Diskussionen, die sehr stark an die sozialpolitischen Initiativen der Gemeinschaft angelehnt waren. Dennoch wurde u.a. eine Rahmenvereinbarung über den Elternurlaub, welche im Rahmen des Art.4 II des Abkommens über die Sozialpolitik zwischen UNICE, CEEP

41 KOM (95) 134 vom 12.04.1995; siehe hierzu näher *Coen* in *Bleckmann*, Europarecht, RN 2491.

42 Zu den einzelnen Etappen, *Coen* in *Bleckmann*, Europarecht, RN 2491.

43 Zur zukünftigen Entwicklung der Sozialpolitik in der Europäischen Union, *Streeck*, Vom Binnenmarkt zum Bundesstaat, in *Leibfried/Pierson* (Hrsg.), Standort Europa, S.369 (407 ff.); *Leibfried/Pierson*, Zur Dynamik sozialpolitischer Integration, *ebenda*, S.422 (439 ff.).

44 Mitteilung der Kommission zur Entwicklung des sozialen Dialogs auf Gemeinschaftsebene, KOM (96) endg. vom 18.09.1996, 1b. Zum interprofessionellen und brachenübergreifenden sozialen Dialog siehe ausführlich *Höland*, Mitbestimmung und Europa, S.61 ff.

und EGB geschlossen wurde, anschließend als Richtlinie[45] vom Rat verabschiedet.

G. Das Gipfeltreffen von Amsterdam 1997

Art.N Abs.2 des Vertrages von Maastricht sah für das Jahr 1996 die Einberufung einer Revisionskonferenz vor. Die auf dieser Grundlage am 29.03.1996 in Turin eröffnete Konferenz, deren Agenda von Anbeginn weit über den durch den vom Maastrichter-Vertrag gesteckten Rahmen hinausging, endete am 02.10.1997 mit der Verabschiedung des Vertrages von Amsterdam[46]. Gemäß Art.313 des Vertrags von Amsterdam tritt dieser jedoch erst dann in Kraft, wenn die Ratifizierung "durch die hohen Vertragsparteien" erfolgt ist. Mit Wirkung zum 01.06.1999 wird der EG-Vertrag in der Fassung von Amsterdam in Kraft treten.

I. Die Ziele der Gemeinschaft

Nach Art.2 n.F. hat die Gemeinschaft nunmehr die Aufgabe neben der Errichtung des Gemeinsamen Marktes auch eine Wirtschafts- und Währungsunion zu errichten. In Art.3 n.F. kam als zusätzliches Aufgabengebiet unter Punkt i) "die Förderung der Koordinierung der Beschäftigungspolitik der Mitgliedstaaten im Hinblick auf die Verstärkung ihrer Wirksamkeit durch die Entwicklung einer koordinierten Beschäftigungsstrategie" hinzu.

Das Subsidiaritätsprinzip ist in unveränderter Fassung nunmehr in Art.5 geregelt. Neu ist dagegen das Protokoll Nr.2 über die Anwendung der Grundsätze der Subsidiarität und der Verhältnismäßigkeit, welches im Zuge der Vertragsrevision von Amsterdam dem Gründungsvertrag beigefügt wurde.

II. Neukonzeption der Sozialpolitik

Neu hinzugekommen ist Titel VIII über die Beschäftigungspolitik in der Gemeinschaft. Allerdings beschränkt sich der Inhalt dieser Vorschriften im wesentlichen auf eine verstärkte Koordinierung nationaler Politiken und auf weitestgehend kostenneutrale beschäftigungsfördernde Maßnahmen.

45 EG Abl. Nr.L 145/4 vom 19.06.1996.
46 Siehe hierzu näher *Kolvenbach,* NZA 1998, 582 (583).

1. Der britische Beitritt

Auf dem Gebiet der Sozialpolitik haben sich weitere wesentliche Integrationsfortschritte ergeben. Nachdem die britische Regierung unter *Tony Blair* beim Gipfeltreffen in Amsterdam erklärte, daß sie die Sozialcharta des Vertrags von Maastricht und die aufgrund dieses Abkommens erlassenen Richtlinien akzeptiere, konnte dieses nunmehr in den neuen Vertragstext integriert werden. Die Kompetenzen sind dieselben geblieben, allerdings wurden die bereits genannten Artikel des Gründungsvertrags und des Abkommens über die Sozialpolitik in einen neuen Titel XI. über die Sozialpolitik, allgemeine und berufliche Bildung und Jugend zusammengefaßt.

2. Die Eingliederung des Abkommens über die Sozialpolitik

Art.136 n.F. hat unter Berufung auf die Europäische Sozialcharta vom 18.10.1961 und der Gemeinschaftscharta der sozialen Grundrechte der Arbeitnehmer von 1989 die Verbesserung und Angleichung der Lebens- und Arbeitsbedingungen zum Ziel. In dieser Vorschrift sind Art.117 a.F. und Art.1 des Abkommens verschmolzen.

Art.2 des Abkommens über die Sozialpolitik findet sich unverändert in Art.137 n.F. wieder, welcher zur Verwirklichung der Ziele des Art.136 n.F. die Tätigkeit der Mitgliedstaaten erweitert und ergänzt. Art.138 n.F. entspricht Art.3 des Abkommens. Der Dialog zwischen den Sozialpartnern, welcher in Art.4 des Abkommens geregelt war, ist nunmehr in Art.139 zu finden.

Die in Art.118 a.F. und Art.5 des Abkommens vorgesehenen Fördermaßnahmen der Kommission sind jetzt in Art.140 n.F. zusammengefaßt worden. Die im Zuge der Einheitlichen Europäischen Akte 1986 eingeführten Art.118a und Art.118b des EG-Vertrags sind in den vorgenannten Sozialvorschriften aufgegangen.

Art.7 des Abkommens ist in Art.143 n.F. wiederzufinden. Danach hat die Kommission jährlich einen Bericht über den Stand der Verwirklichung der in Art.136 n.F. genannten Ziele sowie über die demographische Lage in den Mitgliedstaaten zu erstellen.

Die Vorschrift des Art.141 n.F. setzt sich aus Art.119 a.F. und Art.6 des Abkommens zusammen. Die bereits angesprochene positive Frauendiskriminierung, welche erstmals durch das Abkommen über die Sozialpolitik möglich gemacht wurde, ist nun erstmals im EG-Vertrag in Art.141 IV n.F. geregelt.

Dort heißt es, daß es möglich ist, "zur Erleichterung der Berufstätigkeit des unterrepräsentierten Geschlechts oder zur Verhinderung bzw. zum Ausgleich von Benachteiligungen in der beruflichen Laufbahn spezifische Vergünstigungen beizubehalten oder zu beschließen". Die Erklärung Nr.28 in der Schlußakte zum Vertrag von Amsterdam präzisiert dieses Vorschrift dahingehend, daß die Maßnahmen positiver Diskriminierung in erster Linie der Verbesserung der Lage der Frauen im Arbeitsleben dienen.

H. Zwischenergebnis:

Mit der zunehmenden Globalisierung setzte sich die Erkenntnis durch, daß der "Wettbewerb" der unterschiedlichen Arbeitsrechtssysteme die Gefahr in sich birgt, daß die gegebenen Sozialstandards absinken werden, wenn nicht die Gemeinschaft in diesem Bereich harmonisierend eingreift[47]. Die Unterschiede der einzelnen Systeme können auch dazu führen, daß Mitgliedstaaten mit einem hohen Maß an sozialem Schutz dadurch benachteiligt werden, daß diese bei Standortentscheidungen von großen Unternehmen gemieden werden. Die Produktionsmöglichkeiten sind in Europa mittlerweile fast überall gleichwertig, so daß soziale Schutzbestimmungen für Arbeitnehmer tatsächlich "das Zünglein an der Waage" für eine unternehmerische Entscheidung sein können. In diesem Zusammenhang fällt häufig das Stichwort von der "Flucht aus der Betriebsverfassung und der Mitbestimmung"[48].

Die Europäische Union hat sich zwar die Verschmelzung der nationalen Volkswirtschaften zu einem einheitlichen Wirtschaftsraum zum Ziel gesetzt, hierbei hat die Sozialpolitik aber mittlerweile eine feste Größe eingenommen. Der Gemeinschaft ist nunmehr die Aufgabe zugewachsen, den Arbeitnehmern, die von grenzüberschreitender Unternehmenspolitik betroffen sind, auch entsprechende Instrumentarien an die Hand zu geben, damit diese ihre Interessen vertreten können. Da die jeweiligen Arbeitsrechtssysteme der Mitgliedstaaten an den nationalen Grenzen enden, mußte auf Gemeinschaftsebene ein

47 Statt vieler *Manzella*, Revue du Marché commun et de l'Union européenne 1995, S.647 (648); *Guirlet*, La Semaine Juridique 1991, S.290 (292); *Nagel*, WSI-Mitteilungen 1996, S.494 (494); *Lerche*, Europäische Betriebsräte, S.77; *Däubler*, Sozialraum Europa, in *Steinkühler* (Hrsg.), Europa'92, S.145 (147).

48 *Weiss*, FS für Stahlhacke, S.657 (658); *Hopt*, ZGR 1992, S.265 (278); *Däubler*, DB 1988, S.1850 (1854); *Figge*, Mitbestimmung auf Unternehmensebene in Vorschlägen der Europäischen Gemeinschaften, S.263 f.

Instrumentarium geschaffen werden, welches die Unterrichtung und Anhörung von Arbeitnehmern in gemeinschaftsweit operierenden Unternehmen ermöglicht[49].

2. Teil: Die Entstehungsgeschichte der Richtlinie 94/45/EG

A. Die Europäische Aktiengesellschaft

Der Begriff des Europäischen Betriebsrats erschien erstmals im Jahre 1970 in einem Vorschlag einer Verordnung des Rates über das Statut einer Europäischen Aktiengesellschaft[50]. In dem Verordnungstext fanden sich unter Titel V "Die Vertretung der Arbeitnehmer in der SE" detaillierte Regelungen über den Europäischen Betriebsrat.

1975 legte die Kommission einen zweiten Entwurf über die Europäische Aktiengesellschaft[51] vor, welcher Änderungen über die Vertretung der Arbeitnehmer enthielt. In den Art.100 - 129 der Verordnung wurden u.a. die Zusammensetzung, die Wahl, Geschäftsführung, Kosten sowie Aufgaben und Befugnisse des Europäischen Betriebsrats geregelt. Auch ein Schiedsgerichtsverfahren war im Fall eines Konfliktes vorgesehen[52].

I. Das Gremium des Europäischen Betriebsrats

Nach Art.100 sollte der Europäische Betriebsrat nur errichtet werden, wenn eine Europäische Aktiengesellschaft Betriebe in mindestens zwei Mitgliedstaaten mit jeweils mehr als 50 Arbeitnehmern beschäftigt. Nach Art.103 durfte es sich bei den Mitgliedern des Europäischen Betriebsrats nur um Arbeitnehmer der Gesellschaft handeln, die von den Arbeitnehmern in jedem Betrieb direkt

49 Zustimmend und stellvertretend für viele *Weiss*, ZRP 1992, S.422 (423); *Simitis*, FS für Kissel, S.1097 (1110 ff.); *Gaul*, NJW 1995, S.228 (22); *Pipkorn*, Der Einfluß der EG auf das Unternehmens- und Betriebsverfassungsrecht, in *Schwarze* (Hrsg.), Integrationsrecht Band I, S.33 (33). Anders dagegen *Heinze*, ZGR 1994, S.47 (51 ff.) dieser erblickt in der grenzüberschreitenden Tätigkeit von Unternehmen die Chance zum Wettbewerb der nationalen Arbeitsrechtssysteme, welcher zur Weiterentwicklung und Harmonisierung des europäischen Rechts auf dem Gebiet des Arbeitsrechts führen soll. *Ders.*, RdA 1994, S.1 (3).

50 Abl. EG Nr.C 124 vom 10.10.1970, S.1. Ausführliche Darstellung bei *Birk*, ZfA 1974, S.47 ff; *Lerche*, Europäischer Betriebsrat, S.88 ff; *Kolvenbach*, DB 1986, S.2023 ff; *Rademacher*, Europäischer Betriebsrat, S.62 ff.

51 Vorschlag einer Verordnung des Rates über das Statut einer Europäischen Aktiengesellschaft vom 10.04.1975, Bulletin der EG Beilage 4/75.

52 Hierzu ausführlich *Birk*, ZfA 1974, S. 47 (55 ff).

gewählt werden. Im Anhang II des Statuts wurde das Wahlverfahren normiert. In Art.101 wurde klargestellt, daß der Europäische Betriebsrat neben den nationalen Arbeitnehmervertretungen der betroffenen Unternehmen besteht. Daher war die Zuständigkeit des Europäischen Betriebsrats auf Angelegenheiten beschränkt, welche mehrere Betriebe in verschiedenen Mitgliedstaaten betreffen und von den nationalen Arbeitnehmervertretungen nicht gelöst werden können.

II. Aufgaben und Befugnisse des Europäischen Betriebsrats

Nach Art.119 hatte der Europäische Betriebsrat die Aufgabe, die Interessen der Arbeitnehmer zu vertreten. Hierbei sollten ihm Informations-, Anhörungs- und sogar Mitbestimmungsrechte zustehen. In Art.120 war vorgesehen, daß der Vorstand ihn alle drei Monate über die allgemeine Lage des Unternehmens und dessen geschäftliche Entwicklung unterrichten sollte.

In sozialen und personellen Angelegenheiten standen laut Art.123 echte Mitbestimmungsrechte zu. Eine Entscheidung des Vorstandes, die auf diesen Gebieten ohne die Zustimmung des Europäischen Betriebsrats zustande gekommen ist, sollte unwirksam sein. Weiterhin hätte er in diesen mitbestimmungspflichtigen Bereichen mit der zentralen Leitung sogar Betriebsvereinbarungen abschließen können, die den nationalen Betriebsvereinbarungen vorgehen, soweit diese für die Arbeitnehmer günstiger sind. Diese Befugnisse erinnern stark an § 87 I des deutschen Betriebsverfassungsgesetzes[53].
Die Anhörungsrechte waren in den Art.124 - 126a geregelt. Danach mußte der Europäische Betriebsrat vom Vorstand bei Fragen der Betriebsstillegung, Änderung der Organisation des Unternehmens sowie der Zusammenarbeit mit anderen Unternehmen gehört werden. Weiterhin hätte er sogar die Befugnis gehabt, bei Nachteilen für die Arbeitnehmer Verhandlungen über einen Sozialplan zu fordern.

III. Zwischenergebnis

Angesichts der sehr unterschiedlichen Arbeitnehmervertretungssysteme in den Mitgliedstaaten war es nicht möglich, im Wege der Verordnung über eine Europäische Aktiengesellschaft Einigkeit über den Europäischen Betriebsrat zu erzielen. Dies wäre im Endeffekt auf eine Übertragung des deutschen Betriebsverfassungsrechts hinausgelaufen[54], was sowohl bei den europäischen

[53] So auch *Lerche*, Europäischer Betriebsrat, S.89.

Arbeitgeberverbänden als auch bei den verschiedenen nationalen Gewerkschaftsverbänden auf heftige Kritik gestoßen ist[55].
Diese Kritik nahm die Kommission in ihren erneuten Entwurf über ein Statut der Europäischen Aktiengesellschaft und eine dieses ergänzende Richtlinie von 1989 mit auf und inkorporierte den Europäischen Betriebsrat trotz der Forderungen des Europäischen Parlaments nicht mehr in diesen Entwurf[56].

B. Die "Vredeling-Richtlinien" und ihre Nachfolger

Die Kommission beschritt nach dem Scheitern der Installierung des Europäischen Betriebsrats mit Hilfe der Verordnung einen neuen Weg und versuchte nun, mit dem Instrument der Richtlinie eine europäische Arbeitnehmervertretung zu installieren[57].
Am 24.10.1980 legte die Kommission gestützt auf Art.100 EWG-Vertrag einen Vorschlag für eine Richtlinie des Rates über die Unterrichtung und Anhörung der Arbeitnehmer von Unternehmen mit komplexer, insbesondere transnationaler Struktur[58] vor. Dieser Richtlinienentwurf wurde nach dem damaligen EG-Sozialkommissar *Henk Vredeling* auch als "Vredeling-Richtlinie" bezeichnet. Aufgrund der vielseitigen Kritik an diesem Entwurf legte die Kommission unter Vorsitz des Briten *Ivor Richards* einen geänderten Entwurf vom 13.07.1983[59] vor. Auch dieser Entwurf stieß in einigen Mitgliedstaaten auf heftige Ablehnung, so daß keine Einigung erzielt werden konnte.
Im Jahre 1985 versuchte die italienische Ratspräsidentschaft die "Vredeling-Richtlinie" als unverbindliche Empfehlung zu verabschieden. Dieser Vorschlag wurde aber sowohl von den Befürwortern als auch bei den Gegnern der Richtlinie abgelehnt[60]. Trotz aller weiteren Bemühungen scheiterte letztendlich eine Einigung am Widerstand Großbritanniens mit der Folge, daß der Rat am 21.07.1986[61] einen "Unterbrechungsbeschluß" faßte.

54 *Klinkhammer/Welslau*, Mitbestimmung in Deutschland und Europa, S.265
55 *Kolvenbach*, DB 1986, S.2023 (2024).
56 Ausführlich *Weiss*, ZRP 1992, S.422 (423).
57 *Weiss*, ZRP 1992, S.422 (423) sieht in den Vredeling-Richtlinien von 1980 und 1983 die eigentlichen Vorläufer der Richtlinie 94/45/EG über Europäische Betriebsräte. *Ders.* FS für Stahlhacke, S.657 (666).
58 EG Abl. Nr.C 297 vom 15.11.1980, S.3.
59 EG Abl. Nr.C 217 vom 12.08.1983, S.3.
60 *Wunsch-Semmler*, Entwicklungslinien einer europäischen Arbeitnehmervertretung, S.63.
61 EG Abl. Nr.C 203 vom 12.08.1986, S.1.

Am 12.12.1990 legte die Kommission gestützt auf Art.100 EWG-Vertrag einen Entwurf über die Einsetzung Europäischer Betriebsräte zur Information und Konsultation in gemeinschaftsweit operierenden Unternehmen vor[62]. Aber auch über diesen Entwurf konnte keine Einigung erzielt werden. Daraufhin wurde am 20.09.1991 ein erneuter Richtlinienvorschlag unterbreitet[63]. Trotz weiterer Zugeständnisse war Großbritannien nicht dazu zu bewegen, dem Entwurf zuzustimmen.

Die Bedingungen für die Verabschiedung einer Richtlinie über Europäische Betriebsräte hatten sich zwischenzeitlich verbessert, da in einigen Mitgliedstaaten, insbesondere in Deutschland und Frankreich, bereits freiwillige Vereinbarungen über eine europäische Arbeitnehmervertretung geschlossen wurden[64]. Auch die Gewerkschaften hatten in dieser Zeit große Anstrengungen unternommen, um den Weg für die Installierung des Europäischen Betriebsrats vorzubereiten. Das Europäische Parlament entschied im Jahre 1991, 17 Millionen ECU dafür bereitzustellen, daß sich die europäischen Gewerkschaften in den einzelnen Branchen auf die Bildung Europäischer Betriebsräte vorbereiten konnten[65].

Im April 1994 wurde von der Kommission abermals ein Entwurf über die Unterrichtung und Anhörung von Arbeitnehmern in gemeinschaftsweit operierenden Unternehmen vorgelegt[66]. Gestützt auf Art.2 II des Abkommens über die Sozialpolitik erließ dann der Ministerrat am 22.09.1994 in leicht veränderter Form die Richtlinie 94/45/EG[67] über die Einsetzung eines Europäischen Betriebsrats oder die Schaffung eines Verfahrens zur Unterrichtung und Anhörung der Arbeitnehmer in gemeinschaftsweit operierenden Unternehmen und Unternehmensgruppen einstimmig, wobei sich Portugal der Stimme enthielt[68].

62 EG Abl. Nr.C 39 vom 15.02.1991, S.10.

63 EG Abl. Nr.C 336 vom 31.12.1991, S.109.

64 Siehe hierzu die Darstellung von einzelnen freiwilligen EBR-Vereinbarungen bei *Blanpain/Windey*, European works councils, S.201 ff; *Bobke*, Europäischer Binnenmarkt erfordert Europäische Betriebsräte in *Steger* (Hrsg), Auf dem Weg zum Euro-Betriebsrat?, S.34 (39 ff); *Le Friant*, NZA 1994, S.158 159 ff.).

65 *Ross*, Das "soziale Europa" des Jacques Delors, in *Leibfried/Pierson* (Hrsg.), Standort Europa, S.327 (349 ff.).

66 KOM (94) endg. = BR-Drucks. 453/94. Sehr ausführlich zum Zustandekommen dieses Entwurfs unter besonderer Berücksichtigung der divergierenden Ansichten der Sozialpartner auf europäischer Ebene *Kolvenbach*, RdA 1994, S.279 (281 f.).

67 EG Abl. Nr.L 254 vom 30.09.1994, S.64.

68 Statt aller *Kunz*, AiB 1997, S.267 (267).

Nachdem die britische Regierung ihren Beitritt zu den Bestimmungen der Sozialcharta erklärt hatte, mußte die Kommission nun einen Weg finden, die Richtlinie über Europäische Betriebsräte schon vor Inkrafttreten des Vertrags von Amsterdam im Vereinigten Königreich zur Anwendung kommen zu lassen. Die Kommission legte daher am 13.09.1997 einen Entwurf für eine Richtlinie des Rates zur Ausdehnung der Richtlinie 94/45/EG vor[69]. Am 24.07.1997 vereinbarten der Ministerrat und die Kommission, daß die Erstreckung der Richtlinie 94/45/EG auf das Vereinigte Königreich auf Grundlage des Art.100 EGV erfolgen solle, wobei außer den technisch notwendigen Ergänzungen keine Veränderungen am Inhalt der besagten Richtlinie vorgenommen werden dürften[70]. Art.100 EGV wurde deshalb als Rechtsgrundlage gewählt, da mit dessen Hilfe Richtlinien für die Angleichung derjenigen Rechts- und Verwaltungsvorschriften der Mitgliedstaaten erlassen werden können, die sich unmittelbar auf die Errichtung oder das Funktionieren des gemeinsamen Marktes auswirken. Am 15.12.1997 verabschiedete der Rat die "neue Richtlinie über Europäische Betriebsräte" 97/74/EG [71].

3. Teil: Die Richtlinie 94/45/EG im Vergleich zu ihren Vorgängern

In der folgenden Darstellung sollen die Vorgänger der Richtlinie über Europäische Betriebsräte und diese selbst dargestellt und erläutert werden.

A. Die Richtlinienentwürfe von 1980 und 1983

I. Der Ansprechpartner der zentralen Leitung

1. Der "Vredeling-Entwurf" von 1980

Die Grundkonzeption über die Unterrichtung und Anhörung der Arbeitnehmer bestand im Vorschlag von 1980 in einem dezentralen Verfahren, bei welchem die jeweils nationalen Arbeitnehmervertreter informiert bzw. angehört werden sollten. Die benötigten Informationen sollten von der Leitung des herrschenden Unternehmens an das Tochterunternehmen weitergegeben werden, welches wiederum verpflichtet ist, diese an die nationalen Arbeitnehmervertretungen weiterzuleiten. In Deutschland wären damit der Betriebsrat und in Frankreich das comité d'entreprise die Ansprechpartner für die zentrale Leitung gewesen[72].

[69] KOM (97) 457 endg. = EG Abl. Nr.C 335 vom 06.12.1997.

[70] *Kolvenbach*, NZA 1998, S.582 (583).

[71] EG Abl. Nr.L 10 vom 16.01.1998.

[72] *Wunsch-Semmler*, Entwicklungslinien einer europäischen Arbeitnehmermitwirkung,

Wer Arbeitnehmervertreter ist, sollte nach den nationalen Vorschriften bestimmt werden. Die Schaffung eines Europäischen Betriebsrats war in dieser Konzeption nicht vorgesehen[73]. Allerdings bestand nach Art.7 III die Möglichkeit, daß zwischen der Unternehmensleitung und den Arbeitnehmervertretern aufgrund einer Vereinbarung ein zentrales Vertretungsorgan der Arbeitnehmer eingesetzt werden kann.

2. Der Richtlinienentwurf von 1983

Auch in diesem Richtlinienvorschlag wird der dezentrale Ansatz beibehalten, obgleich die Möglichkeit der Schaffung eines zentralen Arbeitnehmervertretungsorgans beibehalten wurde. Nach Art.1 e) richtet sich der Begriff des Arbeitnehmervertreters nach den nationalen Rechtsvorschriften oder Gepflogenheiten. Ausgenommen wurden aber Mitglieder der Verwaltungs-, Leitungs- oder Aufsichtsorgane, die in diesen Gremien die Arbeitnehmerseite vertreten. Damit stellte sich die Kommission gegen das Europäische Parlament, welches die Arbeitnehmervertreter direkt wählen lassen wollte[74].

In Art.5 I war vorgesehen, daß die Informationen, die nach dem Richtlinienentwurf an die nationalen Arbeitnehmervertreter weiterzuleiten sind, auch einem Organ der Arbeitnehmervertreter übermittelt werden dürfen, wenn dieses auf einer höheren Ebene als der des Tochterunternehmens angesiedelt ist. Laut Art.5 V bestand für die Mitgliedstaaten die Möglichkeit, Regelungen zu erlassen, daß die Arbeitnehmer direkt von der zentralen Leitung unterrichtet und angehört werden müssen, falls in einem Unternehmen keine Arbeitnehmervertretung besteht.

II. Der Anwendungsbereich der Richtlinie

1. Der "Vredeling-Entwurf" von 1980

a. Erfaßte Unternehmen

Die "Vredeling-Richtlinie" erstreckte sich auf alle Unternehmen, die einem Konzern angehören oder selbst über mehrere Betriebe verfügen, gleichgültig, ob diese national oder transnational tätig sind. Auch Unternehmen, deren Entscheidungszentrum außerhalb der Gemeinschaft liegt, waren vom Anwendungsbereich des Richtlinienentwurfs erfaßt. Damit wollte die Kommission

S.64; *Weiss*, FS für Stahlhacke, S.657 (666).

[73] *Weiss*, ZRP 1992, S.422 (424).

[74] *Rademacher*, Europäischer Betriebsrat, S.38.

verhindern, daß transnationale Unternehmen unter Umständen strengeren Anforderungen unterworfen sind als rein national tätige Unternehmen. Dies hätte aber zu einer wirtschaftspolitisch höchst unerwünschten Diskriminierung derjenigen Gesellschaften geführt, die von ihrem Niederlassungsrecht Gebrauch machen[75].

Art.8 regelte den Fall, daß das Mutterunternehmen seinen Sitz außerhalb der Gemeinschaft hat. In diesem Fall war vorgesehen, daß die Leitung des Tochterunternehmens mit der größten Belegschaft in der Gemeinschaft für die Wahrung der Unterrichtungs- und Anhörungspflichten verantwortlich ist. An dieser Vorschrift wurde vom Europäischen Parlament Kritik dahingehend geäußert, daß die Wahrung der Arbeitnehmerinteressen nur auf das Tochterunternehmen mit der größten Belegschaft übertragen wurde, da nach dem Richtlinienentwurf jedes Tochterunternehmen verpflichtet war, die bei ihm angesiedelten Arbeitnehmervertreter zu informieren. Diese Regelung sei ungewöhnlich und unsachgemäß[76].

b. Schwellenwerte

Die "Vredeling-Richtlinie" von 1980 besaß nur einen einzigen Schwellenwert, der für ihre Anwendung vorgesehen war. Nach Art.4 waren 100 Arbeitnehmer für die Einbeziehung eines Tochterunternehmens in das Unterrichtungs- und Anhörungsverfahren notwendig. Dieser Schwellenwert wurde sowohl vom europäischen Arbeitgeberverband UNICE als auch vom Europäischen Parlament kritisiert, da deren Ansicht nach kleine und mittlere Unternehmen vom Anwendungsbereich der Richtlinie ausgenommen werden sollten[77].

2. Der Richtlinienentwurf von 1983

a. Erfaßte Unternehmen

Dieser Richtlinienvorschlag fand Anwendung auf nationale wie internationale Unternehmensgruppen, sowie auf einzelne Unternehmen, die in räumlich getrennten Betrieben organisiert sind. Die exterritoriale Wirkung der Richtlinie

[75] *Pipkorn*, Der Einfluß der EG auf das Unternehmens- und Betriebsverfassungsrecht, in Schwarze (Hrsg.), Integrationsrecht Band I, S.33 (55).

[76] Näher *Pipkorn*, ZGR 1985, S.567 (590).

[77] *Eser*, AuR 1994, S.91 (92); ausführliche Übersicht über weitere Änderungsanträge des Europäischen Parlaments bei *Nowak*, Die EWG-Richtlinie über die Unterrichtung und Anhörung der Arbeitnehmer, S.45 f.

wurde auch im Entwurf von 1983 beibehalten. Allerdings soll nach Art.2 II nunmehr im Fall, daß sich der Sitz des Mutterunternehmens außerhalb der Gesellschaft befindet, von der Leitung des Mutterunternehmens ein Vertreter in der Gemeinschaft bestellt werden, oder aber, wenn dies nicht geschieht, sollte die Leitung eines jeden Tochterunternehmens innerhalb der Gemeinschaft für die Anhörungs- und Unterrichtungspflichten verantwortlich sein. Hier konnte sich das Europäische Parlament mit seiner Kritik durchsetzen.

Weiterhin wurde auf Anregung des Europäischen Parlaments in Art.8 II Sonderbestimmungen für Tendenzunternehmen aufgenommen. Hiermit sollte dem Umstand Rechnung getragen werden, daß nach dem deutschen Betriebsverfassungsrecht Tendenzbetriebe von der Unterrichtung und Anhörung in Wirtschaftsfragen ausgenommen sind[78].

b. Schwellenwerte

In Art.2 I war ein neuer Schwellenwert von mindestens 1000 Arbeitnehmern innerhalb der Gemeinschaft vorgesehen. Hier wurde die bereits angesprochene Kritik des Europäischen Parlaments am Schwellenwert der "Vredeling-Richtlinie" von 1980 durch die Kommission berücksichtigt.

III. Die Unterrichtung der Arbeitnehmervertreter

1. Der "Vredeling-Entwurf" von 1980

Nach Art.5 I sollte die Unterrichtung halbjährlich erfolgen, wobei an die Arbeitnehmervertreter genaue Informationen zu geben waren, damit diese sich ein deutliches Bild von der Tätigkeit dem herrschenden Unternehmen und aller seiner Tochterunternehmen machen können. In Art.5 II war generalklauselartig vorgesehen, daß sich die Unterrichtungspflicht auf alle Vorgänge zu beziehen habe, welche die Interessen der Arbeitnehmer wesentlich berühren können.

In Art.5 IV war ein sog. "by-pass-Verfahren" vorgesehen, wonach sich die Arbeitnehmervertreter direkt an die Leitung des herrschenden Unternehmens wenden können, falls ihnen das Tochterunternehmen nicht die notwendigen Informationen weitergibt. Diese "by-pass-Regelung" rief bei den europäischen Industrieverbänden erhebliche Kritik hervor und wurde weder als nötig noch als nützlich erachtet[79].

[78] *Pipkorn*, ZGR 1985, S.567 (582).

2. Der Richtlinienentwurf von 1983

Die Unterrichtungspflicht der zentralen Leitung war in Art.3 geregelt. Im Vergleich zur "Vredeling-Richtlinie" wurden die Pflichten der zentralen Leitung reduziert. Zum einen hatte die Unterrichtung über die Tätigkeit des Unternehmens nur noch einmal jährlich zu erfolgen, zum anderen wurde der Katalog der weiterzuleitenden Informationen präzisiert und verkürzt. Danach hatte die zentrale Leitung über die Struktur, die wirtschaftliche und finanzielle Lage sowie über die voraussichtliche Investitions- und Beschäftigungslage zu informieren.

Das "by-pass-Verfahren" wurde aufgrund der Kritik des Europäischen Parlaments abgeschwächt[80]. Die Arbeitnehmervertreter durften sich zwar immer noch an die zentrale Leitung des Mutterunternehmens wenden, wenn das Tochterunternehmen seiner Informationspflicht nicht nachgekommen ist, Empfänger der Informationen waren aber nicht mehr die Arbeitnehmervertreter direkt, sondern das jeweilige Tochterunternehmen. Art.3 VI regelte den Fall, wenn ein Tochterunternehmen gleichzeitig Mutterunternehmen ist. Dieses ist ebenfalls von der Informationspflicht des Art.3 umfaßt, allerdings nur dann, wenn das übergeordnete Mutterunternehmen seinen Pflichten aus der Richtlinie nicht nachgekommen ist.

IV. Die Anhörung der Arbeitnehmervertreter

1. Der "Vredeling-Entwurf" von 1980

Die Anhörung der nationalen Arbeitnehmervertreter war gemäß Art.6 I bei geplanten Entscheidungen der Leitung des herrschenden Unternehmens vorgesehen, welche das gesamte Unternehmen oder einen erheblichen Teil betreffen und wesentliche Auswirkungen auf die Arbeitnehmer haben. Zu diesen Entscheidungen zählten u.a. Betriebsstillegungen, wesentliche Änderungen des Betriebszwecks oder der Betriebsorganisation. Die Arbeitnehmervertreter von sämtlichen Tochterunternehmen mußten in einem solchen Fall über die geplante Entscheidung informiert werden und innerhalb einer Frist von 30 Tagen von der zentralen Leitung angehört werden.

[79] Siehe dazu *Lehmann*, RdA 1984, S.160 (161 f).

[80] Das Europäische Parlament sah in der ursprünglichen Fassung des "by-pass-Verfahrens" eine Unterhöhlung der Autorität der lokalen Unternehmensleitung, *Pipkorn*, ZGR 1985 S.567 (584).

In Art.6 IV war weiterhin normiert, daß diejenigen Arbeitnehmervertreter, deren Beschäftigungs- oder Arbeitsbedingungen unmittelbar durch die geplante Maßnahme beeinflußt werden, ein "besonderes" Anhörungsrecht haben, um eine Einigung über die geplante Maßnahme zu erzielen. Auch im Fall der Anhörung wurde ein "by-pass-Verfahren" vorgesehen. Besonders im Rahmen der Anhörung wurde das "by-pass-Verfahren" von der Arbeitgeberseite kritisiert, da hierdurch die Autorität der Tochterunternehmen untergraben würde. Außerdem würde die Entscheidungsflexibilität der Unternehmen beeinträchtigt werden[81].

Nach Art.15 hatte die zentrale Leitung keine Möglichkeit, vertrauliche Informationen zurückzuhalten. Diese mußten lediglich von den Arbeitnehmervertretern geheim gehalten werden. Dies war einer der Hauptkritikpunkte von UNICE am "Vredeling-Entwurf" von 1980[82].

2. Der Richtlinienentwurf von 1983

a. Unterrichtungsgegenstände

Das in Art.4 I vorgesehene Anhörungsverfahren sollte immer dann ausgelöst werden, wenn die Leitung des herrschenden Unternehmens eine Entscheidung plant, die "das gesamte Mutterunternehmen oder einen erheblichen Teil desselben oder eines oder mehrere seiner Tochterunternehmen in der Gemeinschaft betrifft und schwerwiegende Folgen für die Arbeitnehmer seiner Tochterunternehmen in der Gemeinschaft haben kann". Welche Entscheidungen schwerwiegende Folgen für die Arbeitnehmerschaft nach sich ziehen können, wurde in einem dem Vorentwurf gegenüber erweiterten Katalog nicht abschließend aufgeführt. Hierbei handelte es sich u.a. um geplante Betriebsstillegungen, Änderungen der Unternehmenstätigkeit, Einführung neuer Technologien und Zusammenschlüsse mit anderen Unternehmen.

b. Die anzuhörenden Arbeitnehmervertreter

Der Kreis der anzuhörenden Arbeitnehmervertreter wurde abweichend vom ersten Entwurf 1980 eingeschränkt. Es sind nunmehr nur noch diejenigen Arbeitnehmervertreter anzuhören, die von der geplanten Maßnahme direkt betroffen sind. Diese haben, wie bereits zuvor, das Recht, binnen 30 Tagen von der zentralen Leitung angehört zu werden. Auch das Recht auf

81 *Kolvenbach*, DB 1982, S.1457 (1461 f.).
82 *Rademacher*, Europäischer Betriebsrat, S.35.

Konsultationsgespräche über die geplanten Maßnahmen für die betroffenen Arbeitnehmer wurden beibehalten. Der zentralen Leitung steht es jedoch frei, von der Stellungnahme der Arbeitnehmervertreter abzuweichen. Der Richtlinienvorschlag überträgt den Arbeitnehmervertretern kein Recht auf Mitbestimmung.

Das "by-pass-Verfahren" wurde im Rahmen der Anhörung gänzlich gestrichen. Dafür wurde den Arbeitnehmern in Art.4 V zugestanden, daß die geplante Maßnahme von der Arbeitgeberseite nicht vor Ablauf der 30-Tagefrist durchgeführt werden durfte. Diese Möglichkeit der Entscheidungsverzögerung stieß bei den Arbeitgebern auf heftigsten Widerstand, da hierdurch Wettbewerbsnachteile befürchtet wurden[83].

c. Vertrauliche Informationen

Neu eingeführt wurde in Art.7 I, daß die zentrale Leitung befugt sein sollte, Informationen zurückzuhalten, wenn deren Offenlegung die Interessen des Unternehmens erheblich beeinträchtigt hätte. Art.15 der "Vredeling-Richtlinie" von 1980 sah dagegen keine Möglichkeit vor, Informationen zurückzuhalten. Weiterhin durften vertrauliche Informationen nicht an Dritte weitergegeben werden. Um die Richtlinie in ihrer praktischen Anwendung nicht bedeutungslos werden zu lassen, war in Art.7 I vorgesehen, daß sich die Arbeitnehmervertreter an ein Gericht oder eine andere anerkannte Stelle wenden können, um den vertraulichen Charakter der in Frage stehenden Informationen überprüfen zu lassen. Neu vorgesehen wurde in Art.7 II die Hinzuziehung von Sachverständigen für die Seite der Arbeitnehmervertreter.

B. Die Richtlinienvorschläge vom 12.12.1990 und 20.09.1991

I. Ansprechpartner der zentralen Leitung

In der folgenden Darstellung soll in erster Linie auf den Richtlinienentwurf vom 20.09.1991 eingegangen werden, der im Kern den älteren Entwurf enthält[84].

1. Das neue Konzept

Grundlegend geändert hat sich nunmehr die Konzeption der Beteiligung von Arbeitnehmern in gemeinschaftsweit tätigen Unternehmen. Das dezentrale

[83] *Rademacher*, Europäischer Betriebsrat, S.40.

[84] Ausführlich zu den einzelnen Bestimmungen des Entwurfs vom 12.12.1990 siehe *Lerche*, Europäischer Betriebsrat, S.112 ff.

Unterrichtungs- und Anhörungsverfahren, welches die "Vredeling-Richtlinien" favorisierten, wurde nunmehr durch ein neu zu schaffendes, auf zentraler Ebene angesiedeltes Organ -dem Europäischen Betriebsrat- ersetzt. Der Europäische Betriebsrat wird nach den nationalen Rechtsvorschriften bzw. Gepflogenheiten gewählt oder benannt. Die Ausgestaltung und Arbeitsweise des Europäischen Betriebsrats sollte durch eine Vereinbarung zwischen der zentralen Leitung und dem besonderen Verhandlungsgremium zustande kommen.

2. Die Reaktion der Sozialpartner

Die Einsetzung eines Europäischen Betriebsrats stieß bei den Arbeitgebern auf heftigen Widerstand. Zum einen wurde kritisiert, daß dieses Organ nicht in das deutsche System der Arbeitnehmervertretung hineinpasse. Zum anderen wurde das Fehlen eines ausdrücklichen Arbeitskampfverbots für nicht akzeptabel gehalten[85]. UNICE hielt an seiner grundsätzlichen Kritik einer gesetzlichen Regelung über die Unterrichtung und Anhörung von Arbeitnehmern auf europäischer Ebene fest. Eine solche sei zu starr und unflexibel. Es wurde zwar allgemein zugestanden, daß eine Unterrichtung der Arbeitnehmer in gemeinschaftsweit operierenden Unternehmen sinnvoll und notwendig sei, es sollten aber Vereinbarungen auf freiwilliger Basis zwischen den Sozialpartnern geschlossen werden[86].

Die Errichtung eines Europäischen Betriebsrats stieß bei den Gewerkschaften dagegen auf ein positives Echo. Sowohl die IG-Metall als auch der EGB begrüßten den Richtlinienentwurf als Schritt in die richtige Richtung[87].

3. Das besondere Verhandlungsgremium

Nach Art.5 I sind die Mitglieder des besonderen Verhandlungsgremiums Arbeitnehmervertreter, die ihrerseits von Arbeitnehmervertretern oder bei Fehlen derselben von den Arbeitnehmern direkt gewählt werden. Gemäß Art.2

[85] Ausführliche Kritik am Konzept des Europäischen Betriebsrats von deutscher Arbeitgeberseite siehe BDA-Position zum Europäischen Betriebsrat, in *Niedenhoff* (Hrsg.), Mitbestimmung in den Staaten der EU, S.121 ff; *Niedenhoff* in *Deppe* (Hrsg.), Euro-Betriebsräte, S.71 (79 ff); *ders.*, WSI-Mitteilungen 1996, S.489 ff.

[86] Hiergegen *Weiss*, ZRP 1992, S.422 (425); *ders.* ZIAS 1995, S.633 (633); *Nagel/Ries/Rub/Beschorner*, Information und Mitbestimmung im internationalen Konzern, S.176.

[87] Stellungnahme der IG-Metall vom 05.11.1991 abgedruckt bei *Deppe* (Hrsg.), Euro-Betriebsräte, S.253 ff; Erklärung des EGB vom 31.03.1991 abgedruckt in: *Hans-Böckler-Stiftung* (Hrsg.), Europäische Betriebsräte, S.43 ff.

d) richtet sich die Definition des Arbeitnehmervertreters weiterhin nach den nationalen Vorschriften oder Gepflogenheiten. Der in den Entwürfen von 1983 und 1990 vorgesehene Ausschluß von Arbeitnehmervertretern, die in Verwaltungs-, Leitungs- oder Aufsichtsorganen die Arbeitnehmerseite vertreten, wurde fallengelassen.

Die Wahlmodalitäten waren nach Art.5 V durch die Mitgliedstaaten zu regeln. In Art.5 II wurde die Zusammensetzung des besonderen Verhandlungsgremiums geregelt. Danach hatte jedes Unternehmen, welches 100 Arbeitnehmer beschäftigt, pro Mitgliedstaat mindestens einen Arbeitnehmervertreter zu entsenden. Darüberhinaus war es möglich, nach dem Proportionalitätsprinzip noch insgesamt fünf weitere Arbeitnehmervertreter in das besondere Verhandlungsgremium zu schicken.

4. Die freiwillige Vereinbarung

Das Verfahren sollte zunächst mit der Einberufung einer Sitzung des besonderen Verhandlungsgremiums beginnen, welches von den Arbeitnehmern oder der zentralen Leitung eingeleitet werden konnte. Eine Mindestzahl von Arbeitnehmern war für die Einleitung nicht vorgesehen. Nach Art.5 III konnte das besondere Verhandlungsgremium entweder beschließen, mit der Unternehmensleitung eine Vereinbarung über die Bildung eines Europäischen Betriebsrats zu schließen oder mit einstimmigen Beschluß festzulegen, daß keine Verhandlungen aufgenommen werden sollen. Dies folge aus dem Grundsatz der Autonomie der Verhandlungspartner, die gegen ihren Willen nicht gezwungen werden sollen, Vereinbarungen über grenzüberschreitende Information und Konsultation zu schließen[88]. In diesem Fall wären die Mindestbestimmungen im Anhang des Richtlinienentwurfs nicht zur Anwendung gekommen[89].

a. Die Installierung eines Europäischen Betriebsrats

Haben sich die Parteien dazu entschlossen, Verhandlungen über die Einsetzung eines Europäischen Betriebsrats aufzunehmen, dann mußten diese nach Art.7 I "in gutem Glauben"[90] geführt werden. Bei der inhaltlichen Gestaltung waren die

88 So die Begründung der Kommission, KOM (90) 581 endg., S.12. Hierzu kritisch *Nagel*, AuR 1991, S.161 (164).

89 *Rademacher*, Europäischer Betriebsrat, S.46; *Lerche*, Europäischer Betriebsrat, S.115.

90 In der französischen Fassung wird von "en bonne foi" gesprochen. Die deutsche Übersetzung "in gutem Glauben" hält *Junker*, JZ 1992, S.1100 (1106) für verfehlt und schlägt

Parteien weitestgehend frei, allerdings enthielt die Richtlinie in Art.6 I einen Katalog von Kriterien, die geregelt werden müssen. Dazu gehören u.a. der Umfang[91], die Mandatsdauer, Anzahl der Mitglieder, das Wahlverfahren, Aufgaben und Befugnisse, Dauer und Häufigkeit der Zusammenkünfte des Europäischen Betriebsrats.

b. Das alternative Anhörungsverfahren

Es bestand auch die Möglichkeit, im Rahmen der Vereinbarung zwischen zentraler Leitung und besonderem Verhandlungsgremium auf die Errichtung eines Europäischen Betriebsrats zu verzichten und ein alternatives Unterrichtungs- und Anhörungsverfahren zu installieren, das auf die bestehenden nationalen Strukturen zurückgreift. Nach Art.6 II hatte diese Vereinbarung allerdings unter der Bedingung zu erfolgen, daß die Mindestbestimmungen im Anhang der Richtlinie über die Zuständigkeit, Unterrichtung und Anhörung sowie die Weitergabe der Informationen an die nationalen Arbeitnehmervertreter entsprechend anwendbar sind.

5. Europäischer Betriebsrat kraft Gesetzes

Die zentrale Leitung und das besondere Verhandlungsgremium hatten ein Jahr Zeit, um eine Vereinbarung zu beschließen. Sollten die Verhandlungen scheitern, so wäre in dem Mitgliedstaat, in dem das herrschende Unternehmen ansässig ist, der Europäische Betriebsrat nach den Mindestbestimmungen dieses Mitgliedstaates errichtet worden. Nach Art.1b) des Anhangs der Richtlinie vom 20.09.1991 war der Europäische Betriebsrat immer dann zuständig, wenn es sich um Angelegenheiten handelt, die mindestens zwei Unternehmen in mindestens zwei Mitgliedstaaten betreffen. Rein nationale Sachverhalte wurden ausgeklammert. Der Europäische Betriebsrat sollte aus mindestens drei, höchstens aber aus dreißig Mitgliedern bestehen. Wie bei der Zusammensetzung des besonderen Verhandlungsgremiums wurde der Europäische Betriebsrat zunächst auch nach dem Repräsentationsprinzip besetzt. Dies bedeutet, daß jedes Unternehmen mit mindestens 100 Arbeitnehmer zunächst pro Mitgliedstaat einen Vertreter entsenden konnte. Entsprechend dem Proportiona-

stattdessen "vertrauensvolle Zusammenarbeit" vor.

[91] Im Entwurf vom 12.12.1990 wurde noch von "Art" des Europäischen Betriebsrats gesprochen. Mit der neuen Formulierung "Umfang" soll klargestellt werden, daß sich die Parteien auch auf die Einsetzung mehrerer Europäischer Betriebsräte einigen können. *Rademacher*, Europäischer Betriebsrat, S.47.

litätsprinzip konnten noch weitere fünf Arbeitnehmer in den Europäischen Betriebsrat gewählt werden.

II. Der Anwendungsbereich der Richtlinie

1. Erfaßte Unternehmen

Entgegen der Konzeption der "Vredeling-Richtlinien" sollten nunmehr nur noch gemeinschaftsweit operierende Unternehmen von der Anwendung der Richtlinie erfaßt werden. Dies wurde von der Kommission damit begründet, daß der Richtlinienvorschlag lediglich auf die Überwindung der territorial beschränkten Geltung der mitgliedstaatlichen Rechtsvorschriften für Informations- und Konsultationsverfahren abziele[92]. Besondere Bestimmungen für Tendenzbetriebe waren nicht vorgesehen.

Von Art.4 IV wurden auch solche Unternehmen erfaßt, deren zentrale Leitung außerhalb der Gemeinschaft liegt. Die zentrale Leitung mußte dann einen Vertreter in der Gemeinschaft benennen, der für die Errichtung des Europäischen Betriebsrats zuständig ist. Unterblieb die Benennung eines Vertreters, dann sollte das Unternehmen mit der größten Beschäftigtenzahl in der Gemeinschaft für die Errichtung des Europäischen Betriebsrats verantwortlich sein.

2. Schwellenwerte

Es wurden zwei Schwellenwerte für die Anwendung der Richtlinie eingebaut. Nach Art.2a) sollten zum einen nur solche Unternehmen erfaßt werden, die mindestens 1000 Arbeitnehmer in der Gemeinschaft beschäftigen. Zum anderen sah Art.2b) vor, daß mindestens jeweils 100 Arbeitnehmer in mindestens zwei verschiedenen Mitgliedstaaten beschäftigt sein müssen. Der ursprüngliche Entwurf vom 12.12.1990 hatte bei Unternehmen mit mehreren Betrieben noch auf eine Mindestzahl von 100 Arbeitnehmern pro Betrieb abgestellt. Dies hätte aber dazu geführt, daß kapitalintensive Dienstleistungsunternehmen mit über 100 Arbeitnehmern in mindestens zwei Mitgliedstaaten herausgefallen wären, wenn diese auf viele kleine Zweigstellen verteilt sind.[93].

Die deutschen Gewerkschaften kritisierten die Beibehaltung des Schwellenwertes von 1000 Arbeitnehmern und forderten stattdessen einen Schwellenwert von

92 *Lerche*, Europäische Betriebsräte, S.112.

93 *Lerche*, Europäische Betriebsräte, S.123 f. Einen guten Überblick über die weitere Kritik an den Schwellenwerten gibt *Zügel*, Mitwirkung der Arbeitnehmer, S.173 ff.

500 Arbeitnehmern, damit möglichst viele Unternehmen von der Richtlinie erfaßt werden[94].

III. Die Unterrichtung der Arbeitnehmervertreter

Neu ist, daß sich die Zuständigkeit des Europäischen Betriebsrats auf solche Angelegenheiten beschränkt, welche das gemeinschaftsweit operierende Unternehmen insgesamt, eine gemeinschaftsweit operierende Unternehmensgruppe oder mindestens zwei Unternehmen in mindestens zwei verschiedenen Mitgliedstaaten betreffen.

Nach Art.1c) des Anhangs der Richtlinie vom 20.09.1991 hatte die Unterrichtung mindestens einmal jährlich durch die Unternehmensleitung auf der Sitzung des Europäischen Betriebsrats zu erfolgen. Dabei mußten sich die Informationen insbesondere auf die wirtschaftliche und finanzielle Lage des Unternehmens, die künftige Absatzlage, die voraussichtliche Beschäftigungslage sowie auf geplante Investitionen beziehen.

Ersatzlos gestrichen wurde das "by-pass-Verfahren". Der Grund liegt in der Schaffung des Europäischen Betriebsrats, der direkt von der zentralen Leitung informiert wird. Eine unzureichende Weitergabe von Informationen durch die Tochterunternehmen kam daher nicht mehr in Betracht[95].

IV. Die Anhörung der Arbeitnehmervertreter

1. Unterrichtungsgegenstände

Auch im Bereich der Anhörung wurde die Zuständigkeit des Europäischen Betriebsrats auf solche Angelegenheiten beschränkt, die das gemeinschaftsweit operierende Unternehmen insgesamt, eine gemeinschaftsweit operierende Unternehmensgruppe oder mindestens zwei Unternehmen in mindestens zwei verschiedenen Mitgliedstaaten betreffen. Nach Art.1d) des Anhangs der Richtlinie vom 20.09.1991 sollte der Europäische Betriebsrat einmal jährlich von der Unternehmensleitung oder von dazu befähigten Führungskräften, die auf angemessener Ebene wichtige Entscheidungen treffen dürfen, bei Fragen konsultiert werden, die schwerwiegende Folgen für die Arbeitnehmer nach sich ziehen

[94] Ausführlich zu den Forderungen des DGB, *Deppe* (Hrsg.) Euro-Betriebsräte, S.223 und 231.

[95] *Nagel*, AuR 1991, S.161 (165).

können. Dies sind insbesondere Betriebsstillegungen, Unternehmenszusammenschlüsse oder die Änderung der Arbeitsorganisation.

Die Informationen mußten "rechtzeitig" weitergeleitet werden. Um dies garantieren zu können, bestand nach Art.1e) für den Europäischen Betriebsrat die Möglichkeit, eine außerordentliche Sitzung einzuberufen[96]. Der Europäische Betriebsrat konnte dann zu der geplanten Maßnahme Stellung nehmen.

Die von der Arbeitgeberseite heftig kritisierte Möglichkeit der Arbeitnehmervertreter, die Entscheidung der zentralen Leitung hinauszuzögern, wie es noch im "Vredeling-Entwurf" von 1983 vorgesehen war, wurde ersatzlos gestrichen. An diesem Punkt knüpfte nun die Kritik von der Gewerkschaftsseite an, die weiterhin die Möglichkeit eines Entscheidungsaufschubs durch die Arbeitnehmervertreter normiert haben wollten[97].

Ausdrücklich geregelt wurde nun in Art.1d), daß die endgültige Entscheidung bei der Unternehmensleitung liegt. Nach Art.1f) wurden die Mitglieder des Europäischen Betriebsrats verpflichtet, die betrieblichen Arbeitnehmervertreter über den Inhalt und die Ergebnisse der Sitzung zu informieren.

2. Vertrauliche Informationen

Die Geheimhaltungspflicht wurde in Art.8 I nunmehr sehr weit gefaßt. Die Informationen durften bereits im Falle "einer erheblichen Beeinträchtigung der Interessen der betroffenen Unternehmen" zurückgehalten werden, obwohl die Mitglieder des Europäischen Betriebsrats nach Art.8 II ohnehin zur Geheimhaltung brisanter Informationen verpflichtet waren.

C. *Die Richtlinien 94/45/EG und 97/74/EG*

I. Ansprechpartner der zentralen Leitung

1. Der Europäischer Betriebsrat kraft freiwilliger Vereinbarung

Beibehalten wurde das durch den Richtlinienentwurf vom 20.09.1991 neu geschaffene Organ des Europäischen Betriebsrats, der durch eine Vereinbarung zwischen zentraler Leitung und besonderem Verhandlungsgremium errichtet werden soll. Da sich an der grundlegenden Konzeption des Europäischen

96 *Bélier*, Droit social 1994, S.1027 (1028).
97 *Nagel*, AuR 1991, S.161 (164).

Betriebsrats nichts geändert hat, blieben die Bedenken der Arbeitgeberseite hiergegen erhalten[98]. Weiterhin wird der Europäische Betriebsrat nach den nationalen Rechtsvorschriften bzw. Gepflogenheiten gewählt oder benannt. An diesen Bestimmungen hat sich nichts Grundlegendes geändert.

Neu eingeführt wurde in Art.5 I ein Quorum von mindestens 100 Arbeitnehmern aus mindestens zwei Betrieben in mindestens zwei Mitgliedstaaten für die Antragstellung zur Eröffnung der Verhandlungen über die Schaffung eines Europäischen Betriebsrats. Nach Art.2 d) richtet sich die Bestimmung der Arbeitnehmervertreter weiterhin nach den nationalen Rechtsvorschriften und den nationalen Gepflogenheiten.

a. Das besondere Verhandlungsgremium

Die Besetzung des besonderen Verhandlungsgremiums wurde in Art.5b) dahingehend modifiziert, daß sich dieses nun aus mindestens drei und höchstens siebzehn Mitgliedern zusammensetzt. Wegen der Ausdehnung der Richtlinie über Europäische Betriebsräte auf das Vereinigte Königreich bestimmt die Richtlinie 97/74/EG, daß sich das besondere Verhandlungsgremium nunmehr aus höchstens achtzehn Mitgliedern zusammensetzen darf.

Nunmehr kann gemäß Art.5 V das besondere Verhandlungsgremium die Nichteröffnung der Verhandlungen mit 2/3 der Stimmen beschließen, während im Vorgängerentwurf hierfür noch Einstimmigkeit erforderlich war. In dieser Vorschrift ist nun auch ausdrücklich geregelt, daß bei einem solchen Beschluß die subsidiären Vorschriften im Anhang der Richtlinie keine Anwendung finden. Ein neuer Antrag auf Einberufung des besonderen Verhandlungsgremiums kann ohne anderslautende Vereinbarung erst wieder nach zwei Jahren gestellt werden.

b. Vereinbarung über die Installierung eines Europäischen Betriebsrats

In Art.6 I ist weiterhin vorgesehen, daß die zentrale Leitung und das besondere Verhandlungsgremium im "Geiste der Zusammenarbeit"[99] verhandeln müssen. In Art.6 II sind unbeschadet der Autonomie der Vertragsparteien u.a. über folgende Punkte Vereinbarungen zu treffen: die Zusammensetzung des

[98] Zu den einzelnen Stellungnahmen der Arbeitgeberseite siehe FN 76.

[99] In der französischen Fassung des Art.6 wird von Verhandlungen "dans un esprit de collaboration" gesprochen.

Europäischen Betriebsrats, Anzahl der Mitglieder, Mandatsdauer, die Befugnisse und das Unterrichtungs- und Anhörungsverfahren, Ort, Dauer sowie die Häufigkeit der Zusammenkünfte.

Nach Art.6 III bleibt weiterhin die Möglichkeit bestehen, anstelle des Europäischen Betriebsrats ein oder mehrere Unterrichtungs- und Anhörungsverfahren zu installieren. Anders als in Art.6 II des Richtlinienvorschlags vom 20.09.1991 ist nach Art.6 IV der Richtlinie 94/45/EG die Vereinbarung bzgl. des alternativen Unterrichtungs- und Anhörungsverfahrens nicht mehr an die subsidiären Vorschriften im Anhang der Richtlinie geknüpft[100].

In Art.9 ist vorgesehen, daß der Europäische Betriebsrat und die zentrale Leitung mit dem "Willen zur Verständigung" zusammenarbeiten[101]. Dies gilt auch für die Zusammenarbeit von Arbeitnehmervertretern und zentraler Leitung im Rahmen des alternativen Unterrichtungs- und Anhörungsverfahrens.

2. Die Weitergeltung von freiwilligen Vereinbarungen

Grundlegend neu ist die Konzeption in Art.13 der Richtlinie 94/45/EG, wonach diese nicht auf gemeinschaftsweit operierende Unternehmen anwendbar ist, die bis zum Ende der Umsetzungsfrist der Richtlinie (22.09.1996) eine freiwillige Vereinbarung über eine länderübergreifende Unterrichtung und Anhörung von Arbeitnehmern geschlossen haben[102]. Gemäß der Richtlinie 97/74/EG besteht für britische Unternehmen die Möglichkeit, bis zum 15.12.1999 eine freiwillige Vereinbarung schließen zu können. Nach Art.13 II können die Parteien nach Ablauf der freiwilligen Vereinbarung erneut beschließen, daß diese Anwendung finden soll. Nur wenn diese Vereinbarung nicht fortbestehen soll, findet die Richtlinie Anwendung. Damit werden bestehende Vereinbarungen gegenüber der Richtlinie 94/45/EG vorrangig behandelt[103].

[100] *Hohenstatt*, EuZW 1994 S.427 (429) sieht in dieser Vorschrift die bedeutendste Neuerung des Richtlinienvorschlags vom 13.04.1994, die exakt in dieser Form von der Richtlinie 94/45/EG übernommen wurde.

[101] In der französischen Fassung des Art.9 wird von einer Zusammenarbeit "dans un esprit de collaboration" gesprochen.

[102] Zu den Chancen und Risiken von Vereinbarungen nach Art.13 der Richtlinie siehe *Willemsen/Hohenstatt*, NZA 1995, S.399 ff; *Hornung-Draus*, Arbeitgeber 1994, S.759 (764); *Klinkhammer/Welslau*, AuR 1994, S.326 (332); *Goos*, NZA 1994, S.776 (778); *Weiss* in *Blanpain/Hanami* (Hrsg), European works councils, S.150 (162).

[103] So auch *Goos*, NZA 1994, S.776 (778).

3. Europäischer Betriebsrat kraft Gesetzes
Die subsidiären Vorschriften, die im Vorschlag vom 20.09.1991 noch als Mindestbestimmungen bezeichnet wurden, kommen nach Art.7 in drei Fällen zur Anwendung. Erstens, wenn die zentrale Leitung und das besondere Verhandlungsgremium dies beschließen; zweitens, wenn die zentrale Leitung die Aufnahme von Verhandlungen binnen sechs Monaten nach Stellung des Antrags der Arbeitnehmer verweigert hat oder drittens, wenn binnen drei Jahren keine Vereinbarung zwischen zentraler Leitung und besonderem Verhandlungsgremium über die Einsetzung eines Euopäischen Betriebsrats oder eines alternativen Verfahrens geschlossen wurde.

II. Der Anwendungsbereich der Richtlinie
1. Erfaßte Unternehmen
Die Konzeption des Richtlinienentwurfs vom 20.09.1991, daß nur gemeinschaftsweit operierende Unternehmen vom Anwendungsbereich erfaßt werden sollen, wurde beibehalten.

Nach Art.4 II sind weiterhin Unternehmen erfaßt, deren Mutterunternehmen nicht in der Gemeinschaft ansässig ist. Wie bereits im Vorgängerentwurf vorgesehen, ist die zentrale Leitung in einem solchen Fall verpflichtet, einen Vertreter in der Gemeinschaft zu bestellen. Sollte die zentrale Leitung dieser Verpflichtung nicht nachkommen, so war weiterhin das Unternehmen mit der höchsten Beschäftigtenzahl in einem der Mitgliedstaaten für die Errichtung des Europäischen Betriebsrats verantwortlich.

Neu dagegen ist Art.8 III, der die Möglichkeit vorsieht, für Tendenzbetriebe besondere Bestimmungen zu erlassen[104]. Allerdings darf dies nur in Mitgliedstaaten geschehen, die bereits im Zeitpunkt der Annahme der Richtlinie in ihren innerstaatlichen Rechtsvorschriften solche Bestimmungen verankert hatten.

2. Schwellenwerte
Auch in der endgültigen Version der Richtlinie über Europäische Betriebsräte ist ein doppelter Schwellenwert für die Anwendung derselben vorgesehen.

[104] Die Tendenzschutzklausel wird von Arbeitgeber- und Gewerkschaftsseite sehr unterschiedlich beurteilt. Zur Position der Arbeitgeberseite siehe *Barton*, Arbeitgeber 1994, S.801 ff; zur Position der Gewerkschaftsseite siehe *Däubler/Klebe*, AiB 1995, S.558 (571) sowie *Blanke*, AiB 1996, S.204 ff.

Danach sind gemäß Art.2a) erstens nur gemeinschaftsweit operierende Unternehmen mit mindestens 1000 Arbeitnehmern betroffen. Zweitens müssen nach Art.2b) jeweils mindestens 150 Arbeitnehmer in mindestens zwei Mitgliedstaaten beschäftigt sein. Neu ist auch Art.2 II, wonach für die Berechnung der Anzahl der Beschäftigten der Durchschnitt der in den letzten zwei Jahren beschäftigten Arbeitnehmer, einschließlich der Teilzeitbeschäftigten, heranzuziehen ist[105].

III. Die Unterrichtung der Arbeitnehmervertreter

Beibehalten wurde die Beschränkung der Kompetenz des Europäischen Betriebsrats auf Sachverhalte mit europäischer Dimension. Die Unterrichtung des Europäischen Betriebsrats ist in Art.2 des Anhangs der Richtlinie geregelt. Danach ist der Europäische Betriebsrat u.a. über die wirtschaftliche und finanzielle Situation des Unternehmens, die Produktions- und Absatzlage, über Verlagerungen der Produktion, über die Verkleinerungen und Schließungen von Unternehmen oder Betrieben sowie über geplante Massenentlassungen zu unterrichten.

IV. Die Anhörung der Arbeitnehmervertreter

1. Unterrichtungsgegenstände

Auch in der endgültigen Fassung wurde die Beschränkung der Kompetenz des Europäischen Betriebsrats auf europäische Angelegenheiten beibehalten. Die Anhörung soll auf der jährlich stattfindenden Sitzung erfolgen. Gemäß Art.3 des Anhangs der Richtlinie hat der Europäische Betriebsrat bzw. der engere Ausschuß die Möglichkeit, bei Verlegung oder Schließung von Unternehmen oder bei Massenentlassungen eine Sondersitzung einzuberufen. Er hat in diesen Fällen das Recht, über die Dinge von der zentralen Leitung oder neuerdings auch von einer anderen geeigneten Stelle informiert und angehört zu werden. Die Sitzung zur Unterrichtung hat "unverzüglich" zu erfolgen, und der Europäische Betriebsrat hat das Recht, binnen angemessener Frist seine Stellungnahme abzugeben.

[105] Die Teilzeitbeschäftigten sind nach der "pro-rata-temporis-Regel" anteilig zu berücksichtigen. *Hromadka,* DB 1995, S.1125 (1126); *Klinkhammer/Welslau,* AuR 1994, S.326 (328).

2. Vertrauliche Informationen

Der Geheimnisschutz ist in Art.8 festgeschrieben. Danach ist es den Arbeitnehmervertretern nicht gestattet, "ihnen ausdrücklich als vertraulich mitgeteilte Informationen an Dritte weiterzugeben". Weiterhin ist vorgesehen, daß die zentrale Leitung Informationen an den Europäischen Betriebsrat dann nicht weiterleiten muß, wenn diese die Arbeitsweise des betroffenen Unternehmens nach objektiven Kriterien erheblich beeinträchtigen könnten. In Art.11 IV ist ein Verfahren vorgesehen, mit welchem die Arbeitnehmervertreter Rechtsbehelfe einlegen können, wenn sich die zentrale Leitung auf vertrauliche Informationen beruft und diese zurückhält.

D. Ergebnis:

Die Entstehungsgeschichte der Richtlinie 94/45/EG hat gezeigt, daß diese eng mit der Entwicklungsgeschichte der europäischen Sozialpolitik verknüpft ist. Zunächst war die Europäische Gemeinschaft als reine Wirtschaftsgemeinschaft angelegt; dementsprechend spielte die Sozialpolitik nur eine marginale Rolle. Erst in den 70er Jahren änderte sich diese Situation. Aufgrund der fortgeschrittenen wirtschaftlichen Integration mußten nun auch die Belange der Arbeitnehmer gemeinschaftsweit harmonisiert werden, um die bereits erzielten Erfolge nicht zu gefährden. In diese Zeit fällt auch der erste Versuch der Einsetzung eines Europäischen Betriebsrats. Dieser sollte nach einem Vorschlag der Richtlinie über das Statut einer Europäischen Aktiengesellschaft mit Hilfe der Verordnung installiert werden. Die ursprüngliche Idee, einen Europäischen Betriebsrat nach deutschem Muster, wie er in der Verordnung über das Statut einer Europäischen Aktiengesellschaft zunächst vorgesehen war, zu installieren, mußte allerdings scheitern, da auf die sehr unterschiedlichen Arbeitnehmervertretungssysteme der einzelnen Mitgliedstaaten keine Rücksicht genommen wurde. Aus diesem Grund hat die Kommission den Weg über die Richtlinie eingeschlagen, damit auf die nationalen Gegebenheiten besser Rücksicht genommen werden kann. Doch letztendlich konnte die Verabschiedung der Richtlinie erst dann zum Erfolg führen, als der Schritt weg von der Materialisierung, wie es noch in den "Vredeling-Richtlinien" vorgesehen war, hin zur Prozeduralisierung, wie er in den Richtlinienentwürfen seit dem 12.12.1990 geschehen ist, gegangen wurde[106].

[106] So auch *Weiss*, ZRP 1992, S.422 (426).

Mit Hilfe der Prozeduralisierung wurde den Mitgliedstaaten eine Möglichkeit an die Hand gegeben, ein europäisches Arbeitnehmervertretungsorgan zu installieren, welches in die jeweiligen nationalen Strukturen eingebettet werden kann. Durch den Vorrang der freiwilligen Vereinbarungen nach Art.13 der Richtlinie 94/45/EG, welche die Mindestvorschriften im Anhang der Richtlinie nicht berücksichtigen müssen, wird zwar dem Gebot der funktionalen Gleichwertigkeit im Rahmen der Harmonisierung nur wenig Tribut gezollt[107], dies aber war letztlich die einzige Möglichkeit, um auf europäischer Ebene einen Grundkonsens über ein neues Arbeitnehmervertretungsmodell zu finden. Mit Hilfe der verschiedenen Ausgestaltungsmöglichkeiten einer europäischen Arbeitnehmervertretung wurde ein "weiches" Angleichungsmodell geschaffen, mit dessen Hilfe schrittweise eine Verbesserung der bislang vereinbarten Strukturen erreicht werden kann[108]. Dies hat die Praxis bereits gezeigt. So wurde durch die Vereinbarung des Ford-EBR mit der Ford-Konzernspitze zur Verselbständigung der Ford Visteon-Organisation in der Metallbranche zum ersten Mal ein Europäischer Betriebsrat als Verhandlungs- und Vertragspartner eines internationalen Konzernmanagements akzeptiert.

[107] *Weiss*, ZIAS 1995, S.633 (636); *Wunsch-Semmler*, Entwicklungslinien einer europäischen Arbeitnehmermitwirkung, S.107.

[108] *Weiss*, FS für Stahlhacke, S.657 (672).

2. Kapitel: Die Arbeitnehmerrepräsentation in Frankreich

In diesem Kapitel soll das kollektive Arbeitsrecht von Frankreich dargestellt werden, soweit es für das Verständnis im Rahmen der Umsetzung der Richtlinie 94/45/EG erforderlich ist.

1. Teil: Die Geschichte der französischen Arbeiterbewegung

Anders als in Deutschland sind in Frankreich die Gewerkschaften auch in den Unternehmen stark in die Arbeitnehmervertretung miteingebunden. Da es sich bei den französischen Gewerkschaften nicht wie in Deutschland um Einheitsgewerkschaften, sondern um Richtungsgewerkschaften handelt, erscheint es sinnvoll, zunächst auf die Entstehungsgeschichte der französischen Gewerkschaftsbewegung einzugehen, um einerseits die heutige Gewerkschaftsstruktur und andererseits den Spaltungsprozeß, der sehr stark nach dem 2. Weltkrieg eingesetzt hat, erklären zu können. Daraufhin werden die auf nationaler Ebene als repräsentativ anerkannten Gewerkschaften im privaten Sektor vorgestellt.

A. Die Zeit der französischen Revolution

Bedingt durch die traditionellen Herrschaftsstruktur der bürgerlichen Gesellschaft in Frankreich, welche auch während der französischen Revolution nicht in Frage gestellt wurden, sollte jede Art von Vereinigungen sowohl von Arbeitgebern als auch von Arbeitnehmern verboten sein[109]. Gesetzlich wurde dieses Verbot durch die "Loi le Chapellier" vom 14.06.1791 fixiert. In Art.1 dieses Gesetzes war normiert: "Da die Zerstörung aller Arten von Korporationen von Bürgern desselben Standes oder Berufes eine der Grundlagen der französischen Verfassung ist, ist es verboten, sie faktisch wieder einzurichten, unter welchem Vorwand und welcher Form auch immer"[110]. Weiterhin wurde die Gründung von Gewerkschaften und Arbeitsniederlegungen unter Strafe gestellt[111].

[109] *Jansen/Kiersch* in *Mielke* (Hrsg.), Internationales Gewerkschaftshandbuch, S.437.

[110] Zitiert nach *Jäger*, Gewerkschaften und Linksparteien in Frankreich, in *Rühle* (Hrsg.), Gewerkschaften in Westeuropa, S.26. Ausführlich zum gesamten Inhalt der "Loi le Chapellier" siehe *Engels*, Die Entwicklung des französischen Rechts der Koalitionen, S.19 ff.

[111] *Bertram*, AiB 1990, S.352 (352).

B. Zeit der Umbrüche (1848 bis 1884)
Durch die Februar-Revolution von 1848, an der die Arbeiter von Paris maßgeblich beteiligt waren, wurde den Arbeitern für kurze Zeit das Recht gegeben, Koalitionen zu gründen. Allerdings wurde bereits im Juni 1848 der Aufstand der Arbeiter von Louis Bonaparte -ab 1851 Kaiser Napoleon III.- blutig niedergeschlagen. Diese Ereignisse markierten die Fortsetzung einer Unterdrückung der Gewerkschaftsbewegung[112].

Dessen ungeachtet entstanden Anfang der sechziger Jahre des 19. Jahrhunderts in ganz Frankreich sog. "Chambres syndicales", lokale Berufsvereinigungen, welche für Lohnerhöhungen, Verkürzung der Arbeitszeit u.s.w. eintraten[113]. Diese Vereinigungen hatten aber einen rein beruflichen Charakter und lehnten jede politische Betätigung strikt ab[114].

Erste Anzeichen einer Liberalisierung setzen jedoch noch während des zweiten Kaiserreichs ein. Aufgrund der fortschreitenden Industrialisierung Frankreichs mußte das Regime von Napoleon III. auch bei den Arbeitern um Rückhalt suchen. Ab dem Jahre 1864 waren organisierte Arbeiterverbindungen nicht mehr strikt verboten[115]. Allerdings waren die Zugeständnisse an die Arbeiter sehr ambivalent. Es wurden nur temporäre, aber keine dauerhaft organisierten Koalitionen zugelassen[116]. Weiterhin wurde das Streikverbot nur für die Koalitionen ersatzlos gestrichen; als Einzeltäter konnten die Streikenden immer noch strafrechtlich verfolgt werden[117].

Nachdem Frankreich den Krieg 1870/71 gegen Deutschland verloren hatte, erfolgte der Zusammenbruch des Regimes von Napoleon III. Den Arbeitern schien nun sich die Möglichkeit zu bieten, eine neue Gesellschaftsform zu errichten. Gegen die mehrheitlich monarchistische Nationalversammlung der III. Republik organisierte sich im Jahre 1871 die radikal-demokratische und sozialverfaßte Kommune von Paris. Nach 72 Tagen wurde die Pariser

[112] *Jansen u.a.*, Gewerkschaften in Frankreich, S.15 f.
[113] *Jäger*, Gewerkschaften und Linksparteien in Frankreich, in *Rühle* (Hrsg.), Gewerkschaften in Westeuropa, S.26.
[114] *Jansen u.a.*, Gewerkschaften in Frankreich, S.16.
[115] *Bertram*, AiB 1990, S.352 (353).
[116] *Jansen/Kiersch* in *Mielke* (Hrsg.), Internationales Gewerkschaftshandbuch, S.438.
[117] Zu den neuen Vorschriften der Art.414 ff code pénal von 1864 siehe *Engels*, Die Entwicklung des französischen Rechts der Koalitionen, S.47 ff.

Kommune allerdings militärisch erobert und zehntausende von Arbeitern fielen auf den Barrikaden[118]. Die französische Arbeiterbewegung erlitt hierdurch schwere Verluste, die sie um Jahre zurückwarf.

C. Zulassung der Gewerkschaften im Jahre 1884

Erst im Jahre 1884 wurde das Verbot der Gewerkschaften aufgehoben. Am 21.03.1884 wurde das 1. Gewerkschaftsgesetz von Frankreich erlassen. In Art.1 hieß es: "Das Gesetz vom 14./27 Juni 1791 und Art.416 des Strafgesetzbuches werden aufgehoben"[119]. Gemäß Art.2 wurde die Gründung von Berufsvereinen ohne Genehmigung durch die Regierung erlaubt. In Art.3 wurde die Zielsetzung der Gewerkschaften normiert: "Die Berufsvereine bezwecken ausschließlich die Untersuchung und Wahrung der wirtschaftlichen, gewerblichen, Handels- und landwirtschaftlichen Interessen".

Es hatten sich zwar schon einige Jahre vor der Aufhebung des Gewerkschaftsverbots nationale Berufsvereinigungen gegründet -so im Jahre 1879 die Gewerkschaft der Hutmacher und 1881 die Gewerkschaft der Buchdrucker-[120], aber die Legalisierung der Gewerkschaftsbildung brachte der Gewerkschaftsbewegung in Frankreich einen deutlichen Auftrieb für ihre weitere Entwicklung.

I. Der Zusammenschluß der Berufsvereinigungen

1886 fand der erste nationale Gewerkschaftskongreß in Lyon statt, der zur Gründung der "Fédération nationale des syndicats" führte. Hierbei schlossen sich bereits überörtlich organisierte Berufsvereinigungen auf nationaler Ebene zusammen. Diese überörtliche, vertikale Organisationsstruktur der Berufsvereinigungen entsprach dem bereits erreichten Entwicklungsgrad der Industrialisierung von Frankreich[121]. Die "Fédération nationale des syndicats" hatte allerdings nicht die konkrete Verbesserung der Arbeitsbedingungen in den Fabriken zum Ziel, sondern vielmehr eine politische Dimension. Die Entwicklung des

118 *Jansen u.a.*, Gewerkschaften in Frankreich, S.16.

119 Sämtliche Artikel dieses Gesetzes sind zitiert nach *Willard*, Geschichte der französischen Arbeiterbewegung, S.94. Eine ausführliche Darstellung des Gesetzes vom 25.03.1884 und seiner Auswirkungen auf die Gewerkschaftsbewegung in Frankreich siehe *Engels*, Die Entwicklung des französischen Rechts der Koalitionen, S.53 ff.

120 *Jäger*, Gewerkschaften und Linksparteien in Frankreich, in *Rühle* (Hrsg.), Gewerkschaften in Westeuropa, S.26.

121 *Jansen u.a.*, Gewerkschaften in Frankreich, S.17.

Klassenbewußtseins und des Klassenkampfes wurde in den Vordergrund gestellt[122].

II. Der Zusammenschluß der "bourse du travail"

Neben den Berufsvereinigungen gab es noch eine zweite Gewerkschaftsbewegung, die sog. "bourse du travail". Diese Arbeitsbörsen wurden seit 1887 auf Beschluß des Pariser Stadtrates eingerichtet[123]. Die "bourse du travail" setzten sich unmittelbar auf lokaler Ebene für die Belange aller Arbeiter ein, unabhängig ihres Berufes[124]. Dies dürfte der Grund sein, weshalb die "bourse du travail" zunächst wesentlich mehr Zulauf hatten als die eigentlichen Gewerkschaften. Zielsetzung der Arbeitsbörsen war nach *Fernand Pelloutier*, dem Sprecher der revolutionären Syndikalisten, nicht etwa "eine Staatsform durch eine andere zu ersetzen, auch wenn es sich um einen sozialistischen Staat handelte"[125]. Es sei vielmehr "eine Institution vorzubereiten, die im Falle einer gesellschaftlichen Umgestaltung das Funktionieren der Wirtschaft mittels freier Assoziationen sichern und alle politischen Institutionen ersetzen kann. Da es ihr Ziel ist, jede Autorität, gleich welcher Gestalt, abzuschaffen, ist sie bestrebt, die Arbeiter dazu zu erziehen, sich von jeder Vormundschaft zu lösen".

In der Zielsetzung der Arbeitsbörsen ist sehr deutlich die Idee des Anarchosyndikalismus zu erkennen[126]. Die Umwälzung der Gesellschaft sollte mit Hilfe des Generalstreiks und durch Gewalt erreicht werden.

Im Jahre 1892 schlossen sich zehn der insgesamt vierzehn bestehenden Arbeitsbörsen zusammen und gründeten die "Fédération nationale des bourses du travail" mit *Fernand Pelloutier* an ihrer Spitze[127]. Die lokale und horizontale Organisationsstruktur der Arbeitsbörsen entsprach der anhaltenden Stärke der handwerklichen Kleinproduktion in Frankreich[128].

[122] *Jäger*, Gewerkschaften und Linksparteien in Frankreich, in *Rühle* (Hrsg.), Gewerkschaften in Westeuropa, S.26.

[123] *Jansen/Kiersch* in *Mielke* (Hrsg.), Internationales Gewerkschaftshandbuch, S.438.

[124] *G.Lyon-Caen/Tillhet-Pretnar*, Droit social, RN 336.

[125] Die folgenden Aussagen Fernand Pelloutiers sind zitiert nach *Jansen u.a.*, Gewerkschaften in Frankreich, S.18.

[126] *Jansen/Kirsch* in *Mielke* (Hrsg.), Internationales Gewerkschaftshandbuch, S.450 f..

[127] *Jäger*, Gewerkschaften und Linksparteien in Frankreich, in *Rühle* (Hrsg.), Gewerkschaften in Westeuropa, S.27.

[128] *Jansen u.a.*, Gewerkschaften in Frankreich, S.17.

D. Die Gründung von Gewerkschaften bis zum 2. Weltkrieg

I. Die Gründung der CGT

Ein Meilenstein zur Vereinigung der beiden beschriebenen Gewerkschaftsbewegungen war der Kongreß von Limoges 1895[129]. Dort schlossen sich die "Fédération nationale des syndicats" und einige Arbeitsbörsen zu einer Dachorganisation zusammen[130]. Dieser Dachverband wurde "Confédération Générale du Travail" (CGT) genannt. Allerdings war die "Fédération nationale des bourses du travail" auf diesem Kongreß nicht vertreten[131]. Erst auf dem Kongreß von Montpellier 1902 fand die organisatorische Verschmelzung der CGT mit der "Fédération nationale des bourses du travail" statt. Hierin liegt die eigentliche Geburtsstunde der französischen Gewerkschaftsbewegung[132].

1. Der Kongreß von Amiens 1906

1906 wurde auf dem Kongreß der CGT die Charte d'Amiens verabschiedet, welche die ideologische Ausrichtung und das Selbstverständnis der französischen Gewerkschaftsbewegung beinhaltete. Die Zielrichtungen der beiden nun unter der Dachorganisation der CGT vereinten Gewerkschaftsbewegungen sind darin deutlich zu erkennen. In der Charte d'Amiens ist auszugsweise zu lesen: "Im Kampfe um die täglichen Forderungen verfolgt die Gewerkschaftsbewegung die Zusammenfassung der Anstrengungen der Arbeiter und die Förderung ihres Wohlergehens durch die Erzielung sofortiger Verbesserungen wie z.B. die Verkürzung der Arbeitszeit, die Erhöhung der Löhne u.s.w. Diese Bestrebungen sind jedoch nur eine Seite der gewerkschaftlichen Arbeit. Die Gewerkschaftsbewegung bereitet auch die volle Befreiung der Arbeiter vor, die nur durch die Enteignung des Kapitalisten herbeigeführt werden kann. Sie zählt den Generalstreik zu ihren Aktionsmitteln und ist der Ansicht, daß die Gewerkschaften, die heute Kampforganisationen sind, in Zukunft Organe der Produktion und der Verteilung, d.h. die Grundlage der sozialen Umgestaltung sein werden"[133]. Hier ist ganz deutlich der Einfluß der Anarchosyndikalisten zu erkennen, welche den

129 *G.Lyon-Caen/Tillhet-Pretnar*, Droit social, RN 336.

130 *Jäger*, Gewerkschaften und Linksparteien in Frankreich, in *Rühle* (Hrsg.), Gewerkschaften in Westeuropa, S.27.

131 *Jansen/Kirsch* in *Mielke* (Hrsg.), Internationales Gewerkschaftshandbuch, S.438.

132 *Jauch*, Gewerkschaftsbewegung in Frankreich und Deutschland, S.8; *Jansen/Kirsch* in *Mielke* (Hrsg.), Internationales Gewerkschaftshandbuch, S.439; *Jäger*, Gewerkschaften und Linksparteien in Frankreich, in *Rühle* (Hrsg.), Gewerkschaften in Westeuropa, S.26.

133 Sämtliche Auszüge der Charte d'Amiens sind zitiert nach *Willard*, Geschichte der französischen Arbeiterbewegung, S.127.

Generalstreik als eines der legitimen Mittel zur Umwälzung der Gesellschaft angesehen haben.

Gleichzeitig verankerte die CGT in der Charte d'Amiens die Trennung der Gewerkschaftsbewegung von sämtlichen politischen Parteien. Es heißt dort: "Die Confédération Générale du Travail umfaßt außerhalb jeglicher politischen Schule alle Arbeiter, die sich der Notwendigkeit des Kampfes zur Beseitigung der Lohnsklaverei und des privaten Unternehmertums bewußt sind". Diese Trennung der Gewerkschaftsbewegung von allen politischen Parteien ist ein wichtiger Aspekt des Anarchosyndikalismus[134].

2. Der Reformismus durch die "Union Sacrée"

Der Ausbruch des 1. Weltkriegs führte zu einer tiefgreifenden Veränderung des Selbstverständnisses der CGT. Auch die Gewerkschaftsmitglieder rechtfertigten den Krieg als legitimes Mittel gegen Deutschland mit der Folge, daß die Opposition der Gewerkschaftsbewegung gegenüber der Regierung Frankreichs aufgegeben wurde. Noch im Jahre 1914 wurde die "Union Sacrée" hergestellt[135]. Diese ist mit dem "Burgfrieden" zwischen dem deutschen Kaiserreich und den Gewerkschaften in Deutschland vergleichbar. Die französischen Gewerkschaften verpflichteten sich, einen störungsfreien Ablauf der Produktion zu garantieren, im Gegenzug dafür wurden Mitglieder der sozialistischen Partei SFIO, welche der Bewilligung der Kriegskredite zugestimmt hatte, an der Regierung beteiligt[136].

Gegen Ende des 1. Weltkriegs wurde die Programmatik der CGT reformiert. Der Staat wurde nicht mehr abgelehnt; es wurde ihm vielmehr eine Vermittlerrolle im Prozeß der Umgestaltung der Gesellschaft zugeschrieben[137]. Die CGT strebte die Vergesellschaftung der großen Produktionsmittel, die Institutionalisierung einer wirksamen Arbeitskontrolle und die Aufstellung eines gesamtwirtschaftlichen Plans an[138]. Die CGT rückte somit von ihrer Position des Anarchosyndikalismus ab, da sie nun die Zusammenarbeit mit den politischen Parteien

[134] *Jansen/Kiersch* in *Mielke* (Hrsg.), Internationales Gewerkschaftshandbuch, S.439.

[135] *Jäger*, Gewerkschaften und Linksparteien in Frankreich, in *Rühle* (Hrsg.), Gewerkschaften in Westeuropa, S.32.

[136] *Jansen u.a.*, Gewerkschaften in Frankreich, S.20 f.

[137] *Jansen u.a.*, Gewerschaften in Frankreich, S.21.

[138] *Jäger*, Gewerkschaften und Linksparteien in Frankreich, in *Rühle* (Hrsg.), Gewerkschaften in Westeuropa, S.34.

akzeptierte. Diese reformistische Wende der CGT machte sich u.a. dadurch bemerkbar, daß sie gegen Ende des Krieges mit einigen Arbeitgebervereinigungen Kollektivverträge abschloß[139].

II. Die Gründung der CFTC

Der 1. Weltkrieg und die Auswirkungen der russischen Revolution stürzten die CGT in eine tiefe Krise. Die politische Spaltung der französischen Arbeiterschaft und die extremen Arbeitskämpfe nach dem 1. Weltkrieg führten 1919 zur Gründung einer neuen Gewerkschaft, der christlichen "Confédération Francaise des Travailleurs Chrétiens" (CFTC)[140]. Diese Gewerkschaft hat wiederum ihre Vorgänger in der 1887 gegründeten "Gewerkschaft der Angestellten in Handel und Industrie" (SECI) und weiteren Angestelltenvereinigungen[141].
Die CFTC vereinte katholische Arbeiter und Angestellte, welche ihre Interessen in der damals noch sozialistischen CGT nicht ausreichend vertreten sahen. Anstoß für die Gründung einer christlichen Gewerkschaft war die Enzyklika "rerum novarum" aus dem Jahre 1891 von Papst Leo XIII. Diese Enzyklika beschäftigte sich mit der Arbeiterfrage und hält Zusammenschlüsse von Arbeitern für ein angemessenes Mittel, um deren Lebens- und Arbeitsbedingungen zu verbessern.

In der päpstlichen Enzyklika wird der Streik allerdings nicht als probates Mittel für die Verbesserung der Arbeitsbedingungen angesehen. Es heißt dort, die Arbeiter haben "in der Wahrung ihrer Interessen sich der Gewalttätigkeit zu enthalten und in keinem Falle Auflehnung zu stiften"[142]. "Nicht selten greifen die Arbeiter zu gemeinsamer Arbeitseinstellung, wenn ihnen die Anforderungen zu schwer, die Arbeitsdauer zu lang, der Lohnsatz zu niedrig scheint. Dieses Vorgehen, das in der Gegenwart immer häufiger wird und immer weiteren Umfang annimmt, fordert die öffentliche Gewalt auf, dagegen Abhilfe zu schaffen; denn Ausstände gereichen nicht bloß den Arbeitgebern mitsamt den Arbeitern zum Schaden, sie benachteiligen auch empfindlich Handel und Industrie, überhaupt den ganzen öffentlichen Wohlstand"[143].

139 Siehe hierzu *Kessler*, BlStSozArbR 1983, S.369 (369).
140 *Jäger*, Gewerkschaften und Linksparteien in Frankreich, in *Rühle* (Hrsg.), Gewerkschaften in Westeuropa, S.36.
141 *Jansen u.a.*, Gewerkschaften in Frankreich, S.37.
142 *Papst Leo XIII*, Enzyklika "rerum novarum", Ziffer 16.
143 *Papst Leo XIII*, Enzyklika "rerum novarum", Ziffer 31.

Die Arbeitervereinigungen werden durch diese Enzyklika von der katholischen Kirche zur Sozialpartnerschaft angehalten: "Ein Grundfehler in der Behandlung der sozialen Frage ist sodann auch der, daß man das gegenseitige Verhältnis zwischen der besitzenden und der unvermögenden, arbeitenden Klasse so darstellt, als ob zwischen ihnen von Natur ein unversöhnlicher Gegensatz Platz griffe, der sie zum Kampfe aufrufe. Ganz das Gegenteil ist der Fall. Die Natur hat vielmehr alles zur Eintracht, zu gegenseitiger Harmonie hingeordnet"[144].

In ihren Gründungsstatuten von 1920 nahm die CFTC in Art.1 auf diese Enzyklika Bezug. "Die Confédération wird sich bei ihrem Handeln von der in der Enzyklika 'rerum novarum' formulierten Soziallehre leiten lassen. (...) Sie will die Veränderungen nicht durch den Klassenkampf erreichen, sondern durch die Erziehung und Zusammenarbeit der Produzenten"[145]. Ihre Aufgabe sieht die CFTC laut ihrer Satzung ausschließlich in der Vertretung der Arbeitnehmerinteressen und lehnt jede politische Betätigung ab.

E. Das Vichy-Regime

Nachdem die deutschen Truppen Frankreich unterworfen hatten, wurde die mit Hitler-Deutschland kollaborierende Militärdiktatur unter Marschall *Pétain* mit Sitz in Vichy errichtet. Bereits am 16.08.1940 wurden sämtliche Dachverbände der Gewerkschaften und der Arbeitgeber per Gesetz aufgelöst[146]. Die Regulierung des Wirtschaftslebens wurde sog. "Organisationskomitees" übertragen, wobei die Arbeitgeber in diesen Gremien einen sehr großen Einfluß hatten[147]. Das geltende Tarifrecht wurde außer Kraft gesetzt und durch die sog. "Arbeitscharta" vom 04.10.1941 ersetzt[148]. Die Grundidee der Arbeitscharta lag darin, mit dem alten System des Klassenkampfs zu brechen und dieses durch eine Politik der Zusammenarbeit von Arbeitgebern und Gewerkschaften zu ersetzen. Höchstes Ziel war die Sicherung des sozialen Friedens, welcher durch den Staat gelenkt und kontrolliert wurde.

[144] *Papst Leo XIII*, Enzyklika "rerum novarum", Ziffer 15.

[145] Die Gründungsstatuten der CFTC sind abgedruckt bei *Willard*, Geschichte der französischen Arbeiterbewegung, S.172.

[146] *Jansen u.a.*, Gewerkschaften in Frankreich, S.26 ff.

[147] *Jansen u.a.*, Gewerkschaften in Frankreich, S.26.

[148] Ausführlich zum Inhalt der Arbeitscharta siehe *Engels*, Die Entwicklung des französischen Rechts der Koalitionen, S.154 ff.

Mit dem Verbot der Gewerkschaften gründeten sich illegale Gewerkschaftsgruppen, welche gegen das Vichy-Regime kämpften und den Wiederaufbau Frankreichs organisierten. Im Mai 1943 gründete sich der nationale Widerstandsrat "Conseil Nationale de la Résistance", welcher sich u.a. aus Anhängern der CGT und der CFTC zusammensetzte[149]. Am 15.03.1944 verabschiedete der nationale Widerstandsrat ein Aktionsprogramm mit dem Ziel, den Kampf gegen die Faschisten zu unterstützen[150].

F. Die Zeit nach dem 2. Weltkrieg

Mit der Errichtung der IV. Republik wurden in Frankreich die Gewerkschaften wieder zugelassen. In der Präambel der Verfassung von 1946 wird sowohl das Streikrecht als auch die Koalitionsfreiheit zu einem "Ver-fassungsrecht" erhoben[151]. Auch der Gewerkschaftspluralismus wird in der Präambel ausdrücklich erwähnt. Mit dem Bekenntnis zur Koalitionsfreiheit und dem Gewerkschaftspluralismus setzte der französische Gesetzgeber die traditionelle Entwicklungslinie der französischen Gewerkschaftsbewegung, die 1884 ihren Lauf nahm, wieder fort[152]. Die Idee einer Zusammenarbeit von Gewerkschaften und Arbeitgebern wurde aufgrund der Erfahrungen während des Vichy-Regimes verworfen.

In der provisorischen Regierung von *Charles de Gaulles* saßen erstmals auch Kommunisten am Regierungstisch[153]. Im Oktober 1945 fanden die ersten Wahlen zur Nationalversammlung statt, bei denen die Linksparteien als Wahlsieger hervorgingen[154]. Die CGT konnte daher über die kommunistischen Parlamentarier Einfluß nehmen auf die Gesetzgebung der Regierung. Durch Gesetz vom 16.05.1946 wurden erstmals Unternehmensausschüsse für Unternehmen mit mindestens fünfzig Arbeitnehmern eingerichtet[155].

149 *Jäger*, Gewerkschaften und Linksparteien in Frankreich, in *Rühle* (Hrsg.), Gewerkschaften in Westeuropa, S.36.

150 Das Aktionsprogramm ist abgedruckt in *Willard*, Geschichte der französischen Arbeiterbewegung, S.211 ff.

151 *Bertram*, AiB 1990, S.352 (353).

152 So auch *Engels*, Die Entwicklung des französischen Rechts der Koalitionen, S.204.

153 *Jansen u.a.*, Gewerkschaften in Frankreich, S.28.

154 *Jäger*, Gewerkschaften und Linksparteien in Frankreich, in *Rühle* (Hrsg.), Gewerkschaften in Westeuropa, S.38.

155 Ausführlich zur Entstehungsgeschichte des französischen Unternehmensausschusses siehe *Kessler*, BlStSozArbR 1984, S.113 ff.

Auch nach dem Rücktritt *de Gaulles* als Ministerpräsident Anfang 1946 nahmen Kommunisten weiterhin an der Regierung teil. Zu Beginn des Kalten Kriegs wurden allerdings die kommunistischen Minister im Mai 1947 gegen ihren Willen von dem damaligen Ministerpräsidenten *Paul Ramadier* entlassen[156].

I. Die Abspaltung der Force Ouvrière von der CGT

Gegen die Dominanz der Kommunisten innerhalb der CGT, welche sich seit der Wiedervereinigung 1936 zwischen CGT und CGTU deutlich abzeichnete[157], versuchte der Generalsekretär *Léon Jouhaux* mit der Zeit- schrift "Force Ouvrière" (FO) ein Gegengewicht zu schaffen. Auf dem 26. Kongreß der CGT wurden die Gewerkschaftsstatuten dahingehend geändert, daß das bestehende Verbot, gleichzeitig eine führende Position in der CGT und in einer politischen Partei innezuhaben, aufgehoben wurde[158]. Hierdurch wurde der kommunistische Einfluß innerhalb der CGT nochmals verstärkt.

Nachdem im Jahre 1947 die kommunistischen Minister aus der Regierung entlassen wurden, kam es auch innerhalb der Führung der CGT zu großen Konflikten wegen der engen Verbindung von CGT und der kommunistischen Partei PCF. Dies führte Ende 1947 zum Austritt der FO-Gruppe um *Léon Jouhaux*[159]. Im April 1948 kam es dann zur Gründung einer neuen Gewerkschaft "CGT-Force Ouvrière". Auch die CGT-FO bezieht sich in der Präambel ihrer Statuten auf die Charte d'Amiens und bringt aufgrund der Erfahrungen mit der CGT nochmals explizit ihre Autonomie gegenüber den politischen Parteien zum Ausdruck[160].

1. Die Ideologie der CGT

Insgesamt betrachtet verbindet die CGT in ihrer Doktrin Elemente des Anarchosyndikalismus und des Kommunismus. Ihr Ziel ist die Abschaffung der kapitalistischen Ausbeutung der Arbeiterklasse, insbesondere durch die Sozialisierung

[156] *Jäger*, Gewerkschaften und Linksparteien in Frankreich, in *Rühle* (Hrsg.), Gewerkschaften in Westeuropa, S.39.

[157] Zur Abspaltung der CGTU und deren Wiedervereinigung mit der CGT siehe *Jansen u.a.*, Gewerkschaften in Frankreich, S.23 f.

[158] *Jansen u.a.*, Gewerkschaften in Frankreich, S.30.

[159] *Jäger*, Gewerkschaften und Linksparteien in Frankreich, in *Rühle* (Hrsg.), Gewerkschaften in Westeuropa, S.39.

[160] Die Präambel der Statuten der CGT-CO ist abgedruckt bei *Willard*, Geschichte der französischen Arbeiterbewegung, S.246 f.

von Produktionsmitteln und der Banken[161]. Die Arbeiterklasse und ihre politischen Repräsentanten sollen die sozialistische Demokratie auf allen Ebenen des wirtschaftlichen, gesellschaftlichen und politischen Lebens verwirklichen.

2. Die Ideologie der CGT-FO

Die CGT-FO sagt in ihren Statuten der Ausbeutung der Arbeiterklasse den Kampf an und fordert die Abschaffung der abhängigen Beschäftigung und des Patronats[162]. Neuere programmatische Erklärungen heben aber nicht auf visionäre Vorstellungen einer zukünftigen Gesellschaft ab, sondern es wird vielmehr ganz pragmatisch in der gegenwärtigen Gesellschaft das unmittelbare Aktionsfeld der CGT-FO gesehen. Sie möchte die Lebensverhältnisse der Arbeitnehmer schrittweise verbessern, um somit die Aufhebung der sozialen Ungleichheiten zu erreichen[163]. Der Antikommunismus, welcher zur Abspaltung der CGT geführt hat, ist eine der großen Konstanten der CGT-FO, deren Führung der sozialistischen Partei sehr nahesteht[164].

II. Die Gründung der CGC

Unmittelbar nach Beendigung des 2. Weltkriegs 1945 wurde die "Confédération Générale des Cadres" (CGC) als selbständige Standesorganisation gegründet, welche in erster Linie leitende Angestellte, Techniker, Ingenieure etc. vertritt[165]. Diese Gewerkschaft geht zurück auf die im Jahre 1937 gegründete "Confédération Générale des Cadres et de l'Economie Francaise" innerhalb der CGT, welche ihre Forderungen durch die von der Volksfront erkämpften Errungenschaften nicht ausreichend berücksichtigt sah[166].

Die CGC stellt das bestehende Wirtschaftssystem nicht in Frage, sondern möchte dieses lediglich "humaner" gestalten. Die Vorrechte des Unternehmertums werden von der CGC anerkannt, allerdings wird von ihr gefordert, daß Arbeitnehmer mit Leitungsfunktionen an den wirtschaftlichen Entscheidungsprozessen beteiligt werden sollen[167]. Die CGC hat keine politischen

[161] *Jansen/Kiersch* in *Mielke* (Hrsg.), Internationales Gewerkschaftshandbuch, S.451.
[162] *Jansen/Kiersch* in *Mielke* (Hrsg.), Internationales Gewerkschaftshandbuch, S.451.
[163] *Nagels/Sorge*, Industrielle Demokratie in Europa, S.79.
[164] *Jeammaud/Le Friant/A. Lyon-Caen*, AiB 1989, S.388 (390).
[165] *Jansen/Kiersch* in Mielke (Hrsg.), Internationales Gewerkschaftshandbuch, S.440.
[166] *Jeammaud/Le Friant/A. Lyon-Caen*, AiB 1989, S.388 (390).
[167] *Jansen/Kiersch* in *Mielke* (Hrsg.), Internationales Gewerkschaftshandbuch, S.452. Zum gewerkschaftlichen Selbstverständnis der CGC siehe den Artikel von *Jean Menu*, Präsi-

Ambitionen, sie versteht sich als ideologisch-neutraler Interessenverband, welcher die Privilegien seiner Mitglieder verteidigt und sich für deren Interessen einsetzt[168].

III. Die Gründung der CFDT

Die Stärkung der christlichen Gewerkschaft CFTC nach dem 2. Weltkrieg hing eng zusammen mit der Entwicklung der christlichen Partei MPR, die sich gegenseitig stützten. Dies führte sehr schnell zu einem innergewerkschaftlichen Konflikt. Es bildete sich um *Paul Vignaux* eine Studiengruppe "Réconstruction", welche eine Entkonfessionalisierung der CFTC anstrebte und dem Anarchosyndikalismus nahestand[169]. Der erste Erfolg dieser Gruppe bestand in der Einführung des sog. Inkompatibilitätsprinzips, wonach ein Funktionär der CFTC gleichzeitig kein politischen Mandat ausüben darf[170]. Die Reformbestrebungen führten 1947 zu einer Änderung der Statuten der CFTC, wobei die Bezugnahme auf die Enzyklika "rerum novarum" durch die Bezugnahme auf die allgemeine christliche Soziallehre ersetzt wurde[171].

Nicht zuletzt wegen des zunehmenden Gewichts der Arbeiter anstelle der Angestellten innerhalb der CFTC gewann die "Réconstruction-Gruppe" zunehmend an Bedeutung, bis sie Anfang der sechziger Jahre die Mehrheit erreichte[172]. Auf dem außerordentlichen Kongreß der CFTC vom 6./7.11.1964 kam es zur Spaltung der Gewerkschaft in die "Confédération Francaise Démocratique du Travail" (CFDT), welche 70% der ehemaligen Mitglieder der CFTC vereinte, und der ehemaligen CFTC, welche eine Entkonfessionalisierung weiterhin ablehnte.
In der Präambel ihrer Statuten nimmt die CFDT Bezug auf den Humanismus im allgemeinen[173]. Weiter heißt es dort: "Die CFDT sieht ihre Existenzberechtigung darin, eine große demokratische Zentrale zu sein, die vollständig den

dent der CGC 1979, in Le Monde vom 10.08.1979, abgedruckt bei *Willard,* Geschichte der französischen Arbeiterbewegung, S.250.

168 *Jeammaud/Le Friant/A. Lyon-Caen,* AiB 1989, S.388 (390).

169 *Jäger*, Gewerkschaften und Linksparteien in Frankreich, in *Rühle* (Hrsg.), Gewerkschaften in Westeuropa, S.40.

170 *Jansen u.a.*, Gewerkschaften in Frankreich, S.40.

171 *Jansen u.a.*, Gewerkschaften in Frankreich, S.40.

172 *Jäger*, Gewerkschaften und Linksparteien in Frankreich, in *Rühle* (Hrsg.), Gewerkschaften in Westeuropa, S.40.

173 Die Präambel zu den Statuten der CFDT ist abgedruckt bei *Willard*, Geschichte der französischen Arbeiterbewegung, S.248.

Zielsetzungen der Arbeiter entspricht". Die CFDT ist auch heute noch dem Anarchosyndikalismus verpflichtet und versteht sich als Massen- und Klassenorganisation[174]. Die Krise der kapitalistischen Gesellschaft soll durch eine sozialistische Gesellschaftsform auf der Grundlage der Selbstverwaltung überwunden werden[175]. Voraussetzung hierfür ist das Eigentum der Gesellschaft an den Produktionsmitteln. Die CFDT betont die starke Rolle der Basis und sieht die Demokratisierung der Gesellschaft nicht darin, die Macht aus den Händen der Kapitalisten in die Hände der Arbeitnehmerrepräsentanten zu legen, sondern sie möchte die Struktur der Macht so verändern, daß sie auf viele Personen verteilt ist.[176]

In dieser Forderung ist der Hauptunterschied zwischen CGT und CFDT zu sehen. Beide Gewerkschaften streben zwar die Überwindung der kapitalistischen Gesellschaft an. Die CGT möchte aber lediglich den kapitalistischen Machtapparat durch einen anderen ersetzen. Die CFDT dagegen lehnt jede Art von Hierarchie und Staatsmacht ab und möchte letztendlich die Selbstverwaltung der Arbeiter erreichen.

2. Teil: Die Repräsentation durch die Gewerkschaften

A. Die Organisationsstruktur der französischen Gewerkschaften

Anders als in Deutschland gibt es in Frankreich keinen großen Gewerkschaftsbund, in welchem sich die Gewerkschaften zusammengeschlossen haben. Die Gewerkschaften stehen untereinander in Konkurrenz, nicht nur im tarifpolitischen Bereich, sondern auch sehr stark im politischen Bereich[177]. Die politisch-programmatischen Auseinandersetzungen haben dazu geführt, daß die französischen Gewerkschaften als Richtungsgewerkschaften bezeichnet werden. Damit wird dem hohen Grad der Politisierung dieser Gewerkschaften Rechnung getragen.

Die Konkurrenz ist das Hauptmerkmal der französischen Gewerkschaftsbewegung und beinhaltet den für Frankreich nicht wegzudenkenden Gewerkschaftspluralismus[178]. Jeder einzelne Dachverband wirbt um die

174 *Jeammaud/Le Friant/A. Lyon-Caen,* AiB 1989, S.388 (390).

175 *Nagels*, Überbetriebliche Partizipation von Arbeitnehmern in Europa, S.55 f.

176 *Jansen/Kiersch* in Mielke (Hrsg.), Internationales Gewerkschaftshandbuch, S.452.

177 Hierzu ausführlich *Jansen u.a.*, Gewerkschaften in Frankreich, S.47 ff.

Mitgliedschaft aller Arbeitnehmer, unabhängig von deren politischen und religiösen Überzeugungen. Die Gewerkschaftsmitglieder spiegeln daher in jeder Gewerkschaft das gesamte politische Spektrum wider[179]. Allerdings muß das häufig vorhandene Bild der ewig zerstrittenen französischen Gewerkschaften relativiert werden. In vielen Unternehmen gibt es zwar mehrere Gewerkschaften, in der Regel arbeiten diese aber zusammen[180].

I. Die Doppelstruktur der französischen Gewerkschaften

Das herausragende Kennzeichen der französischen Gewerkschaftsorganisation besteht in ihrer "Doppelstruktur", d.h. die vertikale Einbindung der Gewerkschaft in den nationalen Industrieverband (fédération nationale) einerseits und ihre gleichzeitige horizontale Zugehörigkeit zur departementalen Gewerkschaftsunion (union départementale), die nicht nur die Mitglieder einer Branche, sondern auf der Ebene des Departements die Gewerkschaftsmitglieder aller Branchen umfaßt[181].

Der organisatorische Aufbau der französischen Gewerkschaften ist damit auch heute noch entscheidend vom Gründungsprozeß der CGT geprägt. Wie bereits dargestellt, entstand diese aus der Verschmelzung der horizontal strukturierten Arbeitsbörsen, die alle Arbeiter unabhängig von ihrem Beruf vertraten, und den vertikal strukturierten Industrie- und Berufsgewerkschaften.

II. Die Repräsentativität der Gewerkschaften

Dem gewerkschaftlichen Pluralismus ist mit dem durch das Gesetz vom 11.02.1950 eingeführten Kriterium der Repräsentativität ein gewisser Riegel vorgeschoben worden. Unter Repräsentativität versteht man "die den Gewerkschaften zuerkannte Kompetenz, Wortführer der Arbeitnehmer zu sein"[182]. Die in einem Unternehmen als repräsentativ anerkannten Gewerkschaften haben das gesetzlich anerkannte Monopol bei der Kandidatenaufstellung im ersten Wahlgang zum Unternehmensausschuß bzw. des Belegschaftsdelegierten. Ferner haben nach Art.L. 132-2 ausschließlich die repräsentativen Gewerkschaften im Unternehmen das Recht, mit dem Arbeitgeber Vereinbarungen zu schließen.

178 *G.Lyon-Caen/Tillhet-Pretnar*, Droit social, RN 335; *Jeammaud/Le Friant/A. Lyon-Caen*, AiB 1989, S.388 (389).

179 *Jansen/Kiersch* in *Mielke* (Hrsg.), Internationales Gewerkschaftshandbuch, S.443.

180 *Lecher*, WSI-Mitteilungen 1993, S.421 (427).

181 Ausführlich zur Doppelstruktur der französischen Gewerkschaften siehe *Jansen* u.a., Gewerkschaften in Frankreich, S.56 ff.

182 *G.Lyon-Caen/Pélissier/Supiot*, Droit du travail, RN 551.

1. Die Kriterien der Repräsentativität

In Art.L. 133-2 sind fünf Merkmale bzgl. der Repräsentativität aufgeführt. Hierbei handelt es sich erstens um die Mitgliederzahl, zweitens die Unabhängigkeit vom Arbeitgeber, drittens um die Mitgliedsbeiträge, viertens um Erfahrung und Alter der Gewerkschaft sowie fünftens die patriotische Haltung während der Zeit der Okkupation. Das letzte Kriterium hat heute allerdings keine Bedeutung mehr, an seine Stelle ist mittlerweile das Kriterium "des sozialen Rückhalts" (audience) bei den Wahlen zum Unternehmensausschuß und des Belegschaftsdelegierten getreten[183].

Zur Anerkennung der Repräsentativität muß eine Gewerkschaft die aufgeführten Merkmale nicht kumulativ erfüllen[184]. Das Kriterium der Mitgliederzahl ist vielmehr das Wichtigste unter ihnen[185]. Allerdings muß darauf hingewiesen werden, daß die einzelnen Kriterien nicht streng voneinander getrennt werden können. So reicht es nach der Rechtsprechung der *Cour de Cassation* für die Anerkennung der Repräsentativität nicht aus, daß eine Gewerkschaft eine bestimmte Anzahl von Mitgliedern hat, es muß vielmehr auch gewährleistet sein, daß diese durch Mitgliedsbeiträge vom Arbeitgeber unabhängig agieren kann[186].

Auch das alleinige Fehlen des Kriteriums "Alter und Erfahrung" kann nicht dazuführen, daß einer Gewerkschaft die Repräsentativität nicht zuerkannt wird[187]. Nach der Rechtsprechung der *Cour de Cassation* kann es für die Anerkennung der Repräsentativität einer Gewerkschaft sogar ausreichen, wenn lediglich der soziale Rückhalt bei den Wahlen zum Unternehmensausschuß und des Belegschaftsdelegierten bei der Beurteilung berücksichtigt wird[188].

2. Die Anerkennung der Repräsentativität

Per Erlaß des Arbeitsministers vom 31.03.1966 wurden die bereits dargestellten Gewerkschaften CGT, CGT-FO, CFDT, CFTC und CGC auf nationaler Ebene als repräsentativ anerkannt[189]. Dies bedeutet, daß diese fünf Gewerkschaften

183 *G.Lyon-Caen/Pélissier/Supiot*, Droit du travail, RN 553.

184 *Desjardins/Pélissier*, Code du travail annoté, Art.L. 133-2, note 1.

185 *G.Lyon-Caen/Tillhet-Pretnar,* Droit social, RN 341.

186 *Cour de cassation* vom 08.01.1997 zitiert nach Code du travail (dalloz) Art.L. 133-2, note 2.

187 *Cour de cassation* vom 16.05.1990 zitiert nach *Desjardins/Pélissier*, Code du travail annoté, Art.L. 133-2, note 1.

188 Cour.cass vom 12.07.1994 zitiert nach Code du travail (dalloz) Art.L. 133-2, note 9.

unwiderlegbar auf allen Verhandlungsebenen als repräsentativ angesehen werden[190]. In der Praxis kann dies bedeuten, daß eine Gewerkschaft, die in einem Unternehmen lediglich eine Minderheit der Arbeitnehmer vertritt, dennoch als repräsentativ gilt[191].

Gewerkschaften, die auf nationaler Ebene nicht als repräsentativ anerkannt sind, haben zwei Möglichkeiten, im Unternehmen als repräsentativ anerkannt zu werden. Die eine Möglichkeit besteht darin, sich einer der fünf großen Gewerkschaften, die auf nationaler Ebene als repräsentativ anerkannt sind, anzuschließen. Dieser Beitritt führt ebenfalls zu der unwiderlegbaren Vermutung der Repräsentativität dieser Gewerkschaft in diesem Unternehmen[192].

Die andere Möglichkeit besteht darin, vor dem *tribunal d'instance* unter Beibringung von Beweisen die Repräsentativität im Unternehmen feststellen zu lassen[193]. Den Beweis über das Fehlen der Unabhängigkeit vom Arbeitgeber hat die Seite im Prozeß zu beweisen, welche sie geltend macht[194]. Die anderen Beweise für die Repräsentativität müssen dagegen von der die Repräsentativität beantragenden Gewerkschaft selbst herbeigebracht werden.

B. Die Gewerkschaftsvertretung im Unternehmen

Auch wenn 1936 erstmals gesetzlich festgeschrieben wurde, daß ein Arbeitnehmer wegen seiner Gewerkschaftszugehörigkeit im Unternehmen nicht benachteiligt werden darf, so wurde den Gewerkschaften als Organisation im Unternehmen dennoch keine eigenen Rechte zugesprochen. Erst aufgrund der Mai-Unruhen im Jahre 1968 wurde der Gesetzgeber durch das Protokoll von Grenelle verpflichtet, Gewerkschaftssektionen im Unternehmen zuzulassen[195]. Dieser Verpflichtung ist der Gesetzgeber mit dem Gesetz vom 27.12.1968 nachgekommen.

[189] *Desjardins/Pélissier*, Code du travail annoté, Art.L. 133-2, note 3.
[190] *G.Lyon-Caen/Pélissier/Supiot*, Droit du travail, RN 554 f.
[191] *Jeammaud/Le Friant/A. Lyon-Caen,* AiB 1989, S.388 (391).
[192] *G.Lyon-Caen/Pélissier/Supiot*, Droit du travail, RN 555.
[193] *Desjardins/Pélissier*, Code du travail annoté, Art.L. 133-2, note 1.
[194] *Cour de cassation* vom 24.02.1993, Code du travail (dalloz) Art.L. 133-2, note 20.
[195] *G.Lyon-Caen/Tillhet-Pretnar*, Droit social, RN 343.

I. Die "section syndicale"

Gemäß Art.L. 412-6 kann jede repräsentative Gewerkschaft innerhalb eines Unternehmens eine "section syndicale" errichten. Mit Hilfe der Gewerkschaftssektionen sollen in erster Linie die Interessen der Gewerkschaftsmitglieder im Betrieb vertreten werden, wobei diese auch die Interessen der gesamten Belegschaft vertreten dürfen[196]. Laut Art.L. 412-7 haben die Gewerkschaftssektionen das Recht, im Betrieb Mitgliedsbeiträge einzusammeln. Weiterhin haben sie das Recht, ihre Meinung frei im Unternehmen zu äußern. Hierfür muß ihnen der Arbeitgeber eine Anschlagtafel im Unternehmen zur Verfügung stellen. In Unternehmen mit mehr als 200 Arbeitnehmern hat der Arbeitgeber gemäß Art.L. 412-9 den Gewerkschaftssektionen einen Raum zur Verfügung zu stellen. In Unternehmen mit mehr als 1000 Arbeitnehmern hat jede Gewerkschaftssektion das Recht auf einen eigenen Raum. Weiterhin haben die Mitglieder einer Gewerkschaftssektion das Recht, sich einmal im Monat im Unternehmen, aber außerhalb der Arbeitszeit, zu treffen (Art.L. 412-10).

II. Der "délégué syndical"

Gemäß Art.L. 412-11 kann jede repräsentative Gewerkschaft, die eine "section syndical" errichtet hat, in Unternehmen mit mindestens fünfzig Arbeitnehmern einen oder mehrere Gewerkschaftsdelegierte bestimmen. Gemäß Art.L. 132-20 hat ausschließlich der "délégué syndical" das Recht, mit dem Arbeitgeber Verhandlungen zu führen und Vereinbarungen zu schließen. Die Ernennung der Gewerkschaftsdelegierten hat ausschließlich durch die repräsentativen Gewerkschaften zu erfolgen[197].

In Unternehmen mit weniger als fünfzig Arbeitnehmern kann die repräsentative Gewerkschaft auch den "délégué du personnel" für die Dauer seiner Amtszeit als Gewerkschaftsdelegierten bestimmen (Art.L. 412-11).

In Unternehmen ab 2000 Arbeitnehmern, die mindestens in zwei Betrieben mindestens fünfzig Arbeitnehmer beschäftigen, kann nach Art.L. 412-12 jede repräsentative Gewerkschaft zusätzlich einen "délégué syndical central d'entreprise" bestimmen.

196 *G.Lyon-Caen/Pélissier/Supiot*, Droit du travail, RN 671.

197 Code du travail (dalloz), Art.L. 412-11, note 8.

Jedem Gewerkschaftsdelegierten steht gesetzlich ein Zeitkontingent (crédit d'heures) zur Wahrnehmung seiner Aufgaben zur Verfügung. Gemäß Art.L. 412-20 hat der délégué syndical in Unternehmen bis 100 Arbeitnehmern ein Zeitkontingent von 10 Stunden pro Monat, in Unternehmen bis 500 Arbeitnehmern fünfzehn Stunden pro Monat und in Unternehmen über 500 Arbeitnehmern zwanzig Stunden pro Monat. Der "délégué syndical central d'entreprise" verfügt über ein Stundenkontingent von zwanzig Stunden im Monat. Hat eine "section syndicale" mehrere Gewerkschaftsdelegierte ernannt, so haben sich diese das Zeitkontingent zu teilen. Die Kündigung eines "délégué syndical" kann laut Art.L. 412-18 nur mit Erlaubnis des "inspecteur du travail" erfolgen[198].

C. Das französische Tarifrecht

Voranzustellen ist, daß es in Frankreich, anders als in Deutschland, keine kontinuierliche Tarifpolitik gibt[199]. Dies wird einerseits mit dem für Frankreich typischen Gewerkschaftspluralismus erklärt und andererseits mit dem sehr geringen Organisationsgrad der französischen Arbeitnehmer[200]. So lag der Organisationsgrad der französischen Arbeitnehmer in der Privatwirtschaft Ende der achtziger Jahre bei 10%[201]. Anfang der neunziger Jahre sogar nur noch bei 6%[202].

Andere Erklärungsversuche gehen dahin, daß der französische Staat den Tarifparteien bis heute mißtrauisch gegenübersteht und sich deshalb immer wieder in die Tarifpolitik einmischt[203]. Aus diesem Grund bestand die Aufgabe von Tarifverträgen lange Zeit darin, die gesetzlich garantierten Vorteile für die Arbeitnehmer zu erweitern[204]. Erst mit der Regierungsübernahme durch die kommunistisch-sozialistische Koalition 1981 änderte sich dieser Zustand. Mit den "Lois Auroux" von 1982, benannt nach dem damaligen Arbeitsminister

198 Zu den Aufgaben und Befugnissen der "inspection du travail" siehe *G.Lyon-Caen/Pélissier/Supiot*, Droit du travail, RN 885 ff.

199 *Javillier*, Droit social 1971, S.258 (260).

200 *G.Lyon-Caen*, Droit social 1979, S.350 (354).

201 *Däubler/Lecher*, Die Gewerkschaften in den 12 EG-Ländern, S.36.

202 *Lecher*, WSI-Mitteilungen 1993, S.421 (422).

203 Zu diesen Ergebnissen kommt die von der französischen Regierung eingesetzte Kommission über die Rolle von Tarifverhandlungen von 1977 in ihrem *Rapport Adam*, abgedruckt in Droit social 1978, S.385 (386). Das Mißtrauen des französischen Staates manifestiert sich u.a. darin, daß vom ihm ein gesetzlich garantierter Mindestlohn (SMIC) festgesetzt wird. Das neueste Beispiel für die Dominanz des französischen Staates in den Beziehungen der Sozialpartner ist das Gesetz über die 35-Stundenwoche; hierzu näher *Zumfelde*, NZA 1998, S.410 (411 f.).

204 *Savatier*, RdA 1986, S.34 (35).

Jean Auroux, wurden große Reformen im französischen Arbeitsrecht vorgenommen. Um die Tragweite dieser Reformen besser verstehen zu können, ist es sinnvoll, kurz auf die Entstehungsgeschichte des französischen Tarifrechts einzugehen.

I. Geschichtlicher Überblick

1. Das Tarifvertragsgesetz von 1919

Das erste Tarifvertragsgesetz wurde am 25.03.1919 erlassen[205]. Dieses Gesetz stieß allerdings sowohl auf Arbeitgeberseite als auch auf Gewerkschaftsseite auf Ablehnung. Die Arbeitgeber lehnten unter Berufung auf die klassenkämpferische Gesinnung der Gewerkschaften jede Verhandlung mit diesen ab[206]. Dennoch brachte dieses Gesetz eine große Neuerung; seit dieser Zeit haben Tarifverträge zwingende Wirkung, auch wenn in den einzelnen Arbeitsverträgen anderslautende Klauseln vereinbart sind[207].

2. Das Abkommen von Matignon 1936

Die große Wirtschaftskrise Anfang der dreißiger Jahre verschärfte die politische Auseinandersetzung in Frankreich. Am 27.07.1934 wurde der Weg für die Volksfront geebnet, indem die kommunistische Partei und die sozialistischen SFIO einen Pakt schlossen, um gemeinsam gegen den Faschismus vorzugehen[208]. Die Volksfront hatte die Sympathien der französischen Bevölkerung gefunden, was sich in den Wahlen zur Nationalversammlung im Jahre 1936 bemerkbar machte. Die SFIO hatte am 03.05.1936 mit großer Mehrheit die Wahl zur französischen Nationalversammlung gewonnen. Daraufhin wurde auch der Tarifpolitik neues Leben eingehaucht. Unter Vermittlung der damaligen Regierung von *Léon Blum* wurde zwischen der CGT und dem wichtigsten Unternehmerverband CNPF am 07.06.1936 eine Vereinbarung, der sog. "Accord Matignon" geschlossen[209].

Dieser "Accord Matignon" bildete die Grundlage für das von der Nationalversammlung am 24.06.1936 verabschiedete Tarifvertragsgesetz[210].

205 Siehe ausführlich zu den einzelnen Bestimmungen dieses Gesetzes *Kessler*, BlSt-SozArbR 1983, S.369 (369).
206 *Nagels*, Überbetriebliche Partizipation von Arbeitnehmern in Europa, S.56.
207 *Kessler*, BlStSozArbR 1983, S.369 (369).
208 *Jäger*, Gewerkschaften und Linksparteien in Frankreich, in *Rühle* (Hrsg.), Gewerkschaften in Westeuropa, S.34.
209 *Nagels/Sorge*, Industrielle Demokratie in Europa, S.79.

Seither existieren in Frankreich zwei Arten von Tarifverträgen. Zum einen gibt es die Tarifverträge, die zwischen den Gewerkschaften und den Arbeitgebern geschlossen werden. Zum anderen gibt es neuerdings auch solche Tarifverträge, die durch eine besondere Kommission, entweder auf regionaler oder nationaler Ebene bzw. aufgrund Berufung durch den Arbeitsminister zustandekommen[211]. Diese Tarifverträge durften vom Arbeitsminister auf den gleichen Industriezweig einer anderen Region übertragen werden, um damit ein einheitliches Lohnniveau in allen Regionen zu garantieren[212]. Eine Ausdehnung dieser Tarifverträge auf andere Industriezweige war mit dem Gesetz vom 24.06.1936 aber noch nicht möglich.

3. Das Gesetz vom 11.02.1950

Mit dem Gesetz vom 11.02.1950 wurde den Tarifpartnern wieder mehr Autonomie zugesprochen, nachdem diese durch das Gesetz vom 23.12.1946 durch das Erfordernis der staatlichen Zulassung von Tarifverträgen stark eingeschränkt wurde[213]. Das System der zwei Arten von Tarifverträgen wurde auch in diesem Gesetz beibehalten. Der "einfache" Tarifvertrag, der zwischen allen Gewerkschaften und einem Arbeitgeber geschlossen werden kann, gilt für alle Arbeitnehmer eines Unternehmens, gleichgültig, ob sie Mitglied der tarifschließenden Gewerkschaft sind oder nicht. Dieses Prinzip, daß alle Arbeitnehmer, unabhängig davon, ob sie gewerkschaftlich organisiert sind oder nicht, in den Genuß von tariflichen Vorteilen kommen, wird als "effet erga omnes" bezeichnet[214]. Weiterhin gab es für den Arbeitsminister die Möglichkeit, die Tarifverträge, die in einer besonderen Kommission ausgehandelt wurden, für allgemeinverbindlich zu erklären. Genau wie im Gesetz von 1936 bestand aber nur die Möglichkeit, den Tarifvertrag auf den gleichen Industriezweig einer anderen Region auszudehnen[215].

210 *Jansen* u.a., Gewerkschaften in Frankreich, S.25.

211 *Kessler,* BlStSozArbR 1983, S.369 (370).

212 *G.Lyon-Caen/Pélissier/Supiot*, Droit du travail, RN 863.

213 Zu den Einzelheiten des Gesetzes vom 23.12.1946 siehe *Kessler,* BlStSozArbR 1983, S.369 (370).

214 Statt aller *Jeammaud/Le Friant/A. Lyon-Caen,* AiB 1989, S.388 (391)*; Weiss,* FS für Kissel, S.1253 (1255).

215 *Kessler,* BlStSozArbR 1983, S.369 (370).

4. Das Gesetz vom 13.07.1971

Mit diesem Gesetz wurde die jahrelange Forderung der Gewerkschaften nach der gesetzlichen Verankerung eines Rechts der Arbeitnehmer auf Verhandlungen mit dem Arbeitgeber gesetzlich verankert[216]. Zwei große Neuerungen sind mit diesem Gesetz eingeführt worden.

Die erste große Neuerung bestand darin, daß den nicht-repräsentativen Gewerkschaften nunmehr das Recht genommen wurde, mit dem Arbeitgeber Vereinbarungen zu schließen[217]. Einer der Hauptgründe für den Ausschluß der nicht-repräsentativen Gewerkschaften von den Tarifverhandlungen liegt darin begründet, daß diese oftmals sehr ungünstige Vereinbarungen für die Arbeitnehmer geschlossen haben, welche aufgrund des "effet erga omnes" für alle Arbeitnehmer im Unternehmen verbindlich waren[218]. Es bestand aber für die nicht-repräsentativen Gewerkschaften die Möglichkeit, durch den Beitritt zu einer der auf nationaler Ebene als repräsentativ anerkannten Gewerkschaften als repräsentativ im Unternehmen anerkannt zu werden[219].

Die zweite große Neuerung, die mit dem Gesetz vom 13.07.1971 eingeführt wurde, liegt in der Möglichkeit der Allgemeinverbindlichkeitserklärung von Tarifverträgen. Diese können seither nicht nur auf andere Regionen, sondern auch auf andere Industriezweige ausgedehnt werden[220].

5. Die Neuerungen seit den "Lois Auroux" von 1982

Wie eingangs erwähnt, hat der französische Staat das Arbeitsrecht lange einseitig bestimmt, da er den Tarifpartnern mißtraute. Erst mit der Regierungsübernahme der sozialistisch-kommunistischen Regierung im Jahre 1981 und den damit verbundenen Reformen der "Lois Auroux" änderte sich dieser Zustand; den Sozialpartnern sollte mehr Handlungsspielraum eingeräumt werden. Das Ziel der damaligen Reformen bestand darin, die wirtschaftliche Demokratie in die Unternehmen einzuführen; die Arbeitnehmer, die Bürger des Staates sind, sollten nun auch "im Betrieb Bürger werden"[221]. Dies sollte u.a. erreicht werden,

[216] *Despax*, Droit social 1971, S.530 (531); dieser sieht hierin den manifestierten inneren Wandel der Gewerkschaften, die Anfang des Jahrhunderts jede Zusammenarbeit mit dem Arbeitgeber als Klassenverrat angesehen haben.

[217] *Kessler*, BlStSozArbR 1983, S.369 (370).

[218] *Despax*, Droit social 1971, S.530 (534).

[219] *Despax*, Droit social 1971, S.530 (534).

[220] *Kessler*, BlStSozArbR 1983, S.369 (370).

indem den Sozialpartnern neue Rechte und Pflichten auferlegt wurden. Die Stärkung der Arbeitnehmerrechte bestand auch in der Reformierung des Tarifrechts.

II. Die Bestimmungen des Tarifrechts im einzelnen

Das Tarifvertragsgesetz ist nunmehr in drei Teile innerhalb des code du travail unterteilt. Der erste Teil regelt die allgemeinen Bestimmungen über Tarifverträge in den Art.L. 132-2 bis 132-10, der zweite Teil umfaßt Regelungen über Branchen- Berufs- und berufsübergreifenden Tarifverträge (accord de branche, professionnel et interprofessionnel) in den Art.L 132-11 bis 132-17 und der dritte Teil beinhaltet schließlich Regelungen über den Firmentarifvertrag in den Art.L 132-18 bis 132-30.

1. Die allgemeinen Bestimmungen

Gemäß Art.L. 132-2 dürfen nur solche Gewerkschaften, die als repräsentativ anerkannt sind, Tarifverträge schließen. Jeder Tarifvertrag muß schriftlich festgehalten werden, ansonsten ist er nichtig. Nach Art.L. 132-2 ist ein Tarifvertrag für ein Unternehmen bereits dann gültig, wenn nur eine der repräsentativen Gewerkschaften des Unternehmens diesen unterschrieben hat.

Art.L. 132-6 normiert, daß Tarifverträge befristet und unbefristet abgeschlossen werden dürfen. Sind sie für eine bestimmte Zeit abgeschlossen, so darf ihre Höchstdauer fünf Jahre nicht überschreiten. Laut Art.L. 132-4 dürfen Tarifverträge für die Arbeitnehmer günstigere Regelungen als das Gesetz enthalten. Diese Bestimmung ist eine der fundamentalen Grundprinzipien des französischen Arbeitsrechts[222]. Weiterhin dürfen die Tarifpartner keine Regelungen treffen, die gegen den "ordre public" verstoßen[223].

Art.132-7 II regelt das Vetorecht (droit d'opposition) einer Gewerkschaft gegen einen Tarifvertrag. Eine repräsentative Gewerkschaft kann gegen einen Tarifvertrag, der neu verhandelt wurde, ein Vetorecht ausüben, wenn der ursprüngliche Tarifvertrag von ihr unterschrieben wurde und sie sich weigert, die

221 *Savatier*, RdA 1986, S.34 (35).

222 *Conseil constitutionnel* vom 25.07.1989, Droit social 1989, S.627; *G.Lyon-Caen*, RdA 1989, S.228 (233).

223 Zum "ordre public" im französischen Tarifrecht siehe *G.Lyon-Caen*, Droit social 1973, S.89 ff.

Vertragsrevision mitzutragen. Sie muß ihr Vetorecht innerhalb von acht Tagen schriftlich und begründet bekanntgeben. Voraussetzung für die Ausübung des Vetorechts ist, daß diese Gewerkschaft bei den letzten Wahlen zum Unternehmensausschuß bzw. des Belegschaftsdelegierten mehr als die Hälfte der Wählerstimmen erringen konnte. Übt eine Gewerkschaft das Vetorecht aus, dann gilt der neu ausgehandelte Tarifvertrag als "nicht schriftlich" und ist damit nichtig. Dies bedeutet, daß die Gewerkschaft das Inkrafttreten dieses Tarifvertrages verhindern kann[224].

2. Die Allgemeinverbindlichkeitserklärung

a. Die formellen Voraussetzungen

An der Grundkonzeption der Allgemeinverbindlichkeitserklärung durch den Arbeitsminister hat sich nichts Grundlegendes geändert. Gemäß Art.L. 133-1 müssen die Tarifverträge in einer speziellen Kommission ausgehandelt werden. In dieser Kommission müssen die repräsentativsten Gewerkschaften und Arbeitgeberverbände vertreten sein; wird sie vom Arbeitsminister einberufen, übernimmt er den Vorsitz in dieser Kommission[225]. Besteht die Kommission nur aus Vertretern der Gewerkschaften und der Arbeitgeberverbände, so wird diese als "commission paritaire" bezeichnet[226]. Diese kommt allerdings nur in ganz seltene Fällen vor. Wird sie dagegen vom Arbeitsminister einberufen, so wird diese als "commission mixte" bezeichnet. Diese stellt die Regelkonstellation dar[227].

Die Tarifverträge der "commission mixte" müssen obligatorisch bestimmte Bereiche behandeln, die in Art.L. 133-5 aufgelistet sind. Hierbei handelt es sich einerseits um Klauseln über die kollektiven Arbeitsbeziehungen, wie z.B. die Ausübung der Gewerkschaftsrechte im Unternehmen und andererseits um Klauseln, die das Einzelarbeitsverhältnis betreffen, wie z.B. das Recht des Arbeitnehmers auf freie Meinungsäußerung im Unternehmen.

b. Das Zustimmungsverfahren

Will der Arbeitsminister einen Tarifvertrag für allgemeinverbindlich erklären, so muß er das Verfahren, das in Art.L. 133-8 bis 133-17 vorgesehen ist,

[224] *G.Lyon-Caen/Pélissier/Supiot*, Droit du travail, RN 854.
[225] *Kessler*, BlStSozArbR 1983, S.369 (370).
[226] *G.Lyon-Caen/Pélissier/Supiot*, Droit du travail, RN 864.
[227] *G.Lyon-Caen/Pélissier/Supiot*, Droit du travail, RN 864.

einhalten[228]. Gemäß Art.L. 133-8 kann der Arbeitsminister aus eigener Initiative heraus oder auf Anfrage einer Gewerkschaft oder eines Arbeitgeberverbandes tätig werden. Allerdings ist der Arbeitsminister frei in seiner Entscheidung, ob er einen Tarifvertrag für allgemeinverbindlich erklären möchte oder nicht, auch wenn er hierfür sogar die "commission mixte" einberufen hat[229].

Bevor der Arbeitsminister einen Tarifvertrag für allgemeinverbindlich erklären kann, muß er obligatorisch die "commission nationale de la négociation" konsultiert haben. Diese Kommission setzt sich gemäß Art.L. 136-1 wie folgt zusammen: aus dem Arbeitsminister oder dessen Vertreter als Vorsitzenden, dem Minister für Landwirtschaft oder dessen Vertreter, dem Wirtschaftsminister oder dessen Vertreter, dem Präsidenten des arbeitsrechtlichen Senats am *Conseil d'Etat* und einer gleichen Anzahl von Gewerkschaften und Arbeitgeberverbänden, die auf nationaler Ebene als die repräsentativsten anerkannt sind. Die "commission nationale de la négociation" hat nach Art.L. 136-2 N° 3 die Aufgabe, dem Arbeitsminister bei der Allgemeinverbindlichkeitserklärung eines Tarifvertrags beratend zur Seite zu stehen.

Befürwortet die "commission nationale de la négociation" die Allgemeinverbindlichkeitserklärung, so kann der Arbeitsminister gemäß Art.L. 133-11 al.1 den Tarifvertrag für allgemeinverbindlich erklären, wenn nicht mindestens zwei Gewerkschaften oder zwei Arbeitgeberverbände dieser Kommission hiergegen opponieren.
Haben sich zwei Gewerkschaften oder zwei Arbeitgeberverbände, die in der "commission nationale de la négociation" vertreten sind, gegen die Allgemeinverbindlichkeit ausgesprochen, so muß der Arbeitsminister gemäß Art.L. 133-11 al.2 nochmals die Kommission um ihre Meinung fragen; im Anschluß daran darf er aber den Tarifvertrag für allgemeinverbindlich erklären, wenn er dies möchte. Der Wille des Arbeitsministers wird insgesamt höher eingeschätzt als der Wunsch der Tarifvertragsparteien[230]. Das Verfahren der Allgemeinverbindlichkeitserklärung von Tarifverträgen im französischen Recht macht damit deutlich, wie stark die Einflußmöglichkeiten für den Staat sind, regulierend in das Tarifrecht einzugreifen.

[228] Ausführlich zur "procédure d'extension" siehe *Aufrère-Philbert,* Droit social 1989, S.237 ff.

[229] *G.Lyon-Caen/Pélissier/Supiot*, Droit du travail, RN 870.

[230] So auch *G.Lyon-Caen/Pélissier/Supiot*, Droit du travail, RN 871.

3. Die Firmentarifverträge

a. Allgemeines

Art.L. 132-23 normiert den Sinn und Zweck von Firmentarifverträgen. Danach sollen diese die Branchen- und Berufstarifverträge an das Unternehmen anpassen. Es dürfen auch zusätzliche und für die Arbeitnehmer günstigere Vereinbarungen getroffen werden. Gemäß Art.L. 132-19 werden Firmentarifverträge zwischen den repräsentativen Gewerkschaften im Unternehmen und mit dem Arbeitgeber geschlossen. Dies kann bedeuten, daß der Arbeitgeber mit jeder der repräsentativen Gewerkschaften einen eigenen Tarifvertrag abschließt. Wie bereits erwähnt übernimmt nach Art.L. 132-20 der délégué syndical die Aufgabe, mit dem Arbeitgeber zu verhandeln. Dies ist das sog. Monopol der Gewerkschaften zum Abschluß eines Tarifvertrages[231].

b. Der "accord atypique"

Alle sonstigen Vereinbarungen, die der Arbeitgeber mit anderen Arbeitnehmervertretungsorganen abschließt, sind sog. "accords atypiques"[232]. Diese binden lediglich den Arbeitgeber, die Arbeitnehmer können aus einem "accord atypique" nicht verpflichtet werden. Von diesem Prinzip gibt es lediglich eine Ausnahme. Seit dem Gesetz vom 12.11.1996 dürfen die Tarifpartner in Branchentarifverträgen vereinbaren, daß in Unternehmen mit weniger als fünfzig Arbeitnehmern, die über keinen délégué syndical verfügen, entweder der délégué du personnel, der nicht die Funktion des délégué syndical übertragen bekam, oder ein gewählter Vertreter der Arbeitnehmer eine Vereinbarung mit dem Arbeitgeber schließen darf[233]. Allerdings wird diese Vereinbarung erst nach Prüfung durch eine "commission paritaire de branche" als Firmentarifvertrag anerkannt.

c. Der "accord dérogatoire"

Art.L. 132-24 sieht die Möglichkeit vor, daß für den Arbeitnehmer im Unternehmen eine ungünstigere Regelung im Bereich der Löhne getroffen werden kann, wenn durch diesen Firmentarifvertrag insgesamt die Lohnerhöhung, die im Branchentarifvertrag festgesetzt wurde, beibehalten wird und lediglich anders auf die einzelnen Arbeitnehmer verteilt wird. Solche Tarifverträge, die

231 *Jeammaud/Le Friant/A. Lyon-Caen,* AiB 1989, S.388 (392).

232 Zu den "accords atypiques" siehe *Despax*, Droit social 1982, S.672 (673 f.).

233 Zu den Einzelheiten dieses Gesetzes siehe code du travail (dalloz), loi n° 96-985 du 12 novembre 1996.

für den einzelnen Arbeitnehmer ungünstigere Regelungen enthalten dürfen, werden als "accord dérogatoire" bezeichnet[234]. Sie sind nur zulässig, wenn dies im Gesetz ausdrücklich gestattet ist.

Art.L. 132-26 gibt den repräsentativen Gewerkschaften, die diesen "accord dérogatoire" nicht unterschrieben haben, die Möglichkeit ihr Vetorecht (droit d'opposition) auszuüben[235]. Voraussetzung hierfür ist, daß diese bei den letzten Wahlen zum Unternehmensausschuß bzw. des Belegschaftsdelegierten mindestens die Hälfte der Stimmen errungen haben. Das Vetorecht muß schriftlich begründet innerhalb von acht Tagen geltend gemacht werden, um das Inkrafttreten dieser Vereinbarung zu verhindern.

d. Die obligatorische jährliche Verhandlung

Mit den "Lois Auroux" wurde die Pflicht für die Tarifpartner auf Unternehmensebene eingeführt, jährlich über die Gehälter, die Dauer und die Verteilung der Arbeitszeit zu verhandeln (Art.L. 132-27). Diese Verpflichtung zur jährlichen Verhandlung wurde eingeführt, um den Tarifpartnern auf Unternehmensebene mehr soziale Verantwortung zu übertragen[236]. Sie brachte den Tarifpartnern gleichzeitig eine zweite Verpflichtung; die Verpflichtung zum "sozialen Frieden" im Unternehmen[237], was nach französischem Recht nicht selbstverständlich ist. Bis zu diesem Zeitpunkt gab es keine Verpflichtung der Sozialpartner im Unternehmen zusammenzuarbeiten.[238] Mit der Förderung der Kollektivverhandlungen hat der französische Staat erstmals seine bisher allein wahrgenommene Verantwortung im Arbeitsrecht teilweise an die Tarifpartner delegiert[239].

Die Verpflichtung zur jährlichen Verhandlung trifft nach Art.L. 132-27 allerdings nur solche Unternehmen, in denen mindestens eine "section syndicale" vorhanden ist. Auf Antrag einer repräsentativen Gewerkschaft hat der Arbeitgeber nach Art.L. 132-28 innerhalb von zwei Wochen die Parteien, die an der

[234] Zur Möglichkeit der "dérogation" eines Tarifvertrages siehe *Desjardins/Pélissier*, Code du travail annoté, Art.L. 132-4, note 2.
[235] Umfänglich zum "droit d'opposition" siehe *Javillier*, Les Réformes du droit du travail depuis le 10 mai 1981, S.320 ff.
[236] *Le Friant*, NZA 1995, S.210 (215).
[237] *Javillier*, Les Réformes du droit du travail depuis le 10 mai 1981, S.325.
[238] *G.Lyon-Caen/Péllisier/Supiot*, Droit du travail, RN 840.
[239] *Savatier*, RdA 1986, S.34 (35).

jährlichen Verhandlung zu beteiligen sind, zusammenzurufen und ihnen die Einzelheiten über die nächsten Verhandlungssitzungen mitzuteilen.

Während die jährlichen Verhandlungen laufen, ist es dem Arbeitgeber gemäß Art.L. 132-29 verboten, einseitig Entscheidungen über die Gegenstände der jährlichen Verhandlung zu treffen, es sei denn, ein Notfall gebiete diese Entscheidung. Diese, ebenfalls durch die "Lois Auroux" neu eingeführte Verpflichtung des Arbeitgebers, ist ein weiterer Baustein für eine "loyale" Zusammenarbeit von Arbeitgeber und Gewerkschaften[240].

Abschließend soll aber darauf hingewiesen werden, daß die neu eingeführte Pflicht zur jährlichen Verhandlung nach Art.L. 132-27 keineswegs die Verpflichtung beinhaltet, auch einen Firmentarifvertrag zu schließen[241]. Laut Art.L. 132-29 sind bei Scheitern der Verhandlungen die unterschiedlichen Positionen der Parteien in einem Sitzungsprotokoll festzuhalten.

III. Das Verhältnis von Tarifvertrag und Arbeitsvertrag

1. Die Wirkungsweise des Tarifvertrags

Der Tarifvertrag wirkt zum einen wie ein Gesetz auf den einzelnen Arbeitsvertrag ein; dies wird als "effet impératif" bezeichnet[242]. Ein Arbeitnehmer kann sich folglich nur solange auf die Vorteile des Tarifvertrages berufen, wie sein Arbeitsverhältnis unter den Anwendungsbereich desselben fällt. Zum anderen gibt es den in Art.L. 135-2 vorgesehenen "effet automatique". Dies bedeutet, daß alle Vereinbarungen des Arbeitsvertrags, die dem Tarifvertrag widersprechen, durch diesen automatisch ersetzt werden. Die einzige Ausnahme gilt für günstigere Klauseln, die weiterhin zur Anwendung kommen.

2. Das Verhältnis der Tarifverträge untereinander

Es ist möglich, daß in ein und demselben Unternehmen mehrere Tarifverträge gleichzeitig zur Anwendung kommen. Der Gesetzgeber hat hier einer Konkurrenz von Tarifverträgen teilweise Einhalt geboten, denn Art.L. 132-13 regelt

240 *Javillier*, Les Réformes du droit du travail depuis le 10 mai 1981, S.327 spricht in diesem Zusammenhang von "pratiques loyales". Das Verbot von einseitigen Entscheidungen durch den Arbeitgeber während der jährlichen Verhandlungen ist nach Ansicht des Autors dem amerikanischen Recht entnommen.

241 *Kessler*, BlStSozArbR 1983, S.369 (371).

242 *G.Lyon-Caen/Tillhet-Pretnar*, Droit social, RN 422.

ausdrücklich, daß Branchen-, Berufs- und berufsübergreifende Tarifverträge keine für die Arbeitnehmer ungünstigeren Regelungen enthalten dürfen als Tarifverträge, deren räumlicher und fachlicher Geltungsbereich umfänglicher ist.

Kommt es aber dennoch in einem Unternehmen zur Anwendung von zwei Tarifverträgen, die denselben Gegenstand unterschiedlich behandeln, so kommt auch hier die für die Arbeitnehmer günstigere Regelung zum Tragen. Die Günstigkeit der Regelung richtet sich allerdings nicht nach dem einzelnen Arbeitnehmer, sondern nach der Gesamtheit aller Arbeitnehmer im Unternehmen[243]. Nach der neuesten Rechtsprechung der *Cour de Cassation* kann eine vom Arbeitgeber versprochene Arbeitsplatzgarantie für die Arbeitnehmer günstiger sein als eine im Tarifvertrag vereinbarte Erfolgsprämie[244].

3. Teil: Die Repräsentation im Unternehmen durch gewählte Vertreter

A. Der Unternehmensausschuß

I. Die Zusammensetzung des comité d'entreprise

Am 16.05.1945 wurde erstmals das comité d'entreprise gesetzlich eingeführt[245]. Dieses Gesetz wurde mittlerweile mehrfach geändert und ergänzt, die Grundgedanken blieben jedoch bis heute erhalten[246]. Der Unternehmensausschuß ist nach Art.L. 431-1 in allen Unternehmen mit mindestens fünfzig Arbeitnehmern zu gründen. In Unternehmen mit mehreren Betrieben, die räumlich von einander getrennt sind, ist jeweils ein comité d'etablissement einzurichten, an deren Spitze das comité central steht[247]. Laut Art.L. 433-1 setzt sich das comité d'entreprise aus dem Arbeitgeber als Vorsitzenden und gewählten Vertretern der Arbeitnehmer zusammen. Weiterhin haben alle repräsentativen Gewerkschaften, die im Unternehmen eine section syndicale gegründet haben, das Recht, einen Vertreter in dieses Gremium entsenden. Die Entsendung eines Gewerkschaftsrepräsentanten in das comité d'entreprise ist allerdings rein fakultativ[248]. Diese

[243] *G.Lyon-Caen/Pélissier/Supiot,* Droit du travail, RN 815.

[244] *Cour de Cassation* vom 19.02.1997 zitiert nach *Frik,* NZA 1998, S.525 f.

[245] Zu den Vorläufern der Unternehmensausschüsse in Frankreich siehe *Rückert/Friedrich,* Betriebliche Arbeiterausschüsse, S.64 ff.

[246] *Kessler*, BlStSozArbR 1984, S.113 (113).

[247] Ausführlich zur Kompetenzverteilung zwischen comité d'etablissement und comité central d'entreprise siehe *Savatier*, Droit social 1976, S.392 ff.

[248] Code du travail (dalloz), Art.L. 433-1, note 5.

Gewerkschaftsrepräsentanten sind von den délégués syndicaux zu unterscheiden. Nur in Betrieben mit weniger als 300 Arbeitnehmern hat der délégué syndical nach Art.L. 412-17 das Recht, als Gewerkschaftsrepräsentant an den Sitzungen des Unternehmensausschusses teilzunehmen.

Nach Art.L. 434-5 ist in Unternehmen mit mindestens 1000 Arbeitnehmern ein Wirtschaftsausschuß (commission économique) zu bilden. Dieser soll das comité d'entreprise in wirtschaftlichen Angelegenheiten unterstützen und besteht aus maximal fünf Mitgliedern. Der Wirtschaftsausschuß trifft sich mindestens zweimal im Jahr und seinen Mitgliedern steht ein Zeitkontingent von 40 Stunden pro Jahr zur Verfügung.

Wie bereits erwähnt, haben die repräsentativen Gewerkschaften des Unternehmens das Monopol der Kandidatenaufstellung beim ersten Wahlgang zum Unternehmensausschuß. Dies ist in Art.L. 433-10 normiert. Fällt die Zahl der abstimmenden Arbeitnehmer im ersten Wahlgang unter 50% der in den Wählerlisten eingeschriebenen Arbeitnehmer, findet ein zweiter Wahlgang statt, bei welchem freie Listen zugelassen sind. Gemäß Art.L. 433-12 sind die Mitglieder des comité d'entreprise für zwei Jahre gewählt und können wiedergewählt werden. Das comité d'entreprise trifft sich laut Art.L. 434-3 regelmäßig einmal pro Monat. Nach jeder Wahl bekommt der neu gewählte Unternehmensausschuß gemäß Art.L. 432-4 ein Dokument, in dem die Struktur, die wirtschaftlichen Aussichten, die Stellung des Unternehmens innerhalb des Konzerns, die Verteilung des Kapitals und die Stellung innerhalb des Industriezweigs beschrieben ist. Weiterhin hat der Arbeitgeber die Verpflichtung, mindestens einmal im Jahr das comité d'entreprise über die gesamte wirtschaftliche Lage des Unternehmens zu informieren.

II. Die Befugnisse des comité d'entreprise

Die Aufgaben des comité d'entreprise lassen sich in zwei große Bereiche unterteilen; die Verwaltung sozialer Einrichtungen einerseits und die Mitwirkungsrechte im unternehmerischen Bereich andererseits.

1. Die Verwaltung sozialer Einrichtungen

Gemäß Art.L. 432-8 hat das comité d'entreprise die Verwaltung bzw. die Kontrolle über die Verwaltung aller sozialen und kulturellen Angelegenheiten im Unternehmen, von denen die Arbeitnehmer direkt oder indirekt profitieren. Der Gesetzgeber hat den Begriff der sozialen Einrichtungen nicht definiert. Es handelt sich hierbei nach der Literatur um Vergünstigungen, die die Verbesserung der Arbeits- und Lebensbedingungen der Arbeitnehmer fördern, sie müssen außerhalb des Pflichtenkreises des Arbeitgebers liegen und jeder Arbeitnehmer muß davon ohne Diskriminierung Gebrauch machen können[249]. Als Beispiele für soziale Einrichtungen werden die Kantine, die Organisation von Betriebsfesten, Sportanlagen, Ferienheime etc. genannt[250]. In diesem Bereich hat das comité d'entreprise die alleinige Verantwortung, der Arbeitgeber darf nur mit Zustimmung des Unternehmensausschusses an der Verwaltung dieser Einrichtungen teilhaben[251].

Der Unternehmensausschuß hat keinen Anspruch darauf, daß der Arbeitgeber dessen soziale Tätigkeiten finanziell unterstützt. Hat der Arbeitgeber aber bereits vor der Übernahme durch das comité d'entreprise kulturelle und soziale Angelegenheiten im Unternehmen unterstützt, so muß dieser gemäß Art.L. 432-9 einen finanziellen Zuschuß leisten, der nicht unter dem höchsten Prozentsatz der letzten drei Jahre liegen darf. In der Regel handelt es sich hierbei um einen Zuschuß in der Höhe von 1%-3% der Bruttogesamtlöhne[252]. Hiervon zu unterscheiden ist der obligatorische Zuschuß, den der Arbeitgeber laut Art.L. 434-8 an den Unternehmensausschuß zu zahlen hat, um dessen Funktionieren zu gewährleisten. Dieser Zuschuß ist gesetzlich auf 0,2% der Bruttogesamtlöhne festgesetzt. Die Arbeitnehmervertrer haben ferner im Normalfall nach Art.L. 434-1 einen Anspruch auf Freistellung bis zu zwanzig Stunden im Monat. Diese gelten als Arbeitszeit und werden voll bezahlt. Die Dauer der Sitzungen ist für alle Teilnehmer Arbeitszeit; sie werden nicht auf das Stundenkontingent angerechnet. Dasselbe gilt für die Zeit, die sie in Verhandlungen mit dem Arbeitgeber oder auf dessen Veranlassung in Gesprächen mit ihm zubringen.

2. Der unternehmerische Bereich

Art.L. 431-4 normiert die Aufgabe des comité d'entreprise. Danach hat der Unternehmensausschuß die kollektive Meinungsäußerung der Arbeitnehmer sicherzustellen und sich permanent um die Interessen der Arbeitnehmer im

[249] *Desjardins/Pélissier*, Code du travail annoté, Art.L. 432-8, note 1 ff.
[250] *Ranke*, Arbeitsrecht in Frankreich, RN 306.
[251] *G.Lyon-Caen/Pélissier/Supiot*, Droit du travail, RN 701.
[252] *Kessler*, BlStSozArbR 1984, S.113 (114).

Hinblick auf die Geschäftsführung und die wirtschaftliche Entwicklung des Unternehmens zu kümmern, sowie um die Organisation der Arbeit, die berufliche Aus- und Weiterbildung und um die Produktionsanlagen. Der Unternehmensausschuß hat in allen Angelegenheiten, die die Geschäftsführung des Unternehmens betreffen, nur Informations- und Anhörungsrechte. Die Arbeitnehmervertreter sollen im personellen und wirtschaftlichen Angelegenheiten keine Verantwortung übernehmen. Die Entscheidungsbefugnis liegt in diesen Bereichen alleine bei der Unternehmensleitung. Gemäß Art.L. 432-1 ist das comite d'entreprise in allen wirtschaftlichen Angelegenheiten, die die Organisation, die Geschäftsführung, die generelle Ausrichtung des Unternehmens sowie insbesondere die Struktur und Größe der Belegschaft betreffen, zu informieren und anzuhören[253].

Art.L. 431-5 präzisiert, daß das comité d'entreprise vom Arbeitgeber anzuhören ist, bevor dieser seine Entscheidung getroffen hat. Der Terminus "consultation" beinhaltet einen Meinungsaustausch und eine freie Diskussion zwischen Arbeitgeber und Arbeitnehmervertretern[254]. Um diesen Meinungsaustausch garantieren zu können, ist der Arbeitgeber nach Art.L. 431-5 verpflichtet, dem comité d'entreprise innerhalb einer angemessenen Frist sämtliche notwendigen Unterlagen für dessen Meinungsbildung zur Verfügung zu stellen. Der Arbeitgeber hat keine Möglichkeit aus Gründen des Geheimnisschutzes, Informationen zurückzuhalten[255]. Die Mitglieder des comité d'entreprise und die Gewerkschaftsrepräsentanten können lediglich nach Art.L. 432-7 verpflichtet werden, Informationen über Herstellungsverfahren als Berufsgeheimnis zu wahren. Diese Informationen dürfen nicht an Dritte weitergeleitet werden[256].

Ferner kann der Arbeitgeber Informationen, die er an das comité d'entreprise weitergegeben hat, als vertraulich bezeichnen[257]. Solche vertraulichen Informationen müssen von den Arbeitnehmervertretern diskret behandelt werden. Die Diskretionspflicht ist gegenüber der beruflichen Schweigepflicht ein weicherer Begriff und erlaubt es den Mitgliedern des comité d'entreprise, die vertraulichen

[253] Zu den Einzelheiten der Zuständigkeit in wirtschaftlichen Angelegenheiten siehe ausführlich *Desjardins/Pélissier*, Code du travail annoté, Art.L. 431-5, note 1 ff.

[254] *G.Lyon-Caen/Pélissier/Supiot,* Droit du travail, RN 727.

[255] *G.Lyon-Caen/Pélissier/Supiot,* Droit du travail, RN 729.

[256] *G.Lyon-Caen/Pélissier/Supiot,* Droit du travail, RN 729.

[257] Zum Problem, welche Informationen vom Arbeitgeber als vertraulich deklariert werden dürfen siehe *Savatier*, Droit social 1985, S.111 (113 f.).

Informationen an gewisse Personen weiterzugeben, insbesondere an solche, die ihnen bei der Meinungsbildung unterstützend zur Seite stehen[258]. Dies bedeutet in letzter Konsequenz, daß Gewerkschaften, die durch Indiskretion an vertrauliche Informationen gelangt sind, diese im Unternehmen verbreiten dürfen, da sie gesetzlich nicht an die Diskretionspflicht gebunden sind[259]. Nur wenn die Gewerkschaft offenkundig vom vertraulichen Charakter der Informationen Kenntnis hatte, darf sie diese nicht an das Personal weiterleiten[260].

III. Der besondere Kündigungsschutz

Art.L. 436-1 sieht vor, daß der Arbeitgeber bei einer Kündigung eines Mitglieds des Unternehmensausschusses dieses Gremium nach seiner Meinung zu fragen hat. Weiterhin muß der *inspecteur du travail* seine Erlaubnis geben, damit ein Mitglied des comité d'entreprise gekündigt werden kann. Wird die Erlaubnis des *inspecteur du travail* vom Verwaltungsgericht aufgehoben, dann hat der Arbeitnehmer gemäß Art.L. 436-3 das Recht, innerhalb von zwei Monaten den Antrag zu stellen, in das Unternehmen wieder eingestellt zu werden.

IV. Klassifizierung als Arbeitnehmervertretungsorgan

Im Gegensatz zum deutschen Betriebsrat ist das comité d'entreprise nicht homogen besetzt, sondern der Arbeitgeber ist Mitglied dieses Gremiums und dessen Vorsitzender. Obwohl der Arbeitgeber Mitglied des comité d'entreprise ist, haben die Arbeitnehmer mittlerweile doch eine recht große Autonomie im Rahmen der Arbeitnehmervertretung zuerkannt bekommen. Der Einfluß des Arbeitgebers als Vorsitzender des comité d'entreprise ist wesentlich geringer als man aufgrund seiner Position vermuten würde. Gemäß Art.L. 434-3 IV, der mit den "Lois Auroux" in den code du travail eingeführt wurde, hat der Arbeitgeber kein Stimmrecht, wenn das Gesetz eine dem Arbeitgeber obliegende Konsultierung des Unternehmensausschusses als Vertreter des Personals durch den Arbeitgeber vorsieht. Weiterhin ist in der Rechtsprechung eine restriktive Tendenz in bezug auf das Stimmrecht des Arbeitgebers festzustellen[261]. Es bleibt zwar ein Unsicherheitsfaktor bestehen, da die Gerichte den jeweiligen Einzelfall zu prüfen und zu entscheiden haben; diesem Aspekt sollte aber nicht

[258] *Savatier*, Droit social 1985, S.111 (114).

[259] *G.Lyon-Caen/Pélissier/Supiot*, Droit du travail, RN 729.

[260] *Tribunal de Grande Instance de Lyon* vom 11.dec.1984, Droit social 1985, S.115 (115).

[261] Eine ausführliche Rechtsprechungsanalyse zum Stimmrecht des Arbeitgebers findet sich bei *Körner*, Formen der Arbeitnehmermitwirkung, S.130 ff.

zuviel Gewicht beigemessen werden. Zu beachten ist auch, daß der Arbeitgeber Einfluß auf die Tagesordnung nehmen kann und in der Versammlung die Diskussion leitet und damit wiederum Einfluß auf den Zeitpunkt von Abstimmungen nehmen kann[262]. Seine Tätigkeit erschöpft sich aber in vielen Fällen im formalen Abarbeiten der jeweiligen Tagesordnung[263]. Insgesamt sollte man daher den Einfluß des Arbeitgebers im comité d'entreprise nicht überschätzen. Auch wenn sich der Gesetzgeber trotz anderslautender Vorschläge bis heute nicht hat durchringen können, das Stimmrecht des Arbeitgebers vollständig auszuschließen[264], so ist die Präsenz des Arbeitgebers im comité d'entreprise dennoch ein Anachronismus, der vom Gesetzgeber lediglich noch nicht angegangen wurde[265].

Ein wichtiger Schritt in der Entwicklung des comité d'entreprise vom Kooperationsorgan zu einem eigenständigen Arbeitnehmervertretungsgremium kann man in den dem comité d'entreprise vom Gesetzgeber zugestandenen Kontrollrechten sehen. Im Zuge der Reformen von 1982 wurden diesem umfangreiche Informations- und Konsultationsrechte bezüglich der allgemeinen Unternehmensführung zugestanden. Wenn auch echte Mitbestimmsrechte fehlen, so wie sie dem deutschen Betriebsrat nach § 87 BetrVG zustehen, so eröffnet der unpräzise Begriff der "marche générale de l'entreprise" dem comité d'entreprise doch zumindest ein umfassendes Feld von Kontrollrechten[266]. Die Reform des comité d'entreprise durch die "Lois Auroux" stellte daher eine grundlegende Abkehr von der ursprünglichen Konzeption eines auf Zusammenarbeit angelegten Arbeitnehmervertretungsorgans dar. Dies wurde auch mit der Neufassung des Art.L. 431-4 klargestellt. In der ursprünglichen Fassung hatten das comité d'entreprise und der Arbeitgeber zusammenzuarbeiten[267]; dieser Passus wurde durch die "Lois Auroux" ersatzlos gestrichen[268]. Gleichzeitig wurde mit diesen Reformen auch das Stimmrecht des Arbeitgebers im comité d'entreprise beschnitten und damit sein Einfluß in diesem Gremium zurückgenommen.

262 *Körner*, Formen der Arbeitnehmermitwirkung, S.132.
263 *Lecher/Nagel/Platzer*, Die Konstituierung Europäischer Betriebsräte, S.74.
264 *Savatier*, Droit social 1989, S.206 (211).
265 *Körner*, Formen der Arbeitnehmermitwirkung, S.134.
266 *Körner*, Formen der Arbeitnehmermitwirkung, S.95 ff.
267 Die ursprüngliche Fassung des Art.L. 432-1 lautete: "le comité d'entreprise coopère avec la direction à l'amélioration des conditions d'emploi et de travail".
268 *G.Lyon-Caen/Pélissier/Supiot*, Droit du travail, RN 710.

Ein weiterer wichtiger Aspekt für die Klassifizierung als des comité d'entreprise als eigenständiges Arbeitnehmervertretungsorgan ist die neue Rolle der Sozialpartnerschaft zwischen dem comité d'entreprise und den Arbeitgebern; entstanden aus der wachsenden Schwäche der Gewerkschaften. In zunehmendem Maße schließen die Arbeitgeber in den Unternehmen nicht mit dem délégué syndical Vereinbarungen, so wie es im Gesetz vorgesehen ist, sondern mit dem comité d'entreprise bzw. dem comité central[269]. Dies ist auch der Grund, weshalb die CFDT, CFTC und CGC ein Tarifabkommen schlossen, welches Verhandlungen und Abschlüsse auf betrieblicher Ebene ohne direkte Gewerkschaftsbeteiligung durch von den Gewerkschaften benannte oder gewählte nichtorganisierte Arbeitnehmer ermöglichte. Dieses Tarifabkommen wurde mit dem Gesetz vom 12.11.1996 in Gesetzesform gegossen.

Ein weiterer Grund für die zunehmende Zusammenarbeit von comité d'entreprise und dem Arbeitgeber im Unternehmen dürfte auch darin begründet sein, daß die Arbeitnehmervertreter eher an betriebspraktischen Lösungen und weniger an gewerkschaftlichen Ideologien interessiert sind. Auch wenn das Gesetz dem comité d'entreprise keine Befugnisse zum Abschluß von Vereinbarungen zugesteht, so zeigt sich doch, daß in der Praxis eine solche Zusammenarbeit gesucht wird, um gemeinsam Lösungen für das Unternehmen zu finden, die auch von den Arbeitnehmern mitgetragen werden. Dies zeigt, daß die alten Ängste sowohl der Arbeitnehmer vor einer Mitverantwortung für die Führung des Unternehmens als auch das Mißtrauen der Arbeitgeber gegenüber einer starken Arbeitnehmervertretung zunehmend schwinden und sich neue Wege einer Zusammenarbeit gesucht werden. Dies könnte längerfristig auch zu einem weiteren Ausbau der Rechte des comité d'entreprise führen und seine Rolle als eigenständiges Arbeitnehmervertretungsorgan weiter stärken.

B. Der Belegschaftsdelegierte

Gemäß Art.L. 421-1 ist in Betrieben mit mindestens elf Arbeitnehmern ein délégué du personnel zu wählen[270]. Der Belegschaftsdelegierte hat nach Art.L. 422-1 die Aufgabe, die individuellen und kollektiven Beschwerden der

[269] *Lecher/Nagel/Platzer*, Die Konstituierung Europäischer Betriebsräte, S.74; *Lecher*, WSI-Mitteilungen 1993, S.421 (428 f.). Hiernach hat die Zahl der accords atypiques auf betrieblicher Ebene enorm zugenommen.

[270] Zur Feststellung der Belegschaftsstärke siehe code du travail (dalloz), Art.L. 421-1, notes 3 ff.

Arbeitnehmer über die Gehälter, die Nichtanwendung der Arbeits- und anderer Schutzgesetze sowie über die Nichtanwendung von Tarifverträgen dem Arbeitgeber gegenüber vorzubringen.

Existiert in einem Unternehmen kein Unternehmensausschuß, dann hat der délégué du personnel laut Art.L. 422-2 die Aufgabe, die Vorschläge der Belegschaft, die in den Kompetenzbereich des comité d'entreprise fallen, dem Arbeitgeber gegenüber geltend zu machen. Außerdem nimmt der Belegschaftdelegierte nach Art.L. 422-3 in Unternehmen ohne comité d'entreprise die wirtschaftlichen Aufgaben dieses Gremiums wahr. In dieser Funktion ist er an das Berufsgeheimnis und das Gebot der Diskretion gebunden. Der délégué du personnel trifft sich einmal pro Monat mit dem Arbeitgeber (Art.L. 424-4). Nach Art.L. 424-5 hat der Belegschaftsdelegierte seine Bitten im Regelfall zwei Tage vor dem monatlichen Treffen dem Arbeitgeber schriftlich mitzuteilen. Der Arbeitgeber ist wiederum verpflichtet, innerhalb von sechs Tagen nach dem Treffen auf die Bitten schriftlich zu reagieren.

Gemäß Art.L. 423-2 haben die repräsentativen Gewerkschaften beim ersten Wahlgang zum Belegschaftsdelegierten das alleinige Vorschlagsrecht der Kandidaten. Erst im zweiten Wahlgang, der notwendig wird, wenn die Zahl der abstimmenden Arbeitnehmer unter 50% der in den Wählerlisten eingetragenen Arbeitnehmer liegt, sind auch freie Kandidatenlisten zugelassen. Der délégué du personnel ist auf zwei Jahre gewählt und kann wiedergewählt werden (Art.L. 423-18). Gemäß Art.L. 424-1 hat der Arbeitgeber dem Belegschaftsdelegierten im Normalfall ein Zeitkontingent von fünfzehn Stunden im Monat zur Verfügung zu stellen, damit dieser seiner Aufgabe nachkommen kann. Diese Stunden werden als volle Arbeitszeit bezahlt.

C. Der Konzernausschuß

Durch die "Lois Auroux" wurde erstmals die Errichtung von Konzernausschüssen (comité de groupe) gesetzlich festgeschrieben. Gemäß Art.L. 439-1 sind unabhängig von der Zahl der Beschäftigten Konzernausschüsse zu bilden, wenn ein herrschendes Unternehmen andere Unternehmen kontrolliert und diese ihren Sitz in Frankreich haben. Die Definition des herrschenden Unternehmens wurde durch das Gesetz n° 96-985 vom 12.11.1996, welches die Richtlinie über Europäische Betriebsräte in Frankreich umsetzt, neu gefaßt[271]. Danach gilt ein

Unternehmen als herrschend, wenn es mindestens 10% des Kapitals des anderen Unternehmens hält und beide zusammen eine wirtschaftliche Einheit bilden.

Ein beherrschender Einfluß wird bis zum Beweis des Gegenteils unterstellt, wenn das Unternehmen direkt oder indirekt
- mehr als die Hälfte der Mitglieder des Verwaltungsrats, der Direktion oder des Aufsichtsrats des anderen Unternehmens stellen kann
- über die Mehrheit der mit den Anteilen am anderen Unternehmen verbundenen Stimmrechte verfügt
- oder die Mehrheit des gezeichneten Kapitals des anderen Unternehmens besitzt[272].

Art.L. 439-3 regelt die Zusammensetzung des comité de groupe. Dieses besteht aus dem Geschäftsführer des herrschenden Unternehmens oder dessen Vertreter, der von zwei Personen seiner Wahl mit beratender Stimme unterstützt wird, und aus Arbeitnehmervertretern aller Unternehmen des Konzerns. Der Leiter des herrschenden Unternehmens bzw. dessen Vertreter ist der Vorsitzende des Konzernausschusses. Die Arbeitnehmervertreter werden von den repräsentativen Gewerkschaften aus den Mitgliedern des comité d'entreprise ausgewählt und bestimmt. Gemäß Art.L. 439-4 wird der Konzernausschuß mindestens einmal pro Jahr durch den Vorsitzenden zusammengerufen.

Nach Art.L. 439-2 erhält das comité de groupe Informationen über die wirtschaftliche und finanzielle Lage des Konzerns, sowie über die Entwicklung und Zukunft der Beschäftigungslage und über geplante Maßnahmen zur künftigen Beschäftigung in allen Unternehmen des Konzerns. Weiterhin erhält er Informationen über die wirtschaftlichen Aussichten des Konzerns im kommenden Jahr. Diese Informationen sind allerdings nicht besonders detailliert[273]. Anders als das comité d'entreprise hat das comité de groupe keine Anhörungsrechte, ihm stehen auch keine finanziellen Mittel von seiten des Arbeitgebers zur Verfügung[274]. Der Konzernausschuß kann die Informationen, die er auf der jährlichen Sitzung erhalten hat, an die Unternehmensausschüsse der einzelnen Unternehmen weiterleiten.

[271] Code du travail (dalloz), Art.L. 439-1.

[272] Diese Kriterien des Art.L. 439-1 entsprechen der Definition des herrschenden Unternehmens in Art.3 II der Richtlinie 94/45/EG über Europäische Betriebsräte.

[273] *Rodière*, Droit ouvrier 1995, S.61 (62).

[274] *Rodière*, Droit ouvrier 1995, S.61 (62 f.).

D. Zwischenergebnis

Das Schwergewicht der französischen Arbeitnehmerinteressenvertretung liegt bei den Gewerkschaften, da nur diese Vereinbarungen mit dem Arbeitgeber schließen dürfen. Den gewählten Vertretern bleiben dagegen nur konsultative Aufgaben. Allerdings sind die Kompetenzen des Belegschaftsdelegierten, des Unternehmensausschusses und des Gewerkschaftsdelegierten nur auf den ersten Blick scharf voneinander zu trennen. Nach Ansicht des Gesetzgebers sollte lediglich die Zielsetzung, unter der bestimmte Konflikte behandelt werden, unterschiedlich sein, nicht aber die Aufgabengebiete der einzelnen Institutionen[275]. Bei einem Konflikt über eine Arbeitsregelung im Unternehmen könnte sich der délégué du personnel über die Nichteinhaltung der Arbeitszeitregelung beim Arbeitgeber beschweren, das comité d'entreprise könnte mehr Informationen vom Arbeitgeber über die Anwendung dieser Regelung verlangen und der délégué syndical könnte eine neue Vereinbarung über die Arbeitszeit im Unternehmen mit dem Arbeitgeber verhandeln. Diese Verwischung der Grenzen kommt in der Praxis sehr häufig dadurch zustande, weil nach Art.L. 412-14 ein einziger Arbeitnehmer in allen drei Organisationen gleichzeitig ein Mandat wahrnehmen darf.

4. Teil: Das Streikrecht in Frankreich

A. Allgemeines

Das Streikrecht ist in Frankreich seit der Verfassung von 1946 ein verfassungsrechtlich garantiertes Recht[276]. Es ist anders als in Deutschland ein individuelles Recht, das jedem einzelnen Arbeitnehmer zusteht[277]. Dies bedeutet, daß das Streikrecht nicht den Gewerkschaften vorbehalten ist, sondern die Arbeitnehmer die Träger dieses Rechts sind und daher selbst über eine Arbeitsniederlegung entscheiden. Das Streikrecht wird nach der Präambel der Verfassung von 1946 im Rahmen der Gesetzes ausgeübt. Hiervon hat der Gesetzgeber aber nur im Bereich des öffentlichen Dienstes Gebrauch gemacht[278]. Das französische Arbeitskampfrecht ist ebenso wie in Deutschland durch Richterrecht geprägt worden.

[275] *Jansen* in *Kühne* (Hrsg.), Gewerkschaftliche Betriebspolitik in Westeuropa, S.51.
[276] *Bertram*, AiB 1990, S.352 (353).
[277] *Jeammaud/Le Friant*, AuR 1994, S.85 (86); *Weiss*, FS für Kissel, S.1253 (1255).
[278] Das Streikrecht im öffentlichen Dienst ist in Art.L. 521-2 ff geregelt. Siehe hierzu die ausführliche Darstellung bei *Sinay/Javillier*, Droit du travail (la grève), S.394 ff.

B. Definition des Streiks

Der Streik wird definiert als eine verabredete und gemeinschaftlich durchgeführte Arbeitsniederlegung mit der Absicht, eine berufliche Forderung durchzusetzen[279].

I. Arbeitsniederlegung

Die Arbeitsniederlegung muß vollständig erfolgen[280]. Auf die Dauer der Arbeitsniederlegung kommt es dagegen nicht an. Eine kurze und wiederholte Arbeitsniederlegung, sog. *grèves debrayages*, sind zulässig[281]. Das Kriterium der vollständigen Arbeitsniederlegung schließt den Bummelstreik, den sog. *grève perlée*, aus, da dieser lediglich eine Minderung der geschuldeten Arbeitsleistung darstellt, aber keine komplette Arbeitseinstellung[282].

II. Die gemeinschaftliche Ausübung

Entscheidend für die Rechtmäßigkeit des Streiks ist die gemeinschaftliche Ausübung des individuellen Streikrechts[283]. Die Arbeitsniederlegung der gesamten Belegschaft ist dagegen nicht notwendig. Für die zulässige Ausübung des Streikrechts reicht es völlig aus, wenn eine Minderheit der Belegschaft die Arbeit niederlegt[284]. Ein Arbeitnehmer, der als einziger im Unternehmen die Arbeit niederlegt, übt sein Streikrecht nur dann in zulässiger Weise aus, wenn er sich einer größeren Streikbewegung im Land anschließt[285]. Besteht die gesamte Belegschaft dagegen nur aus einem einzigen Arbeitnehmer, so übt dieser sein Streikrecht zulässig aus, wenn er die Arbeit niederlegt[286].

III. Berufsspezifische Forderungen

Der Streik muß der Verteidigung von beruflichen Interessen dienen. Das Feld der beruflichen Interessen wird von der französischen Rechtsprechung allerdings sehr weitläufig interpretiert. Der Solidaritätsstreik (*grève de solidarité*) wird aus diesem Grund in den meisten Fällen als zulässig angesehen, da dieser

279 Statt aller *Sinay/Javillier*, Droit du travail (la grève), S.157. Kritisch zu dieser Definition des Streiks, *Latournerie*, Le droit francais de la grève, S.260 ff.

280 *Jeammaud/Le Friant*, AuR 1994, S.85 (87).

281 *G.Lyon-Caen/Pélissier/Supiot*, Droit du travail, RN 1114.

282 *G.Lyon-Caen/Tillhet-Pretnar*, Droit social, RN 390.

283 *Bertram*, AiB 1990, S.352 (353).

284 *Jeammaud/Le Friant*, AuR 1994, S.85 (87).

285 *G.Lyon-Caen/Pélissier/Supiot*, Droit du travail, RN 1115.

286 *Cour de Cassation* vom 13.11.1996, code du travail (dalloz), Art.L. 521-1, note 10.

durchaus auch der Verteidigung von Arbeitnehmerinteressen dient[287]. Auch der politische Streik (*grève politique*) ist nach französischem Recht unter gewissen Umständen zulässig. Handelt es sich bei den Forderungen der Streikenden sowohl um politische als auch um berufliche Forderungen, so ist nach der Rechtsprechung der Arbeitsgerichte der politische Streik dann zulässig, wenn die beruflichen Forderungen überwiegen[288]. Die Strafgerichte dagegen legen den Begriff der beruflichen Forderungen weiter aus als die Arbeitsgerichte und erklären einen politischen Streik bereits dann für zulässig, wenn überhaupt berufliche Forderungen gestellt werden, sollten diese auch nur eine Nebenrolle spielen[289]. Über die Vernünftigkeit der gestellten Forderungen haben die Gerichte nicht zu entscheiden[290]. Mit dieser Entscheidung wurde eine kurzfristig eingeführte Restriktion des Streikrechts über das Kriterium der beruflichen Forderungen wieder aufgehoben.

IV. Die Friedenspflicht

Anders als in Deutschland sind die Tarifparteien an keine Friedenspflicht gebunden[291]. Seit den "Lois Auroux" von 1982 ist die obligatorische Schlichtung im Rahmen der Tarifverhandlungen weggefallen. Ein Streik kann daher auch während der Schlichtungsverhandlungen rechtmäßig ausgeübt werden[292]. In Frankreich gilt daher für die zulässige Ausübung des Streikrechts nicht wie in Deutschland das "ultima-ratio-Prinzip"[293]. Auch der Spontanstreik (*grève spontanée*) ist nach französischem Recht zulässig[294]. Die einzige Zulässigkeitsvoraussetzung ist diejenige, daß die Arbeitnehmer ihre Forderungen an den Arbeitgeber gestellt haben[295]. Die Ablehnung der Forderungen von seiten des Arbeitgebers muß dagegen nicht abgewartet werden. Die Arbeitnehmer dürfen sofort nach der Stellung ihrer Forderungen mit dem Streik beginnen[296].

287 *Sinay/Javillier*, Droit du travail (la grève), S.206.
288 *G.Lyon-Caen/Pélissier/Supiot*, Droit du travail, RN 1136.
289 *Bertram*, AiB 1990, S.352 (354).
290 *Cour de Cassation* vom 27.01.1988, Droit social 1988, S.246 ff.
291 *G.Lyon-Caen/Pélissier/Supiot*, Droit du travail, RN 1104.
292 *Jeammaud/Le Friant*, AuR 1994, S.85 (90).
293 *G.Lyon-Caen/Pélissier/Supiot*, Droit du travail, RN 1112.
294 *Sinay/Javillier*, Droit du travail (la grève), S.190.
295 *Cour de Cassation* vom 11.07.1989, Droit social 1989, S.718.
296 *Cour de Cassation* vom 11.07.1989, Droit social 1989, S.718.

Das Arbeitsverhältnis wird durch den Streik gemäß Art.L. 521-1 nicht beendet, außer bei schwerem Verschulden durch den Arbeitnehmer. Während des Streiks ruhen genau wie nach deutschem Recht die Hauptleistungspflichten[297]. Der Arbeitgeber darf rechtmäßig streikende Arbeitnehmer nicht mit Disziplinarmaßnahmen bestrafen. Ebensowenig ist nach Art.L. 521-1 die Kündigung eines Arbeitnehmers, der sein Streikrecht rechtmäßig ausgeübt hat, zulässig.

C. Ergebnis

Die Geschichte der französischen Arbeiterbewegung hat gezeigt, daß ein Großteil der Gewerkschaften noch heute der Idee des Klassenkampfes nahestehen. Auch die französischen Arbeitgeber sind immer noch sehr stark darauf bedacht, daß sie die alleinige Entscheidungsbefugnis in allen unternehmerischen Angelegenheiten haben[298]. Die Arbeitnehmer sollen nur von den geplanten Vorhaben des Unternehmers in Kenntnis gesetzt werden und an dessen Entscheidungsfindung beratend teilhaben. Ein weiterer Grund für die rein konsultativen Befugnisse der Arbeitnehmervertreter dürfte auch darin zu finden sein, daß die französischen Gewerkschaften keine betriebliche "Konkurrenz" bekommen wollen.

Die Frage, ob die Aufspaltung der kollektiven Interessenvertretung der Arbeitnehmer auf verschiedene Institutionen zur Schwächung oder Stärkung der Interessenvertretung führt, ist bis heute heftig umstritten[299]. Auch wenn das Gesetz keine Übernahme von sozialer Verantwortung durch die Arbeitnehmer im Unternehmen vorsieht und es nicht erlaubt ist, daß Arbeitgeber und comité d'entreprise Vereinbarungen schließen dürfen, so geschieht dies in der Praxis doch immer häufiger[300].

Bei aller Theorie darf nicht übersehen werden, daß sich die französischen Gewerkschaften mit einem derzeitigen Organisationsgrad von 6% der Arbeitnehmer im privaten Sektor in einer exsistenzbedrohenden Lage befinden[301]. Aufgrund des geringen Organisationsgrads der französischen Arbeitnehmer wird den als repräsentativ anerkannten Gewerkschaften häufig in der Praxis die

297 *G.Lyon-Caen/Pélissier/Supiot,* Droit du travail, RN 1126.
298 *Lecher*, WSI-Mitteilungen 1993, S.421 (426).
299 *Blanke*, KJ 1995, S.12 (22).
300 *Lecher/Nagel/Platzer*, Die Konstituierung Europäischer Betriebsräte, S.74.
301 Zu Mitgliederentwicklung der französischen Gewerkschaften siehe *Lecher*, WSI-Mitteilungen 1993, S.421 (422 ff.); *ders.* Europäische Betriebsräte und Arbeitsbeziehungen, S.43.

Repräsentativität von seiten der Arbeitgeber abgesprochen[302]. Diese unterstützen immer stärker betriebliche Autonomiebestrebungen, was sich in der wachsenden Zahl der accords atypiques bemerkbar macht[303]. Hinzu kommt, daß bei den Wahlen zum comité d'entreprise die Zahl der nicht gewerkschaftlich gebundenen Kandidaten ständig zunimmt; auf solche fallen mittlerweile 30% der Stimmen[304]. Auch bei den Tarifparteien zeigt sich eine Tendenz hin zu einer Zusammenarbeit im Betrieb. Wie bereits dargestellt, ist es seit dem 12.11.1996 möglich, daß auf betrieblicher Ebene Vereinbarungen zwischen den Arbeitnehmervertretern und dem Arbeitgeber direkt geschlossen werden dürfen, wenn in einem Betrieb weniger als fünfzig Arbeitnehmer beschäftigt sind und kein délégué syndical vorhanden ist.

Abschließend betrachtet muß einerseits die Befürchtung ausgesprochen werden, daß das französische Arbeitnehmervertretungssystem derzeit auf tönernen Füssen steht, denn dieses steht und fällt mit den Gewerkschaften als "Zugpferd" der Arbeitnehmer. Verlieren diese aber aufgrund mangelnder Anhängerschaft ihre soziale Mächtigkeit und damit verbunden den Einfluß auf ihren sozialen Gegenspieler, so können sie keinen entscheidenden Einfluß mehr auf die Interessenvertretung der Arbeitnehmer ausüben. Dieses Defizit kann wegen der mangelnden Kompetenzausstattung des comité d'entreperise momentan noch nicht durch eine starke betriebliche Interessenvertretung ausgeglichen werden. Den französischen Arbeitnehmern steht zwar das individuelle Streikrecht zur Verfügung, um ihre Forderungen durchzusetzen, es darf aber bezweifelt werden, daß dieses Recht eine zweite, von den Gewerkschaften unabhängige Säule der Arbeitnehmervertretung im Betrieb wertmäßig ersetzen kann, denn gerade in Zeiten der Konjunkturkrise kann ein Streik sehr schnell zur Existenzbedrohung eines Unternehmens führen.

Andererseits besteht aber aufgrund der in den Betrieben bestehenden Tendenz zu einer Zusammenarbeit zwischen der Unternehmensleitung und dem comité d'entreprise bzw. dem délégué du personnel die Hoffnung, daß sich auch in Frankreich in immer stärkerem Maße eine Zusammenarbeit zwischen den Sozialpartnern auf betrieblicher Ebene entwickelt und hierdurch gegenseitiges Vertrauen gestärkt und erweitert wird. Dadurch könnten die Mitwirkungsrechte

302 *Däubler/Lecher*, Die Gewerkschaften in den 12 EG-Ländern, S.37.
303 *Lecher*, WSI-Mitteilungen 1993, S.421 (428 f.).
304 *Lecher*, Europäische Betriebsräte und Arbeitsbeziehungen, S.45.

der Arbeitnehmer im Betrieb Stück für Stück ausgebaut werden. Das konfliktorientierte Modell, das bislang in Frankreich vorherrschte, scheint mittlerweile im Auslaufen begriffen zu sein. Die Übernahme von sozialer Verantwortung durch die Arbeitnehmer in den Unternehmen hat in der Praxis bereits Einzug gehalten, auch wenn dies bislang noch keinen Niederschlag im code du travail gefunden hat.

3. Kapitel: Die Arbeitnehmerrepräsentation in Deutschland

Das deutsche Betriebsverfassungsrecht ist seit den Anfängen der Mitwirkung von Arbeitnehmern im Betrieb auf Kooperation mit dem Arbeitgeber angelegt. Die Wurzeln des Grundsatzes der vertrauensvollen Zusammenarbeit reichen bis in das letzte Jahrhundert zurück. Aus diesem Grund soll in diesem Kapitel auf die Geschichte der industriellen Mitbestimmung in Deutschland schwerpunktmäßig eingegangen werden, um die Entstehung des Kooperationsgedankens herausarbeiten zu können. Die Befugnisse der verschiedenen betrieblichen Arbeitnehmervertretungsorgane werden dagegen nur knapp dargestellt.

1. Teil: Das deutsche Betriebsverfassungsrecht

A. Der Betriebsrat

Der Betriebsrat ist die wichtigste Einrichtung der deutschen Betriebsverfassung. Alle anderen Institutionen wie der Wirtschaftsausschuß oder die Einigungsstelle spielen dagegen nur eine untergeordnete Rolle[305].

I. Das Gebot der vertrauensvollen Zusammenarbeit

Nach § 2 I BetrVG haben der Arbeitgeber und der Betriebsrat unter Beachtung der geltenden Tarifverträge zum Wohl der Arbeitnehmer und des Betriebs zusammenzuarbeiten. Dieses Gebot der vertrauensvollen Zusammenarbeit ist kein Programmsatz, sondern unmittelbar geltendes Recht, welches sich direkt auf die Mitwirkungsbefugnisse von Arbeitgeber und Betriebsrat erstreckt[306].
Vertrauensvolle Zusammenarbeit heißt in erster Linie gegenseitige Offenheit und Ehrlichkeit[307]. Dies bedeutet, daß der Arbeitgeber den Betriebsrat in allen Angelegenheiten, die in seinen Zuständigkeitsbereich fallen, frühzeitig und umfassend zu informieren hat[308]. Der Betriebsrat hat wiederum den Arbeitgeber von allen seinen Vorhaben in Kenntnis zu setzen. Arbeitgeber und Betriebsrat haben weiterhin die gegenseitige Pflicht zur Rücksichtnahme und zur

[305] *Söllner*, Grundriß des Arbeitsrechts, § 20, S.167.

[306] So die h.M. *F/K/H/E*, BetrVG, § 2, RN 10; *Dietz/Richardi*, BetrVG, § 2, RN 5; *Galperin/Löwisch*, BetrVG, § 2, RN 23; *Hess/Schlochauer/Glaubitz*, BetrVG, § 2, RN 17, *Kraft* in GK-BetrVG, § 2, RN 7; *Bulla*, RdA 1965, S.121 (127 ff). A.A. *Weiss/Weyand*, BetrVG, § 2, RN 2, die in dieser Vorschrift eine "Art Präambel" mit der "Bedeutung eines Appells" sehen.

[307] *Kraft* in GK-BetrVG, § 2, RN 14; *Söllner*, DB 1968, S.571 (573f.).

[308] *Söllner*, DB 1968, S.571 (574 f.). Näher zu den Auskunfts- und Informations- pflichten des Betriebsrats siehe *Witt*, Die betriebsverfassungsrechtliche Kooperationsmaxime, S.122 ff.

Loyalität[309]. Der Grundsatz der vertrauensvollen Zusammenarbeit enthält also das Gebot einer fairen und jede Schikane ausschließende Verfahrensweise[310]. Allerdings regelt § 2 I BetrVG nur das Verhältnis zwischen dem Betriebsrat und dem Arbeitgeber; nicht aber das Verhältnis der Betriebsratsmitglieder untereinander. Genausowenig gilt das Gebot der vertrauensvollen Zusammenarbeit zwischen Arbeitgeber und dem einzelnen Arbeitnehmer[311].

Das dem Grundsatz der vertrauensvollen Zusammenarbeit zugrundeliegende Prinzip ist der Partnerschaftsgedanke, der sich wie ein roter Faden durch das gesamte Betriebsverfassungsrecht zieht[312]. Er macht deutlich, daß Arbeitgeber und Betriebsrat nicht in Konkurrenz um die Vorherrschaft im Betrieb stehen, sondern vielmehr gemeinsam und mit Rücksicht auf die Interessen der Gegenseite gleichermaßen den Arbeitnehmern und dem Betrieb dienen[313].

II. Die Betriebsfriedenspflicht des Betriebsrats

Das Gebot der vertrauensvollen Zusammenarbeit wird konkretisiert durch die Betriebsfriedenspflicht des § 74 II BetrVG[314]. Das Gesetz sichert diese Friedensmaxime durch drei sich ergänzende Ge- und Verbote. Das Arbeitskampfverbot des Betriebsrats, das Verbot der parteipolitischen Betätigung und die allgemeine Friedenspflicht.
Unter Betriebsfrieden ist kein völlig spannungsfreier Zustand gemeint, der Gesetzgeber ist vielmehr von bestehenden Interessengegensätzen ausgegangen[315]. Die vorhandenen Konflikte sollen aber im Rahmen des bestehenden Ordnungssystems ausgetragen werden; der Betriebsrat darf also den Abschluß einer Betriebsvereinbarung nicht mit einem Arbeitskampf erzwingen, sondern

[309] *v.Hoyningen-Huene*, Münchener HB des Arbeitsrechts, § 292 II, RN 28; *Bulla*, RdA 1965, S.121, (131); *Kraft* in GK-BetrVG, § 2, RN 12.

[310] *Däubler*, Das Grundrecht auf Mitbestimmung, S.389.

[311] *Dietz/Richardi*, BetrVG, § 2, RN 12; *Galperin/Löwisch*, BetrVG, § 2, RN 8; *Hess/Schlochauer/Glaubitz*, BetrVG, § 2, RN 23.

[312] *Kraft* in GK-BetrVG, § 2, RN 15.

[313] Ausführlich zu den Einzelheiten des Gebots der vertrauensvollen Zusammenarbeit *Witt*, Die betriebsverfassungsrechtliche Kooperationsmaxime, S.77 ff; *Weber*, Die vertrauensvolle Zusammenarbeit zwischen Arbeitgeber und Betriebsrat, S.43 ff; *Bulla*, RdA 1965, S.121 ff; *Söllner*, DB 1968, S.571 ff.

[314] *Kreutz* in GK-BetrVG, § 74, RN 1; *Schaub*, Arbeitsrechtshandbuch, § 215 II 4, S.1585; *Blomeyer*, ZfA 1972, S.85 (115).

[315] *Germelmann*, Der Betriebsfrieden im Betriebsverfassungsrecht, S.94; *Weber*, Die vertrauensvolle Zusammenarbeit zwischen Arbeitgeber und Betriebsrat, S.37. Kritisch zum Bedeutungsgehalt des Betriebsfriedensbegriffs *Blomeyer*, ZfA 1972, S.85 (87 ff.).

ist auf das vom Gesetz vorgesehene Einigungsstellenverfahren nach § 76 I BetrVG angewiesen[316]. Andererseits darf auch der Arbeitgeber wegen Meinungsverschiedenheiten mit dem Betriebsrat nicht zum Arbeitskampfmittel der Aussperrung greifen[317]. Das generelle Arbeitskampfverbot für Arbeitgeber und Betriebsrat beinhaltet auch die Pflicht, daß der Betriebsrat als Organ sich in Arbeitskämpfen der Tarifvertragsparteien neutral verhält[318]. Dem Betriebsrat ist es daher nicht gestattet, in Arbeitskämpfe der Tarifvertragsparteien durch die Ausübung von Beteiligungsrechten einzugreifen, die sich dem Arbeitgeber gegenüber zusätzlich als Kampfmaßnahme auswirken, um damit das Kampfziel der Gewerkschaften zu unterstützen[319].

Das Gebot, den Betriebsfrieden zu wahren, beinhaltet nach § 74 II S.3 BetrVG für die Betriebspartner auch das Verbot der parteipolitischen Betätigung im Betrieb. Umstritten ist, wie weit der Kreis der parteipolitischen Betätigung zu ziehen ist[320]. Das *BAG* legt den Begriff der parteipolitischen Betätigung weit aus und faßt darunter auch die Allgemeinpolitik im Sinne des Eintretens für eine bestimmte politische Richtung[321].

B. Die Mitwirkungsrechte des Betriebsrats

I. Sinn und Zweck der Mitwirkungsrechte

Der Schutzzweck der Betriebsverfassung ist die Menschenwürde im Betrieb[322]. Dies geht auch aus dem Papier der Mitbestimmungskommission unter Führung von *Kurt Biedenkopf* hervor, auch wenn sich ihre Empfehlungen ausdrücklich

316 *Söllner*, Grundriß des Arbeitsrechts, § 21 I 2, S.178.

317 *Kreutz* in GK-BetrVG, § 74, RN 45; *Schaub*, Arbeitsrechtshandbuch, § 215 II 4, S.1585.

318 Ausführlich zur Stellung des Betriebsrats im Arbeitskampf siehe *Germelmann*, Der Betriebsfrieden im Betriebsverfassungsrecht, S.105 ff.

319 *F/K/H/E*, BetrVG, § 74, RN 20. Umstritten ist die Frage, ob und inwieweit die Beteiligungsrechte des Betriebsrats während eines Streiks eingeschränkt sind. Generell wird eine Einschränkung abgelehnt von *Weiss*, AuR 1982, S.266; *Berg* in D/K/K/, BetrVG, § 74, RN 20. Überwiegend wird eine solche Einschränkung mit unterschiedlichen Begründungen bejaht; *BAG* vom 06.03.79, AP Nr.20 zu § 102 BetrVG 72; *Dietz/Richardi*, BetrVG, § 74, RN 30 ff; *Hess/Schlochauer/Glaubitz*, BetrVG, § 74, RN 28; *Kreutz* in GK, § 74, RN 63 ff; *F/K/H/E*, § 74, RN 18.

320 Siehe hierzu *Däubler*, Das Arbeitsrecht Bd.1, S.401 ff.; *Kreutz* in GK, BetrVG, § 74, RN 85 ff; *Berg* in D/K/K, BetrVG, § 74, RN 27 ff, *F/K/H/E*, BetrVG, § 74, RN 32 ff.

321 *BAG* vom 12.06.1986, AuR 1988, S.63.

322 *Söllner*, Grundriß des Arbeitsrechts, § 21 I 3, S.179; *ders.*, RdA 1968, S.437 (439); *Loritz*, ZfA 1991, S.1 (5); *Däubler* in D/K/K, Einleitung, RN 38; *Kraft* in GK-BetrVG, Einleitung, RN 49.

nur auf die Mitwirkung der Arbeitnehmer in den Aufsichtsräten beschränken[323]. Nach Auffassung der Mitbestimmungskommission leitet sich die Mitbestimmung der Arbeitnehmer "aus dem richtigen Verständnis von der normativen Gestaltung des Arbeitsverhältnisses und der Stellung des Arbeitnehmers im Unternehmen und damit einer Wertentscheidung ab"[324]. Diese beruhe auf dem grundlegenden Bekenntnis zur Würde des Menschen, zu den unverletzlichen und unveräußerlichen Menschenrechten als Grundlage jeder menschlichen Gemeinschaft und zum Recht auf freie Entfaltung der Persönlichkeit. Die Unterordnung des Arbeitnehmers unter eine fremde Leitungsmacht sei mit seiner Selbstbestimmtheit nur so lange vereinbar, als sie ihre Entsprechung in der Gestalt der Beteiligung an den Entscheidungen finde, die den Arbeitsprozeß gestalten und regeln[325].

II. Die Mitwirkungsrechte im einzelnen

Die Mitwirkungsrechte des Betriebsrats lassen sich in zwei große Kategorien einteilen; die Unterrichtungs- und Anhörungsrechte einerseits sowie die Mitbestimmungsrechte andererseits.

1. Die Anhörungs- und Unterrichtungsrechte

Unterrichtungsrechte sind keine unmittelbar auf die Mitwirkung bei der Betriebsgestaltung und Entscheidungsfindung gerichteten Rechte des Betriebsrats, aber sie stellen eine notwendige Voraussetzung für eine konstruktive Mitwirkung dar. Es ist daher sinnvoll, bereits die Informationsrechte zu den Mitwirkungsrechten des Betriebsrats zu zählen[326]. Eigenständige Informationsrechte, welche also an keine Mitwirkung gekoppelt sind, finden sich für den Betriebsrat in § 105 BetrVG bezüglich der Einstellung oder personellen Veränderung von leitenden Angestellten. Unterrichtungsrechte als Vorstufe einer effektiven Mitwirkung sind dagegen in § 80 II BetrVG hinsichtlich der Lohn- und Gehaltsdaten normiert sowie in § 99 I BetrVG im Hinblick auf personelle Einzelmaßnahmen.

323 BT.-Drucks. VI/334, S.67.
324 BT.-Drucks. VI/334, S.56.
325 BT.-Drucks. VI/334, S.57.
326 *Zöllner*, Arbeitsrecht, § 46 I 1, S.476; zum Informationsanspruch des Betriebsrats bzw. zur Informationspflicht des Arbeitgebers siehe *Kraft*, ZfA 1983, S.171 (173 ff).

Die Anhörungsrechte statten den Betriebsrat mit dem Recht aus, bereits im Vorstadium geplanter Maßnahmen mit dem Arbeitgeber zu verhandeln. Allerdings liegt die Endentscheidung beim Arbeitgeber; er kann sich jederzeit über die Stellungnahme des Betriebsrats hinwegsetzen[327]. Das Entscheidungsverbot des Arbeitgebers vor der Anhörung des Betriebsrats soll aber sicherstellen, daß die Argumente der Arbeitnehmervertretung in die Entscheidung des Arbeitgebers miteinfließen können[328]. Ein solches Anhörungsrecht steht dem Betriebsrat vor Ausspruch einer Kündigung nach § 102 I BetrVG zu. Ferner ist auf das Anhörungsrecht des Betriebsrats hinsichtlich der Arbeitsplatzgestaltung nach § 90 II BetrVG, der Personalplanung nach § 92 I BetrVG, der Berufsbildung nach §§ 96 I, 97 BetrVG sowie in Fragen der Betriebsänderung nach § 111 I S.1 BetrVG hinzuweisen.

2. Die Mitbestimmungsrechte

Die Mitbestimmungsrechte sind die stärksten Mitwirkungsrechte des Betriebsrats, denn ohne seine Zustimmung darf der Arbeitgeber eine geplante Maßnahme nicht durchführen[329]. Bei den Mitbestimmungsrechten ist zu unterscheiden, ob der Betriebsrat seine Zustimmung nur unter ganz bestimmten Voraussetzungen verweigern darf, so wie in § 99 IV BetrVG und § 103 II BetrVG oder ob der Betriebsrat seine Mitwirkung in sein eigenes Ermessen stellen kann und der Arbeitgeber keine Möglichkeit hat, die Zustimmung des Betriebsrats gerichtlich ersetzen zu lassen. Ein solches Mitbestimmungsrecht ist dem Betriebsrat in sozialen Angelegenheiten gemäß § 87 BetrVG, in §§ 91 S.1; 94 I; 95 II, 98 IV,V; 99 IV; 102 III ff; 104 und 112 IV BetrVG eingeräumt worden. Eine Einigung läßt sich nur durch den Spruch der Einigungsstelle ersetzen, welche in diesen Fällen ausnahmsweise verbindlich entscheidet[330]. Dies ist der Bereich der sog. obligatorischen oder zwingenden Mitbestimmung[331].

Außer in den Fällen der §§ 94 I und 95 II BetrVG hat der Betriebsrat ein sog. Initiativrecht, da ansonsten beide Teile nicht die gleichen Rechte hätten[332]. Dies

[327] *Däubler*, Das Arbeitsrecht Bd.1, S.457.

[328] *Zöllner*, Arbeitsrecht, § 46 2 c, S.478.

[329] *F/K/H/E*, BetrVG, § 87, RN 391; *Hess/Schlochauer/Glaubitz*, § 87, RN 8; *Wiese* in GK-BetrVG, § 87, RN 75 ff.

[330] Statt aller *Zöllner*, Arbeitsrecht, § 46 I 6, S.479.

[331] Statt aller *Söllner*, Grundriß des Arbeitsrechts, § 21 III 2, S.180.

[332] Das Initiativrecht besteht in allen Angelegenheiten, die in § 87 I BetrVG aufgeführt sind *F/K/H/E*, BetrVG, § 87, RN 394; *Klebe* in D/K/K/, BetrVG, § 87, RN 19.

bedeutet, daß der Betriebsrat von sich aus eine bestimmte Regelung vorschlagen kann. Kommt mit dem Arbeitgeber keine Einigung zustande, so entscheidet wiederum die Einigungsstelle verbindlich in dieser Sache.

C. Die Betriebsvereinbarung

I. Allgemeines

Die Betriebsvereinbarung ist ein kollektiver Normenvertrag, der zwischen Arbeitgeber und Betriebsrat geschlossen wird und kraft staatlicher Ermächtigung unmittelbar und zwingend die betrieblichen Arbeitsverhältnisse normativ gestaltet[333]. Eine Betriebsvereinbarung kann in den gesetzlich vorgesehenen Fällen der zwingenden Mitbestimmung geschlossen werden und laut § 88 BetrVG dürfen auch freiwillige Betriebsvereinbarungen geschlossen werden; auch in Bereichen, die der Gesetzgeber nicht ausdrücklich vorgesehen hat[334]. Da der Betriebsrat die gesamte Belegschaft des Betriebs vertritt, wirken die Vereinbarungen, die er mit dem Arbeitgeber geschlossen hat, für und gegen alle Betriebsangehörigen[335]. Im Verhältnis zwischen Betriebsvereinbarung und Arbeitsvertrag gilt wie im Tarifrecht das Günstigkeitsprinzip[336].

II. Der Tarifvorbehalt

Beim Abschluß einer Betriebsvereinbarung muß grundsätzlich der Vorrang des Tarifvertrags, welcher in § 77 III BetrVG verankert ist, von den Betriebspartnern beachtet werden. Danach ist eine Betriebsvereinbarung unzulässig, soweit Arbeitsentgelte und sonstige Arbeitsbedingungen durch Tarifvertrag geregelt oder überlicherweise geregelt werden, es sei denn, daß der Tarifvertrag den Abschluß von ergänzenden Betriebsvereinbarung ausdrücklich zuläßt[337]. Diese Regelung des § 77 III BetrVG dient der Sicherung der ausgeübten und

333 *Kreutz* in GK-BetrVG, § 77, RN 31 ff; *Galperin/Löwisch*, BetrVG, § 77, RN 6; *Hess/Schlochauer/Glaubitz*, BetrVG, § 77, RN 3; *Dietz/Richardi*, BetrVG, § 77, RN 21. A.A. *Herschel*, RdA 1956, S.161 (168), der in der Betriebsvereinbarung eine autonome Satzung für den Betrieb sieht.

334 *Söllner*, Grundriß des Arbeitsrechts, § 22 III 2, S.200.

335 *Däubler*, Das Arbeitsrecht Bd.1, S.472.

336 *Dietz/Richardi*, BetrVG, § 77, RN 98 f; *Galperin/Löwisch*, BetrVG, § 77, RN 94 ff; *Thiele* in GK-BetrVG, § 77, RN 159 ff; *Berg* in D/K/K, § 77, RN 19.

337 Die Frage, ob die Regelungssperre des § 77 III BetrVG sich auch auf formelle Arbeitsbedingungen erstreckt, ist umstritten. Bejahend *Berg* in D/K/K, BetrVG, § 77; RN 63; *Kreutz* in GK-BetrVG, § 77, RN 73; *F/K/H/E*, BetrVG, § 77, RN 63. Ablehnend dagegen *Schaub*, Arbeitsrechtshandbuch, § 231 II 5b, S.1683; *Hess/Schlochauer/Glaubitz*, BetrVG, § 77, RN 137 ff; *Dietz/Richardi*, BetrVG, § 77, RN 188.

aktualisierten Tarifautonomie sowie der Erhaltung und Stärkung der Funktionsfähigkeit der Koalitionen[338].

Nach Auffassung des *BAG* betrifft die Sperrwirkung des § 77 III BetrVG nicht den Bereich der zwingenden Mitbestimmung nach § 87 I BetrVG, denn dort sei der Eingangssatz "soweit eine tarifliche Regelung nicht besteht" die einzige Schranke[339]. Dies bedeutet, daß über eine sonst tariflich geregelte Angelegenheit während eines tariflosen Zustands eine Betriebsvereinbarung geschlossen werden kann, mit der Einschränkung, daß sie dem Regelungsbereich des § 87 I BetrVG unterfällt.

II. Beendigung der Betriebsvereinbarung

Die Geltung der Betriebsvereinbarung endet mit Zeitablauf, durch den Abschluß einer neuen Betriebsvereinbarung oder durch Kündigung. Gemäß § 77 V BetrVG kann eine Betriebsvereinbarung mit einer Frist von drei Monaten gekündigt werden, sofern nichts anderes vereinbart ist. Nach § 77 VI BetrVG gilt eine abgelaufene Betriebsvereinbarung hinsichtlich derjenigen Regelungen, in denen der Spruch der Einigungsstelle die Einigung ersetzen kann, bis zu einer anderen Abmachung weiter[340].

D. Die übrigen Organe der Betriebsverfassung

I. Der Gesamtbetriebsrat

Nach § 47 I BetrVG ist in einem Unternehmen, in welchem mehrere Betriebsräte existieren, obligatorisch ein Gesamtbetriebsrat zu errichten[341].

Der Gesamtbetriebsrat ist ein selbständiges betriebsverfasungsrechtliches Organ; er ist dem Betriebsrat der Einzelbetriebe weder übergeordnet noch untergeordnet[342]. Der Gesamtbetriebsrat ist also ein gleichberechtigtes Organ neben den Einzelbetriebsräten, mit den gleichen Rechten und Pflichten wie diese[343]. Gemäß § 47 II BetrVG werden die Mitglieder des Gesamtbetriebsrats

338 *Matthes* in Münchener HB des Arbeitsrechts, § 318, RN 59.

339 BAG vom 24.02.1987, BB 1987, S.1246.

340 Zu den Einzelheiten siehe *F/K/H/E*, BetrVG, § 77, RN 151 ff; *Berg* in D/K/K, BetrVG, § 77, RN 58 ff; *Kreutz* in GK-BetrVG, § 77, RN 342 ff.

341 Ausführlich zum Begriff des Unternehmens siehe *Joost*, Betrieb und Unternehmen als Grundbegriffe des Arbeitsrechts, S.168 ff; *Hanau*, ZfA 1990., S.115 (126 ff.).

342 *F/K/H/E*, BetrVG, § 50, RN 5.

343 *Hess/Schlochauer/Glaubitz*, BetrVG, § 50, RN 5.

nicht von den Arbeitnehmern gewählt, sondern von den Einzelbetriebsräten entsendet.

Das Gesetz kennt keine generelle Zuweisung von bestimmten Mitwirkungsrechten an den Gesamtbetriebsrat. Der Zuständigkeitsbereich von Betriebsrat und Gesamtbetriebsrat wird nach § 50 I BetrVG lediglich danach abgegrenzt, daß der Betriebsrat für die Angelegenheiten auf der betrieblichen Ebene zuständig ist und der Gesamtbetriebsrat für die Angelegenheiten auf der überbetrieblichen Ebene, wenn diese von den Betriebsräten nicht innerhalb der Betriebe gelöst werden können. Im Zweifel ergibt sich somit eine Primärzuständigkeit des Betriebsrats[344]. Aus der Primärzuständigkeit des Einzelbetriebsrats ergibt sich, daß der Gesamtbetriebsrat und der Arbeitgeber nur Rahmenvereinbarungen schließen dürfen, die nähere Ausgestaltung obliegt dann den einzelnen Betriebsräten[345].

II. Der Konzernbetriebsrat

Nach § 54 I BetrVG kann durch den Beschluß der einzelnen Gesamtbetriebsräte in einem Konzern[346] ein Konzernbetriebsrat errichtet werden. Der Konzernbetriebsrat ist der Vertreter der Arbeitnehmer im betriebsverfassungsrechtlichen, nicht im unternehmerischen Bereich der Konzernarbeitnehmerschaft[347]. Für die Rechtsstellung des Konzernbetriebsrats gegenüber dem Gesamtbetriebsrat gilt dasselbe wie zwischen Gesamtbetriebsrat und Einzelbetriebsrat. Auch der Konzernbetriebsrat ist ein selbständiges betriebsverfassungsrechtliches Organ, das weder den Weisungen des Gesamtbetriebsrats unterworfen ist noch diesem Weisungen erteilen kann. Im Rahmen seiner Zuständigkeit hat der Konzernbetriebsrat dieselben Rechte und Pflichten wie der Gesamt- bzw. der Einzelbetriebsrat[348]. Gemäß § 55 I BetrVG werden die Mitglieder des Konzernbetriebsrats von den Mitgliedern der einzelnen Gesamtbetriebsräte entsendet.

Die Anerkennung der Arbeitnehmervertretung auf der Konzernebene ist als Reaktion auf die konzernrechtliche Leitungsmacht zu verstehen. Die

344 *Dietz/Richardi*, BetrVG, § 50, RN 2; *Weiss/Weyand*, BetrVG, § 50, RN 2.

345 *Trittin* in D/K/K, BetrVG, § 50, RN 15.

346 Zum Begriff des Konzerns verweist das Gesetz auf §§ 17, 18 AktG. Zu den einzelnen Erscheinungsformen eines Konzerns siehe *Trittin* in D/K/K, BetrVG, § 54, RN 12 ff; *Kreutz* in GK-BetrVG, § 54, RN 7 ff; *Hess/Schlochauer/Glaubitz*, BetrVG, § 54, RN 7 ff.

347 *F/K/H/E*, BetrVG, § 54, RN 1; *Kreutz* in GK-BetrVG, § 54, RN 2.

348 *Trittin* in D/K/K, BetrVG, § 58, RN 3; *Kreutz* in GK-BetrVG, § 58, RN 7.

Arbeitnehmer sollen über ihre Interessenvertretung an den die einzelnen Unternehmen bindenden Leitungsentscheidungen in sozialen, personellen und wirtschaftlichen Angelegenheiten beteiligt werden[349]. Die Zuständigkeit des Konzernbetriebsrats ist in § 58 I BetrVG geregelt. Danach ist dieser für die Behandlung derjenigen Angelegenheiten zuständig, die den Konzern oder mehrere Konzernunternehmen betreffen und durch die einzelnen Gesamtbetriebsräte nicht geregelt werden können. Im Rahmen seiner Zuständigkeit kann der Konzernbetriebsrat mit dem herrschenden Unternehmen eine Vereinbarung schließen, die sog. Konzernbetriebsvereinbarung. Diese Konzernbetriebsvereinbarung gilt trotz der rechtlichen Selbständigkeit der abhängigen Konzernunternehmen auch für diese und ihre Arbeitnehmer[350]. Diese Rechtsfolge geht zwar nicht aus dem Gesetz hervor, würde aber dem Konzernbetriebsrat seine Bedeutung nehmen, wenn dieser die im Rahmen seiner Zuständigkeit geschlossenen Vereinbarungen stets nochmals mit den einzelnen Konzernunternehmen vereinbaren müßte.

III. Die Einigungsstelle

Nach § 76 I BetrVG ist bei Meinungsverschiedenheiten zwischen Arbeitgeber und Betriebsrat, Gesamt- bzw. Konzernbetriebsrat bei Bedarf eine Einigungsstelle zu bilden. Diese Regelung ist die logische Konsequenz aus dem Verbot von Arbeitskämpfen der Betriebspartner[351]. Die Einigungsstelle ist aber auch deshalb notwendig, weil sonst die Mitwirkungsrechte des Betriebsrats im Streitfalle leerliefen. Sie ist daher das letzte Glied in der Kette der auf vertrauensvolle Zusammenarbeit der Betriebspartner angelegten Grundkonzeption des Betriebsverfassungsrechts[352].

Die Einigungsstelle ist kein Gericht, sondern ein von Betriebsrat und Arbeitgeber gemeinsam gebildetes Organ der Betriebsverfassung, dem kraft Gesetzes gewisse Befugnisse zur Beilegung von Meinungsverschiedenheiten übertragen wurden[353]. Sie ist eine privatrechtliche, innerbetriebliche Schlichtungsstelle, die ersatzweise Funktionen der Betriebspartner wahrnimmt[354].

[349] *BAG* vom 20.10.1980, AP Nr.1 zu § 54 BetrVG 1972.

[350] *F/K/H/E*, BetrVG, § 58, RN 18. Ob die Konzernvereinbarung auch für den Vertragskonzern und den faktischen Konzern gilt, ist umstritten. Bejahend *Kreutz* in GK-BetrVG, § 58, RN 15. Ablehnend *Dietz/Richardi*, BetrVG, § 58, RN 32.

[351] *F/K/H/E*, BetrVG, § 76, RN 1.

[352] *Kreutz* in GK-BetrVG, § 76, RN 1.

[353] *Leipold*, FS für Schnorr v.Carolsfeld, S.273 (276).

Gemäß § 76 II BetrVG besteht die Einigungsstelle aus einer gleichen Zahl von Beisitzern, die vom Arbeitgeber und vom Betriebsrat bestellt werden, sowie einem unparteiischen Vorsitzenden, auf dessen Person sich beide Parteien einigen müssen. Kommt keine Einigung über den Vorsitzenden zustande, so entscheidet das Arbeitsgericht.

Es muß zwischen dem erzwingbaren und dem freiwilligen Einigungsstellenverfahren unterschieden werden. Die Einigungsstelle wird nach § 76 V BetrVG bei einem erzwingbaren Verfahren bereits auf Antrag von nur einer Seite tätig[355]. Im freiwilligen Verfahren wird die Einigungsstelle nach § 76 VI BetrVG dagegen nur auf Antrag beider Seiten tätig. In diesen Fällen wird die Einigung zwischen Arbeitgeber und Betriebsrat nur ersetzt, wenn sich beide Parteien im voraus dem Spruch der Einigungsstelle unterwerfen oder ihn nachträglich annehmen. Laut § 76 VII BetrVG wird durch den Spruch der Einigungsstelle der Rechtsweg nach anderen Vorschriften nicht ausgeschlossen.

IV. Der Wirtschaftsausschuß

Nach § 106 I BetrVG ist in Unternehmen mit in der Regel mindestens 100 Arbeitnehmern ein Wirtschaftsausschuß zu bilden. Hiernach hat der Wirtschaftsausschuß die allgemeine Aufgabe, als besonderes betriebsverfassungsrechtliches Organ wirtschaftliche Angelegenheiten mit dem Unternehmer zu beraten und dann den Betriebsrat zu unterrichten. Mitbestimmungsrechte stehen ihm aber nicht zur Verfügung. Die Fragen der Unternehmenspolitik sollen mit Hilfe des Wirtschaftsausschusses frühzeitig besprochen und abgeklärt werden, bevor aufgrund konkreter Planung die Unterrichtungs- und Beratungsrechte des Betriebsrats einsetzen[356]. Nach § 107 II BetrVG werden die Mitglieder des Wirtschaftsausschusses vom Betriebsrat, falls ein Gesamtbetriebsrat besteht, von diesem bestellt.

Gemäß § 106 II BetrVG hat der Unternehmer den Wirtschaftsausschuß rechtzeitig und umfassend über die wirtschaftlichen Angelegenheiten des Unternehmens zu unterrichten, soweit dadurch keine Geschäftsgeheimnisse gefährdet

[354] *Leipold,* FS für Schnorr v.Carolsfeld, S.273 (285); *Berg* in D/K/K/, BetrVG, § 76, RN 2; *Joost in* Münchener HB des Arbeitsrechts, § 312, RN 2.

[355] Die Fälle des erzwingbaren Einigungsstellenverfahrens sind aufgelistet bei *F/K/H/E,* BetrVG, § 76, RN 47.

[356] *Däubler* in D/K/K, BetrVG, § 106, RN 31; *Weiss/Weyand,* BetrVG, § 106, RN 4.

werden. Gemäß § 108 V BetrVG ist dem Wirtschaftsausschuß unter Beiziehung des Betriebsrats der Jahresabschluß zu erläutern. Kommt es über die Auskunftserteilung über eine wirtschaftliche Angelegenheit des Unternehmens zum Streit, so entscheidet gemäß § 109 BetrVG die Einigungsstelle, falls Unternehmer und Betriebsrat sich nicht einigen können. Der Spruch der Einigungsstelle ersetzt dann die Einigung zwischen Arbeitgeber und Betriebsrat.

2. Teil: Die Ursprünge der vertrauensvollen Zusammenarbeit

A. Die ersten Fabrikausschüsse

Parallel zur industriellen Revolution veränderte sich auch die Einstellung der Menschen zum Staat und der Ökonomie[357]. Zunächst übernahmen die Gewerkschaften die Aufgabe der Interessenvertretung der Arbeitnehmer gegenüber dem Arbeitgeber. Aber bereits im Jahre 1835 stellte der Tübinger Staatsrechtler *Robert von Mohl* Vorschläge zur Errichtung von gewählten Arbeiterausschüssen vor[358]. Die tiefere Ursache für die Forderung nach einer betrieblichen Interessenvertretung lag in der Diskrepanz zwischen der positiven Bewertung und Verfolgung demokratischer Prinzipien, der Gleichberechtigung aller Bürger im gesellschaftlichen Leben einerseits und dem Unterworfensein unter eine autokratische Herrschaft in den Fabriken andererseits[359].

Den ersten gesetzlichen Niederschlag hat die betriebliche Interessenvertretung in einem Minderheitenentwurf des volkswirtschaftlichen Ausschusses der Frankfurter Nationalversammlung zur Reichsgewerbeordnung vom 12.01.1849 gefunden[360]. Danach sollten gemäß § 42 in jeder Fabrik Fabrikausschüsse gewählt werden[361]. In § 43 wurde bestimmt: "Die Fabrikausschüsse haben folgende Befugnisse:

357 *Eberwein*, WSI-Mitteilungen 1992, S.497 (499).

358 *Kolvenbach*, FS für Everling, S.669 (675). Ausführlich zur Theorie *Robert von Mohls* zu den Arbeiterausschüssen siehe *Reichold*, Betriebsverfassung als Sozialprivatrecht, S.30 ff.

359 *Costas*, Partizipation, in *Bergmann* (Hrsg.), Geschichte als politische Wissenschaft, S.335 (338).

360 Zum volkswirtschaftlichen Ausschuß der Frankfurter Nationalversammlung und die Beratungen zur Frage der Mitbestimmung siehe *Klaßen*, Mitverwaltung und Mitverantwortung in der frühen Industrie, S.79 ff.

361 Der Minderheitenentwurf ist auszugsweise abgedruckt bei *Teuteberg*, Geschichte der industriellen Mitbestimmung in Deutschland, S.109.

1. Vermittlung bei Streitigkeiten zwischen Arbeitgeber und Arbeitern,
2. Entwerfung und Aufrechterhaltung der besonderen Fabrikordnung,
3. Einrichtung und Verwaltung der Krankenunterstützungskasse,
4. Überwachung der Fabrikkinder,
5. Vertretung der Fabrik in den Fabrikräten".

Bereits im Minderheitenentwurf des volkswirtschaftlichen Ausschusses der Frankfurter Nationalversammlung ist der für das deutsche Betriebsverfassungsrecht typische Grundsatz der friedlichen Zusammenarbeit zwischen Arbeitgeber und Arbeitnehmern zu erkennen[362]. Die Frankfurter Nationalversammlung wurde jedoch noch vor der Verabschiedung einer Reichsgewerbeordnung wieder aufgelöst.

B. Die Gewerbeordnung von 1891

Für die Novellierung der Reichsgewerbeordnung im Jahre 1891 waren insbesondere drei Faktoren von großer Bedeutung: die bereits vorhandenen, freiwillig errichteten Fabrikausschüsse, der große Bergarbeiterstreik 1889 und das Interesse von Kaiser Wilhelm II. an der Arbeiterfrage.

I. Freiwillige Fabrikausschüsse

Seit der Reichsgründung wurden in den Fabriken immer häufiger Arbeiterausschüsse von den Unternehmern eingerichtet. Die Intension hierfür war sehr unterschiedlich. Einige Fabrikbesitzer fühlten sich aus einer christlich-sozialen Tradition heraus verpflichtet, Arbeiterausschüsse einzurichten. Die Fabrik wurde als Familienverband verstanden, und durch die Arbeiterausschüsse sollte das Gefühl der Zusammengehörigkeit vermittelt werden[363]. Andererseits gab es aber auch die Idee der "konstitutionellen Fabrik", welche ihren Ursprung in der Revolution von 1848/49 hat[364]. Hiernach spiegelt die Fabrik den Staat im Kleinen wider. Gedankliches Leitbild des "konstitutionellen Fabriksystems" war allerdings nicht die demokratische Republik, sondern vielmehr die eingeschränkte Monarchie[365]. Der Fabrikant sollte also weiterhin an der Spitze

362 *Däubler*, Das Arbeitsrecht Bd.1, S.372, erklärt dies mit der Zusammensetzung der Frankfurter Nationalversammlung, die aus Fabrikanten und Beamten, jedoch nicht aus Arbeitern bestand.

363 Zu den Arbeiterausschüssen, welche aus christlichen Motiven eingerichtet wurden, siehe ausführlich *Teuteberg*, Geschichte der industriellen Mitbestimmung in Deutschland, S.240 ff.

364 *Milert/Tschirbs*, Von den Arbeiterausschüssen zum Betriebsverfassungsgesetz, S.27.

des Unternehmens stehen, aber sein unternehmerischer Wille sollte einer gewissen Kontrolle unterworfen werden.

Der häufigste Grund für die freiwillige Errichtung von Arbeiterausschüssen durch die Fabrikanten dürfte aber darin zu sehen sein, daß diese mit der Einbindung der Arbeiter in das Unternehmen die immer stärker werdenden Klassenkampfbestrebungen der Gewerkschaften und der Sozialdemokratie abwehren wollten[366]. Diese freiwillig eingerichteten Fabrikausschüsse waren zur Verteidigung der Interessen der Belegschaft aber denkbar ungeeignet, da ihre Errichtung im Ermessen des Arbeitgebers lag und sie dementsprechend häufig als verlängerter Arm des Arbeitgebers fungierten und den Arbeitern gegenüber eine reine Disziplinierungs- und Beschwichtigungsfunktion ausübten[367].

II. Der Bergarbeiterstreik von 1889

Der entscheidende Anlaß für die Reichsregierung, gesetzlich eine Interessenvertretung der Arbeiter zu schaffen, war der große Bergarbeiterstreik der Ruhrbergleute im Mai 1889[368]. Der Grund für die Unruhen waren zunächst die sozialen Mißstände in den Kohlenrevieren; im Verlauf des Streiks wurden dann die Forderungen nach einer ständigen Arbeitervertretung immer lauter[369].

Beeinflußt durch die sozialen Ideen des späteren preußischen Handelsministers *v.Berlepsch*, welcher im Bergarbeiterstreik von 1889 erfolgreich vermittelt hatte, erließ Kaiser Wilhelm II. am 4. Februar 1890 die sog. "Februar-Erlasse"[370]. In diesen Erlassen wurde die sozialintegrative und wirtschaftsfriedliche Ausrichtung der Arbeiterausschüsse fortgeschrieben: "Für die Pflege des Friedens zwischen Arbeitgebern und Arbeitnehmern sind gesetzliche Bestimmungen über die Formen in Aussicht zu nehmen, in denen die Arbeiter durch Vertreter, welche ihr Vertrauen besitzen, an der Regelung gemeinsamer

[365] *Teuteberg*, Geschichte der industriellen Mitbestimmung in Deutschland, S.255.

[366] *Schneider/Kuda*, Mitbestimmung, S.53; *Milert/Tschirbs*, Von den Arbeiterausschüssen zum Betriebsverfassungsgesetz, S.29.

[367] *Zachert*, Betriebliche Mitbestimmung, S.22; *Costas*, Partizipation im Industriebetrieb, in *Bergmann* (Hrsg.), Geschichte als politische Wissenschaft, S.335 (344).

[368] *Däubler*, Das Arbeitsrecht Bd.1, S.372.

[369] *Teuteberg*, Geschichte der industriellen Mitbestimmung in Deutschland, S.336. Zu den einzelnen Forderungen der Bergarbeiter siehe *Adelmann*, Quellensammlung zur Geschichte der sozialen Betriebsverfassung, S.211 ff.

[370] Die Februar-Erlasse sind auszugsweise abgedruckt bei *Blanke/Mückenberger/Erd/Stascheit*, Kollektives Arbeitsrecht, S.90.

Angelegenheiten beteiligt und zur Wahrnehmung ihrer Interessen bei Verhandlungen mit den Arbeitgebern und den Organen Meiner Majestät befähigt werden. Durch eine solche Einrichtung ist den Arbeitern der freie und friedliche Austausch ihrer Wünsche und Beschwerden zu ermöglichen und den Staatsbehörden Gelegenheit zu geben, sich über die Verhältnisse der Arbeiter fortlaufend zu unterrichten und mit Letzteren Fühlung zu behalten."

III. Die "Lex Berlepsch"

Am 1. Juni 1891 wurde die Reichsgewerbeordnung durch die sog. Arbeiterschutzgesetze (Lex Berlepsch) dahingehend novelliert, daß die Mitwirkung von Arbeiterausschüssen beim Erlaß der Arbeitsordnung ermöglicht wurde. Die Errichtung der Arbeiterausschüsse blieb aber rein fakultativ[371]. § 134d lautete: "Vor dem Erlaß der Arbeitsordnung oder eines Nachtrages derselben ist den in der Fabrik oder der betreffenden Abteilung beschäftigten Arbeitern Gelegenheit zu geben, sich über den Inhalt derselben zu äußern. Für Fabriken, für welche ein ständiger Arbeiterausschuß besteht, wird diese Vorschrift durch Anhörung des Ausschusses über den Inhalt der Arbeitsordnung genügt"[372].

In die Arbeitsordnung mußten nach § 134b u.a. folgende Bestimmungen aufgenommen werden[373]:

a) Anfang und Ende der regelmäßigen Arbeitszeit sowie die für die erwachsenen Arbeiter vorgesehenen Pausen.
b) Zeit und Art der Abrechnung und Lohnzahlung.
c) Sofern es nicht bei den gesetzlichen Bestimmungen bewenden sollte, die Frist der zulässigen Aufkündigung sowie die Gründe, aus welchen die Entlassung und der Austritt aus der Arbeit ohne Aufkündigung erfolgen darf.

Hinter der angestrebten fakultativen Einführung der Arbeiterausschüsse stand nicht die Überlegung, die Rechte der Arbeiter in den Fabriken zu verbessern, im Vordergrund[374]. Die Gewerbeordnungsnovelle hatte vielmehr das Ziel, die

[371] *Teuteberg*, Geschichte der industriellen Mitbestimmung in Deutschland, S.384.

[372] Zitiert nach *Milert/Tschirbs*, Von den Arbeiterausschüssen zum Betriebsverfassungsgesetz, S.30 f. Ausführlich zur Lex Berlepsch und der juristischen Klassifikation der Arbeitsordnung siehe *Reichold*, Betriebsverfassung als Sozialprivatrecht, S.127 ff.

[373] Zitiert nach *Teuteberg*, Geschichte der industriellen Mitbestimmung in Deutschland, S.385.

[374] *v.Berlepsch* versprach sich nur von freiwilligen Arbeiterausschüssen eine positive und

freien Gewerkschaften und die Sozialdemokratie von den Unternehmen fernzuhalten, indem die Arbeiter mit Hilfe der Arbeiterausschüsse fester in das Unternehmen eingebunden werden sollten[375].

IV. Die Reaktionen auf die "Lex Berlepsch"

Die staatliche Initiative zur Errichtung gesetzlicher Arbeiterausschüsse stieß sowohl bei den Unternehmern als auch auf seiten der Gewerkschaften und der Sozialdemokraten auf entschiedenen Widerstand. Die Argumente des Centralverbands Deutscher Industrieller gegen die Arbeiterausschüsse richteten sich darauf, daß der Arbeitgeber weiterhin das Recht haben müsse, selbständig die Arbeitsordnung erlassen zu dürfen, da sonst die Sozialdemokraten dieses Recht als Agitationsmittel mißbrauchen würden. Dies würde die Unzufriedenheit der Arbeiter steigern und dem angestrebten Ziel des sozialen Friedens nicht dienen[376].

Die Gewerkschaften und die sozialdemokratische Reichstagsfraktion lehnten die Errichtung der in der Gewerbeordnung konzipierten Arbeiterausschüsse ab, weil sie für die Arbeiter keine Verbesserung bedeuteten. So sagte *Max Schippel*: "Fabrikausschüsse können also in ihrem Thätigkeitskreis niemals unabhängig sein, aber überdies wird der Kreis der zahmen und lahmen Thätigkeit auch noch ein ganz eng begrenzter sein und an sich schon für die Klassenbewegung der Arbeiter ein ganz bedeutungsloser bleiben müssen[377]. In den Reichstagsdebatten über die Novellierung der Reichsgewerbeordnung bezeichnete *August Bebel* die Arbeiterausschüsse als "scheinkonstitutionelles Feigenblatt, mit dem der Fabrikfeudalismus verdeckt werden soll"[378].

Zusammenfassend läßt sich festhalten, daß die durch die "Lex Berlepsch" ergangene Novellierung der Reichsgewerbeordnung trotz ihrer Zielrichtung ein

befriedende Wirkung in den Fabriken; *Friedrich/Rückert*, Betriebliche Arbeiterausschüsse in Deutschland und Frankreich, S.23.

375 *Costas*, Partizipation im Industriebetrieb, in *Bergmann* (Hrsg.), Geschichte als politische Wissenschaft, S.335 (354).

376 *Friedrich/Rückert*, Betriebliche Arbeiterausschüsse in Deutschland und Frankreich, S.21 f. *Costas*, Partizipation im Industriebetrieb, in *Bergmann* (Hrsg.), Geschichte als politische Wissenschaft, S.335 (343).

377 Die Analyse *Max Schippels* zur Funktion der Arbeiterausschüsse ist auszugsweise abgedruckt bei *Blanke/Mückenberger/Erd/Stascheit*, Kollektives Arbeitsrecht, S.86 ff.

378 *Däubler*, Das Arbeitsrecht, Bd.1, S.37.

wichtiger Meilenstein in der Geschichte der betriebliche Interessenvertretung in Deutschland ist, denn zum ersten Mal wurde von seiten des Gesetzgebers entschieden, daß die innerbetriebliche Ordnung nicht mehr alleine vom Willen des Unternehmers abhängig ist[379]. Der "Herr-im-Hause-Standpunkt" wurde hier erstmals von staatlicher Seite in Frage gestellt; das industrielle Arbeitsverhältnis nicht mehr als reine Privatsache zwischen zwei Vertragspartnern betrachtet.

C. Die preußische Berggesetznovelle von 1905

Es war erneut ein Streik der Ruhrbergleute im Januar 1905, der die preußische Regierung zwang, bezüglich einer Arbeitervertretung gesetzlich tätig zu werden[380]. Die Streikforderungen bezogen sich u.a. auf Lohnerhöhungen, achtstündige Schichtzeit, Überschichten und generell auf eine humanere Behandlung durch die Vorgesetzten. Eine weitere Forderung der Bergleute bestand darin, obligatorische Arbeiterausschüsse als betriebliche Beschwerdeinstanz einzurichten[381].

I. Der ideologische Wandel der Gewerkschaften

Ab Mitte der 90er Jahre wurden die Arbeiterausschüsse von den freien Gewerkschaften nicht mehr als Verrat an der Klassenkampfidee abgetan, sondern vielmehr als eine willkommene Möglichkeit angesehen, die Alleinherrschaft der Unternehmer einzuschränken. Damit einhergehend verschoben sich die Ziele der Arbeiterbewegung. Die Aufgabe der Gewerkschaften lag nun nicht mehr in dem Sturz der herrschenden Klasse durch die Revolution der Arbeiter, sondern darin, schrittweise und gewaltfrei zu einer gleichmäßigen Verteilung des Reichtums auf alle Klassen zu gelangen. Auf diesem Weg wurde die Errichtung von Arbeiterausschüssen als wichtige Etappe angesehen[382]. So sagte *Carl Legien*,

379 So auch die Einschätzung von *Milert/Tschirbs*, Von den Arbeiterausschüssen zum Betriebsverfassungsgesetz, S.31; *Teuteberg*, Geschichte der industriellen Mitbestimmung in Deutschland, S.386.

380 *Däubler*, Das Arbeitsrecht Bd.1, S.373. Zur preußischen Berggesetznovelle von 1892, die den Bergarbeitern bereits fakultative Arbeiterausschüsse gewährte, siehe *Teuteberg*, Geschichte der industriellen Mitbestimmung in Deutschland, S.410 ff.

381 *Costas*, Partizipation im Industriebetrieb, in *Bergmann* (Hrsg.), Geschichte als politische Wissenschaft, S.335 (354); weitere Forderungen der Bergarbeiter sind aufgelistet in *Blanke/Mückenberger/Erd/Stascheit*, Kollektives Arbeitsrecht, S.112 f.

382 *Teuteberg*, Geschichte der industriellen Mitbestimmung in Deutschland, S.491 f. Die Sozialdemokraten lehnten dagegen die Errichtung von Arbeiterausschüssen unter Berufung auf die Klassenkampfideologie weiterhin kategorisch ab. Erst im Jahre 1909 sprach sich die sozialdemokratische Reichstagsfraktion für die Einführung von Arbeiterausschüssen aus; siehe *Blanke*, KJ 1995, S.12 (16) FN 13.

der Vorsitzende der seit 1890 gegründeten Generalkommission der Gewerkschaften Deutschlands, bereits im Jahre 1900: "So wenig wie im Staatsleben der Sprung vom völligen Absolutismus zur Demokratie möglich ist, sondern ein Übergangsstadium, der constitutionelle Staat, erscheint, so wenig oder noch weniger wird in der Production eine radicale Änderung erfolgen, ohne daß die erforderlichen Vorbedingungen gegeben sind. (...) Der weitere Schritt ist die Einsetzung einer ständigen Arbeitervertretung, welche mit dem Einzelunternehmer oder der Vertretung der organisierten Unternehmer die Lohn- und Arbeitsbedingungen festsetzt"[383].

Hinzu kam, daß sich die Befürchtung der freien Gewerkschaften, ihre Existenzberechtigung könnte durch die Arbeiterausschüsse in Frage gestellt werden, nicht bewahrheitete. Die Arbeiterausschüsse erlangten meisten nur dann das Vertrauen der Arbeiter, wenn in diesem Gremium die Gewerkschaften vertreten waren[384]. Aus diesem Grund wurde die Errichtung von Arbeiterausschüssen als unterstes Glied einer umfassenden Tariforganisation angestrebt und deren Verschmelzung mit den gewerkschaftlichen Vertrauensleuten im Betrieb[385].

II. Die politischen Hintergründe

Mit Rücksicht auf die gespannte außenpolitische Lage und im Hinblick auf die Abhängigkeit der Schwerindustrie und der Streitkräfte von einer ungestörten Kohleversorgung war der preußische Staat gezwungen, den Forderungen der Arbeiter in starkem Maße nachzugeben. In der Begründung zur Berggesetznovelle hieß es hinsichtlich der Errichtung von Arbeiterausschüssen: "In den Großbetrieben des Bergbaus ist es unmöglich, daß der Werkbesitzer mit jedem einzelnen seiner Arbeiter über die innerhalb der Belegschaft herrschenden Wünsche, Interessen und Beschwerden verhandelt"[386]. Das primäre Ziel der preußischen Berggesetznovelle von 1905 lag aber, wie schon bei der Gewerbeordnungsnovelle von 1891, darin, das Verhältnis zwischen den Arbeitern und den Unternehmern zu verbessern, um dadurch den Gewerkschaften und der Sozialdemokratie entgegenzuwirken[387].

383 *Legien*, Ziele und Mittel der deutschen Gewerkschaften, zitiert nach *Blanke/Mückenberger/Erd/Stascheit*, Kollektives Arbeitsrecht, S.96 ff.

384 *Costas*, Partizipation im Industriebetrieb, in *Bergmann* (Hrsg.), Geschichte als politische Wissenschaft, S.335 (357).

385 *Teuteberg*, Geschichte der industriellen Mitbestimung in Deutschland, S.493.

386 Zitiert nach *Adelmann*, Quellensammlung zur Geschichte der sozialen Betriebsverfassung, S.355.

III. Die Mitwirkungsbefugnisse der Arbeiterausschüsse

Zum ersten Mal in der deutschen Geschichte der betrieblichen Mitbestimmung kam es durch die Berggesetznovelle vom 14.07.1905 zur Errichtung obligatorischer Arbeiterausschüsse im Bergbau. In § 80f Abs.1 des Gesetzes betreffend die Änderung einzelner Bestimmungen des Allgemeinen Berggesetzes vom 24. Juni 1865/1892 vom 14. Juli 1905 hieß es auszugsweise: "Auf denjenigen Bergwerken, auf welchen in der Regel mindestens hundert Arbeiter beschäftigt werden, muß ein ständiger Arbeiterausschuß vorhanden sein. Ihm liegt es ob, darauf hinzuwirken, daß das gute Einvernehmen innerhalb der Belegschaft und zwischen der Belegschaft und dem Arbeitgeber erhalten bleibt oder wiederhergestellt wird"[388]. Damit wurde die sozialintegrative und wirtschaftsfriedliche Tradition der fakultativen Arbeiterausschüsse fortgeschrieben. Die Arbeiterausschüsse sollten also kein einseitiges Interessenvertretungsorgan der Arbeiter sein, sondern vielmehr mit dem Arbeitgeber kooperieren.

Gemäß § 80g Abs.1 hatte der Arbeiterausschuß ein Anhörungsrecht beim Erlaß und bei der Änderung der Arbeitsordnung, nach § 80c Abs.2 das Überwachungsrecht betreffend die Lohnabzüge bei vorschriftswidrigem Beladen der Fördergefäße und laut § 80f Abs.1 das Recht, Anträge, Wünsche und Beschwerden der Belegschaft, die sich auf die Betriebs- und Arbeitsverhältnisse des Bergwerks bezogen, zur Kenntnis des Bergwerkbesitzers zu bringen und sich darüber zu äußern[389]. Insgesamt betrachtet stellt die preußische Berggesetznovelle von 1905 den Höhepunkt der staatlichen Sozialpolitik bis zum 1. Weltkrieg dar, denn in keinem anderen Gesetz fanden die Forderungen der Arbeiter nach Festsetzung eines maximalen Arbeitstags, nach Mitwirkung im Bereich der Lohnfestsetzung, dem Strafwesen und den betrieblichen Wohlfahrtseinrichtungen so weitgehende Berücksichtigung[390].

[387] *Costas*, Partizipation im Industriebetrieb, in *Bergmann* (Hrsg.), Geschichte als politische Wissenschaft, S.335 (356).

[388] Die Vorschrift wurde zitiert nach *Milert/Tschirbs*, Von den Arbeiterausschüssen zum Betriebsverfassungsgesetz, S.105.

[389] Zu diesen und weiteren Mitwirkungsbefugnissen der Arbeiterausschüsse siehe *Teuteberg*, Geschichte der industriellen Mitbestimmung in Deutschland, S.437.

[390] Im Ergebnis so auch *Teuteberg*, Geschichte der industriellen Mitbestimmung in Deutschland, S.438.

D. Das Vaterländische Hilfsdienstgesetz

I. Der politische Burgfrieden

Kurz nach Ausbruch des 1. Weltkriegs erhielt die Frage der Sozialpolitik, die Anfang des 20. Jahrhunderts etwas in den Hintergrund getreten war, neuen Aufschwung. In den ersten Augusttagen des Jahres 1914 wurden auch die Sozialdemokraten und die Arbeitermassen von der nationalen Hochstimmung erfaßt. Am 4. August 1914 bewilligte die sozialdemokratische Fraktion des Reichstages die erforderlichen Kriegskredite[391]. Im Gegenzug wurde die gesamte staatliche Repressivpolitik gegen die sozialistische Arbeiterbewegung aufgegeben; die Erfordernisse der Kriegswirtschaft führten zu einer de facto Anerkennung der Gewerkschaften als Interessenvertreter der Arbeiter durch den Staat und die Unternehmer, da die totale Mobilisierung der wirtschaftlichen Ressourcen von der aktiven Mitarbeit der Arbeiter abhängig war[392]. Das sog. "Hindenburg-Programm" sah vor, daß ab dem Herbst 1916 alle Männer zwischen siebzehn und sechzig Jahren zu einem Pflichtarbeitsdienst herangezogen werden konnten und der Wechsel des Arbeitsplatzes in einem kriegswichtigen Betrieb erheblich eingeschränkt werden konnte[393].

II. Die Regelungen im einzelnen

Als Ausgleich für die Einschränkung der persönlichen Freiheit und zur Vorbeugung sozialer Spannungen wurden mit dem Gesetz über den Vaterländischen Hilfsdienst vom 2. Dezember 1916 den Gewerkschaften weitergehende Rechte auf betrieblicher und überbetrieblicher Ebene eingeräumt[394]. Außerdem wurde erstmals generell die obligatorische Errichtung von Arbeiterausschüssen vorgesehen.

In § 11 war normiert: "In allen für den Vaterländischen Hilfsdienst tätigen Betrieben, für die Titel VII der Gewerbeordnung gilt und in denen in der Regel mindestens fünfzig Arbeiter beschäftigt werden, müssen ständige Arbeiterausschüsse bestehen"[395]. Die Aufgaben und Befugnisse der Arbeiterausschüsse waren in § 12 geregelt: "Dem Arbeiterausschuß liegt es ob, das gute

[391] *Däubler*, Das Arbeitsrecht Bd.1, S.374.

[392] *Reichold*, Betriebsverfassung als Sozialprivatrecht, S.185.

[393] *Milert/Tschirbs*, Von den Arbeiterausschüssen zum Betriebsverfassungsgesetz, S.38.

[394] *Zachert*, Betriebliche Mitbestimmung, S.23; *Costas*, Partizipation im Industriebetrieb, in *Bergmann* (Hrsg.), Geschichte als politische Wissenschaft, S.335 (359 f).

[395] Sämtliche Artikel des Gesetzes über den Vaterländischen Hilfsdienst sind zitiert nach *Teuteberg*, Geschichte der industriellen Mitbestimmung in Deutschland, S.511.

Einvernehmen innerhalb der Belegschaft und zwischen der Arbeiterschaft und dem Arbeitgeber zu fördern. Er hat Anträge, Wünsche und Beschwerden der Arbeiterschaft, die sich auf die Betriebseinrichtungen, die Lohn- und sonstigen Arbeitsverhältnisse beziehen, zur Kenntnis des Unternehmers zu bringen und sich darüber zu äußern".

Da während des Krieges die Konkurrenz um die Arbeitsplätze eingeschränkt wurde und auch Streiks verboten waren, übernahmen die Arbeiterausschüsse, in denen die Gewerkschaften eine starke Position innehatten, die Aufgabe, die Löhne und die Arbeitsbedingungen auszuhandeln. Allerdings konnte es ihnen unter den Bedingungen des Krieges nur gelingen, die ständig ansteigenden Lebenshaltungskosten zu kompensieren und bei den Arbeitsbedingungen eine allzu rapide Verschlechterung zu verhindern[396].

E. Das Betriebsrätegesetz von 1920

Um auf die gesetzliche Zielrichtung des Betriebsrätegesetzes von 1920 eingehen zu können, müssen zunächst die Ereignisse der Novemberrevolution von 1918 und die mit der Rätebewegung verbundene Ideologie dargestellt werden.

I. Die Rätebewegung

1. Während des 1.Weltkriegs

Bereits während des 1.Weltkriegs war es immer wieder zu Streiks und Straßendemonstrationen der Arbeiter gekommen, die die Burgfriedenspolitik der Gewerkschaften in Frage stellten. In den Aprilstreiks 1917 und den Januarstreiks 1918, welche in Berlin und im Ruhrgebiet aufgeflammt waren, wurde mehr Demokratie und die sofortige Beendigung des Kriegs gefordert[397]. Es entstand eine tiefe Kluft zwischen den Industriearbeitern, welche von den Gewerkschaften auf der betrieblichen Ebene nur schlecht vertreten wurden, und der offiziellen Gewerkschaftslinie, die weiterhin auf eine Zusammenarbeit mit dem Staat und den Unternehmern setzte[398].

[396] *Costas*, Partizipation im Industriebetrieb, in *Bergmann* (Hrsg.), Geschichte als politische Wissenschaft, S.335 (360 f.).

[397] *Potthoff*, Probleme gewerkschaftlicher Organisation, in *Mommsen* (Hrsg.), Arbeiterbewegung und industrieller Wandel, S.140 (146).

[398] *Milert/Tschirbs*, Von den Arbeiterausschüssen zum Betriebsverfassungsgesetz, S.43. Zu den damaligen gewerkschaftlichen Organisationsproblemen im Betrieb siehe *Potthoff* in *Dowe* (Hrsg.), Protokoll des 1. Reichskongresses der Betriebsräte Deutschlands, S.7 ff.

Die Krise der Arbeiterbewegung machte auch vor der sozialdemokratischen Partei nicht halt. Bis Ende des 1.Weltkriegs standen sich innerhalb der Partei zwei alternative Sozialismusvorstellungen gegenüber. Die orthodoxe Richtung glaubte aufgrund einer rein theoretischen Geschichtsbetrachtung, daß sich der Sozialismus durch die Vergesellschaftung der Produktionsmittel selbständig entwickeln werde[399]. Die revisionistische Auffassung, die bereits seit längerem von den Gewerkschaften vertreten wurde, lehnte die abrupte Vergesellschaftung der Produktionsmittel ab, und ging stattdessen von einem friedlichen Hineinwachsen in den Sozialismus aus[400]. Dieser Richtungsstreit führte im April 1917 zur Abspaltung der USPD von der sozialdemokratischen Partei, die sich dann MSPD nannte[401].

2. Die Novemberrevolution 1918

Die Rätebewegung hatte zum Sturz der Monarchie und zur Errichtung der parlamentarischen Demokratie geführt[402]. Die Novemberrevolution von 1918 war aber in erster Linie eine wirtschaftlich-soziale Revolution, weniger eine politische[403]. Nach der Niederlage im 1.Weltkrieg bildeten sich in vielen Orten spontan sog. Soldaten- und Arbeiterräte. Sie übernahmen die Aufgabe der politischen Repräsentation, der Gesetzgebung, der Verwaltung bis hin zur Demobilmachung und Lenkung des Wirtschaftsprozesses[404].

Das Wesen der Rätebewegung bestand in einem basisdemokratischen, alle Gesellschaftsbereiche umfassenden Modell der politisch-sozialen Selbstverwaltung[405]. Im Gegensatz zum damaligen Gewerkschaftsaufbau bildete in der Rätebewegung der Betrieb und nicht der Beruf die Organisationsgrundlage. Das Ziel der Rätebewegung bestand in der Aufhebung der betrieblichen Herrschafts-

399 *Schneider/Kuda*, Mitbestimmung, S.87. *Teuteberg*, Geschichte der industriellen Mitbestimmung in Deutschland, S.309.

400 Die revisionistische Ansicht gründete sich auf die These und Analyse von *Eduard Bernstein* zum Kapitalismus. *Teuteberg*, Geschichte der industriellen Mitbestimmung in Deutschland, S.492 f.

401 *Milert/Tschirbs*, Von den Arbeiterausschüssen zum Betriebsverfassungsgesetz, S.43.

402 Ausführlich zu den Ereignissen der Novemberrevolution von 1918 siehe *Müller*, Novemberrevolution, S.9 ff. *Winkler*, Von der Revolution zur Stabilisierung, S.19 ff.

403 *Potthoff*, Probleme gewerkschaftlicher Organisation, in *Mommsen* (Hrsg.), Arbeiterbewegung und industrieller Wandel, S.140 (147).

404 *Blanke*, KJ 1995, S.12 (16); *Winkler*, Von der Revolution zur Stabilisierung, S.64 ff.

405 *Zachert*, Betriebliche Mitbestimmung, S.24. Ausführlich zur Struktur der Rätebewegung und der Idee des Rätesystems siehe *Schneider/Kuda*, Mitbestimmung, S.188 ff; *v.Oertzen*, Betriebsräte in der Novemberrevolution, S.297 ff.

verhältnisse, der Vergesellschaftung der Produktionsmittel und einer kollektiven und demokratischen Veränderung des Produktionsprozesses.

II. Das Stinnes-Legien Abkommen von 1918

Am 12.11.1918 wurde gleichzeitig mit dem Belagerungszustand das Gesetz über den Vaterländischen Hilfsdienst aufgehoben[406]. Während durch die Geschehnisse der Novemberrevolution die alten Macht- und Gesellschaftsstrukturen ins Wanken gebracht wurden, verhandelten die Gewerkschaften unter der Leitung von *Carl Legien* mit den Spitzenvertretern der Unternehmer, repräsentiert durch den Großindustriellen *Hugo Stinnes*, über Regelungen der Arbeitsverhältnisse im Betrieb und über die gemeinsame Organisation der Übergangswirtschaft nach dem Krieg[407].

In dem Abkommen über die Zentrale Arbeitsgemeinschaft vom 15.11.1918, auch Stinnes-Legien-Abkommen genannt, wurden die Gewerkschaften offiziell von den Unternehmerverbänden als rechtmäßige Vertreter der Arbeiter anerkannt[408]. Außerdem wurde vereinbart, daß in Betrieben mit mindestens fünfzig Beschäftigten Arbeiterausschüsse einzurichten sind, und diese neben der Vertretung der Interessen der Arbeiter auch die Einhaltung der Tarifverträge im Unternehmen überwachen sollten. Damit wurde die wirtschaftsfriedliche Funktion der Arbeiterausschüsse in diesem Abkommen weiter festgeschrieben. Dies löste in den eigenen Reihen aber auch Kritik aus. Auf der 14. ordentlichen Generalversammlung des Deutschen Metallarbeiter-Verbandes in Stuttgart 1919 wurde den Verfassern des Abkommens vorgeworfen, daß die Satzungen der Zentralen Arbeitsgemeinschaft mit den Satzungen der wirtschaftsfriedlichen gelben Werkvereine identisch seien[409].

[406] *Costas*, Partizipation im Industriebetrieb, in *Bergmann* (Hrsg.), Geschichte als politische Wissenschaft, S.335 (361).

[407] *Ramm*, ZfA 1988, S.157 (157). Zum Zustandekommen des Stinnes-Legien-Abkommens siehe *Winkler*, Von der Revolution zur Stabilisierung, S.76 ff.

[408] Das Stinnes-Legien-Abkomen ist vollständig abgedruckt bei *Blanke/Mückenberger/Erd/Stascheit*, Kollektives Arbeitsrecht, S.181 ff.

[409] Die Rede von *Richard Müller*, der im Jahre 1921 der Nachfolger von *Legien* an der Spitze des ADGB wurde, ist auszugsweise abgedruckt bei *Blanke/Mückenberger/Erd/Stascheit*, Kollektives Arbeitsrecht, S.188 ff.

III. Die Rivalität zwischen der Räte- und der Gewerkschaftsbewegung

In den Großbetrieben bildeten sich auch nach dem Zustandekommen des Stinnes-Legien-Abkommens weiterhin Betriebsräte. Zum Teil entwickelten sich die Betriebsräte als Alternative zu den Arbeiterausschüssen, die aufgrund des Vaterländischen Hilfsdienstgesetzes gebildet worden waren, sehr häufig aber waren es die Arbeiterausschüsse selbst, die ihre Kompetenzen eigenmächtig erweiterten und Leitungsfunktionen in den Unternehmen ausübten[410].

1. Die Bestrebungen der Gewerkschaften

Am 15.11.1918 wurde den Gewerkschaften vom Vollzugsrat des Arbeiter- und Soldatenrats die Vertretung der wirtschaftlichen Interessen aller in den Betrieben Groß-Berlins beschäftigten Personen und die damit verbundenen Maßnahmen übertragen[411]. Daraufhin erklärten die Gewerkschaften alle Arbeiter- und Angestelltenausschüsse für aufgelöst und ordneten Neuwahlen an. Weiterhin erklärten sie die Bestimmungen des Vaterländischen Hilfsdienstgesetzes über die Arbeiterausschüsse wieder für gültig; allerdings sollten alle Maßnahmen der Arbeiterausschüsse vom Einverständnis der Gewerkschaften abhängig gemacht werden[412]. Dieser Beschluß der Gewerkschaften zeigt, wie sehr diese die alleinige Vertretungsmacht der Arbeiterschaft haben wollten und die Betriebsräte als konkurrierende Interessenvertretungsform zu bekämpfen suchten.

2. Die Reaktionen von staatlicher Seite

Viele Arbeiterräte hielten sich nicht an die von den Gewerkschaften diktierten Befugnisse der Arbeiterausschüsse und übernahmen weiterhin Leitungsfunktionen in den Unternehmen[413]. Um den gewerkschaftlichen Bestrebungen Nachdruck zu verleihen, erließ der damalige Staatssekretär im Reichsarbeitsamt, *Gustav Bauer*, der früher ein stellvertretender Vorsitzender der Generalkommission der Gewerkschaften Deutschlands war, am 23.12.1918 die Verordnung über Tarifverträge, Arbeiter- und Angestelltenausschüsse und Schlichtung von Arbeitsstreitigkeiten[414]. Danach sollten Arbeiter- und Angestelltenausschüsse in

410 *Costas*, Partizipation im Industriebetrieb, in *Bergmann* (Hrsg.), Geschichte als politische Wissenschaft, S.335 (361).

411 *Müller*, Novemberrevolution, S.108.

412 *Costas*, Partizipation im Industriebetrieb, in *Bergmann* (Hrsg.), Geschichte als politische Wissenschaft, S.335 (361). Zu den politischen Wirren nach der Bekanntmachung der Gewerkschaften siehe *Müller*, Novemberrevolution, S.109 f.

413 *Milert/Tschirbs*, Von den Arbeiterausschüssen zum Betriebsverfassungsgesetz, S.45.

414 *Ramm*, ZfA 1988, S.157 (159). Diese Verordnung ist vollständig abgedruckt bei *Blan-*

allen Betrieben mit mindestens zwanzig Beschäftigten errichtet werden. Sie hatten die wirtschaftlichen Interessen der Arbeiter im Betrieb zu wahren und gemeinsam mit dem Arbeitgeber über die Einhaltung von Tarifverträgen im Unternehmen zu wachen und waren zudem ermächtigt, mit dem Einverständnis der Gewerkschaften Tarifverträge mit dem Arbeitgeber zu schließen.

Aus der Verordnung vom 23.12.1918 geht deutlich hervor, daß die Gewerkschaften und die MSPD die Regelungen des Stinnes-Legien-Abkommens fortsetzten wollten und nicht daran dachten, sich der Rätebewegung anzuschließen oder diese zu integrieren[415].

3. Der gewerkschaftliche Wandel

a. Die innergewerkschaftliche Diskussion

Innerhalb der Führungsschicht der freien Gewerkschaften entbrannte ein Richtungsstreit über den Umgang mit der Rätebewegung. So sagte *Carl Legien* auf der Konferenz der Verbandsvorstände der freien Gewerkschaften am 1. Februar 1919 über die Betriebsräte: "Diesem gegenüber ist einzuwenden, daß das Rätesystem zwar die gesamten Arbeiter eines Betriebes erfaßt, aber von einer Organisation und der Möglichkeit eines wirtschaftlichen Ausgleichs unter der Gesamtheit der Betriebe eines Berufs keine Rede sein kann, weil es nicht möglich ist. Die Arbeiter stehen dabei also ohne wirtschaftliche Vertretung da. Sie entbehren der Unterstützung in den Fällen, wo sie derselben am dringendsten bedürfen. Aber das Rätesystem will auch die Arbeiterschaft hinsichtlich der Entlohnung wiederum den Schwankungen der Konjunktur unterwerfen, indem es die Ansprüche der Arbeiter von der jeweiligen Rentabilität des einzelnen Betriebes abhängig macht. Das ist zugleich die Aufhebung der bisherigen Gesetze der Solidarität: Jeder nimmt für sich, was er irgend bekommen kann. Das ist die gewerkschaftliche Grundidee des Rätesystems"[416].

Auf der gleichen Konferenz sagte dagegen *Theodor Thomas*, der Vorsitzende des Dachdeckerverbandes: "Es fragt sich, ob wir nicht den Räten gewisse Aufgaben von Arbeiterausschüssen zuweisen und sie wirtschaftlich

ke/Mückenberger/Erd/Stascheit, Kollektives Arbeitsrecht, S.191 ff.

415 Die gewerkschaftlichen Argumente gegen die Rätebewegung sind ausführlich dargelegt bei *v.Oertzen*, Betriebsräte in der Novemberrevolution, S.266.

416 Zitiert nach *Milert/Tschirbs*, Von den Arbeiterausschüssen zum Betriebsverfassungsgesetz, S.107 f.

beschäftigen können. Es gibt unendlich viel Arbeit, wo sie sich betätigen können, ohne überhaupt mit den Gewerkschaften zusammenzustoßen"[417].

Nach langen internen Debatten hatten sich in den Führungsgremien der freien Gewerkschaften Ende April 1919 endgültig jene Kräfte durchgesetzt, die in den betrieblichen Arbeitervertretungen keine gefährliche Konkurrenz erblickten, sondern vielmehr eine Chance[418].

b. Die Integrationsbemühungen

Unter dem Druck des Streiks im März 1919 und der zunehmenden Anhängerschaft der Rätebewegung in den eigenen Reihen der Gewerkschaften waren diese zu einem Einlenken bereit[419]. Die Devise lautete nun, die Rätebewegung in ein den Gewerkschaften genehmes System der Interessenvertretung zu integrieren. In der Richtlinie für die künftige Wirksamkeit der Gewerkschaften wurde u.a. Folgendes festgelegt: "Das Mitbestimmungsrecht der Arbeiter muß bei der gesamten Produktion, vom Einzelbetrieb beginnend, bis in die höchsten Spitzen der zentralen Wirtschaftsorganisation verwirklicht werden. Innerhalb der Betriebe sind frei gewählte Arbeitervertretungen (Betriebsräte) zu schaffen, die im Einvernehmen mit den Gewerkschaften und auf deren Macht gestützt, in Gemeinschaft mit der Betriebsleitung die Betriebsdemokratie durchzuführen haben"[420]. Hier wurde nun erstmals der innerbetriebliche Sektor als ein völlig eigenständiges, von einer überbetrieblichen Mitsprache zu trennendes Feld angesehen[421].

[417] Zitiert nach *Milert/Tschirbs*, Von den Arbeiterausschüssen zum Betriebsverfassungsgesetz, S.110.

[418] *Winkler*, Von der Revolution zur Stabilisierung, S.283. Zur Rätebewegung in den Gewerkschaften siehe ausführlich *v.Oertzen*, Betriebsräte in der Novemberrevolution, S.181 ff; *Schneider/Kuda*, Mitbestimmung, S.130 ff.

[419] Zu den Motiven im einzelnen, die die Gewerkschaften zum Einlenken bewegt haben, siehe *Potthoff*, Probleme gewerkschaftlicher Organisation, in *Mommsen* (Hrsg.), Arbeiterbewegung und industrieller Wandel, S.140 (148). Zu den sozialen Hintergründen der Streiks im Frühjahr 1919 siehe *Winkler*, Von der Revolution zur Stabilisierung, S.159 ff.

[420] Die Richtlinie für die künftige Wirksamkeit der Gewerkschaften ist abgedruckt in *Dowe* (Hrsg.), Protokoll des 1. Reichskongresses der Betriebsräte Deutschlands, Anhang A, S.40. Zur internen Kritik an dieser Richtlinie des ADGB siehe *Schneider/Kuda*, Mitbestimmung, S.134 ff.

[421] So auch *Potthoff* in *Dowe* (Hrsg.), Protokoll des 1. Reichskongresses der Betriebsräte Deutschlands, S.18.

In der Richtlinie der Gewerkschaften Deutschlands über die Aufgabe der Betriebsräte vom Juli 1919 wurde das oben beschriebene Konzept wie folgt umgesetzt: "Der Betriebsrat hat die Pflicht, alle den Arbeitern und Arbeiterinnen gesetzlich und auf Grundlage eines Kollektivvertrages zustehenden Rechte für dieselben wahrzunehmen und dem Arbeitgeber gegenüber zu vertreten. Er hat dabei das gute Einvernehmen der Arbeiterschaft untereinander und mit dem Arbeitgeber genauso wie das gemeinsame Interesse an einem vorteilhaften Fortgang des Betriebes zu berücksichtigen"[422].

IV. Zwischenergebnis

Der Kampf um eine Räteverfassung führte letztendlich zur Verankerung des Rätewesens in Art.165 der Weimarer Reichsverfassung. Dort wurde in den beiden ersten Absätzen Folgendes verankert[423]:

"Die Arbeiter und Angestellten sind dazu berufen, gleichberechtigt in Gemeinschaft mit den Unternehmern sowie an der gesamten wirtschaftlichen Entwicklung der produktiven Kräfte mitzuwirken. Die beiderseitigen Organisationen werden anerkannt.

Die Arbeiter und Angestellten erhalten zur Wahrnehmung ihrer sozialen und wirtschaftlichen Interessen gesetzliche Vertretungen in Betriebsarbeiterräten sowie in nach Wirtschaftsgebieten gegliederten Bezirksarbeiterräten und in einem Reichsarbeiterrat."

V. Die gesetzlichen Bestimmungen des BRG

Einzig der Verfassungsauftrag der Betriebsarbeiterräte wurde mit dem Betriebsrätegesetz vom 04.02.1920[424] erfüllt; die anderen Gesetzesvorhaben, die in

[422] Die Richtlinie ist auszugsweise abgedruckt bei *Blanke/Mückenberger/Erd/Stascheit*, Kollektives Arbeitsrecht, S.200.

[423] Zitiert nach *Milert/Tschirbs*, Von den Arbeiterausschüssen zum Betriebsverfassungsgesetz, S.115. In den ersten beiden Absätzen des Art.165 der Weimarer Reichsverfassung spiegelt sich die von *Hugo Sinzheimer* maßgeblich geprägte Synthese von Gewerkschafts- und Rätebewegung wider. Als Berichterstatter für den fünften Ab- schnitt der Verfassung "Wirtschaftsleben" war *Hugo Sinzheimer* an der Gestaltung der Wirtschaftsverfassung maßgeblich beteiligt. Hierzu ausführlich *Reichold*, Betriebsverfassung als Sozialprivatrecht, S.131 ff; *Albrecht*, Hugo Sinzheimer in der Weimarer Nationalversammlung, S.36 ff.

[424] Ausführlich zu den Debatten und Änderungsvorschlägen zum Betriebsrätegesetz siehe *Winkler*, Von der Revolution zur Stabilisierung, S.283 ff; *Blanke/Mückenberger/Erd/Stascheit*, Kollektives Arbeitsrecht, S.216 ff; *v.Oertzen*, Betriebsräte in der Novemberrevolution, S.153 ff.

Art.165 der Weimarer Reichsverfassung aufgeführt wurden, blieben bloße Theorie.

1. Die Zusammensetzung des Betriebsrats

Der Betriebsrat hatte eine duale Struktur. Nach § 15 setzte er sich aus dem Arbeiterrat und dem Angestelltenrat zusammen. Diese Organe waren streng voneinander zu trennen, da ihnen unterschiedliche Aufgaben vom Gesetzgeber zugeschrieben wurden. Der Betriebsrat hatte die Interessen der gesamten Arbeitnehmerschaft ohne Rücksicht auf die Gruppenzugehörigkeit ihrer Mitglieder wahrzunehmen. Die Wahrnehmung der Interessenvertretung von nur einer Gruppe der Arbeitnehmerschaft war dagegen dem Arbeiterrat bzw. dem Angestelltenrat vorbehalten[425].

2. Die Funktion des Betriebsrats

Das Betriebsrätegesetz führte die Tradition der kooperativen Zusammenarbeit von Arbeitnehmervertretern und Arbeitgeber fort. Nach § 1 mußten in Betrieben mit zwanzig Arbeitnehmern zur Wahrnehmung der gemeinsamen wirtschaftlichen Interessen der Arbeitnehmer dem Arbeitgeber gegenüber und zur Unterstützung des Arbeitgebers in Erfüllung der Betriebszwecke Betriebsräte errichtet werden. In § 66 Nr.1 wurde diese kooperative Funktion des Betriebsrats nochmals betont. Danach hatte dieser die Aufgabe, in Betrieben mit wirtschaftlichen Zwecken die Betriebsleitung durch Rat zu unterstützen, um dadurch mit ihr für einen möglichst hohen Stand und für möglichste Wirtschaftlichkeit der Betriebsleitung zu sorgen. Nach § 67 fanden § 66 Ziff.1 und Ziff.2 auf Betriebe, die politischen, gewerkschaftlichen, militärischen, konfessionellen, wissenschaftlichen, künstlerischen und ähnlichen Bestrebungen dienen, keine Anwendung, soweit die Eigenart dieser Bestrebungen es bedingt.

Die am Betriebswohl orientierte Zusammenarbeit wurde mit einem Streikverbot des Betriebsrats untermauert[426]. Nach § 66 Nr.3 hatte der Betriebsrat den Betrieb vor Erschütterungen zu bewahren und bei Streitigkeiten mit dem Arbeitgeber die Einigungsstelle anzurufen. Die sozialintegrative Funktion des Betriebsrats wurde in § 66 Nr.6 nochmals hervorgehoben. Danach hatte der

[425] Zur Funktion von Betriebsrat, Arbeiterrat und Angestelltenrat siehe *Mansfeld*, BRG, vor § 78, S.380 f.; *Flatow/Kahn-Freund*, BRG, § 78, S.391.

[426] *Mansfeld*, BRG, § 66 Ziff.3, S.306; *Gürteler*, Kommentar zum BRG, § 66 Ziff.3, S.117; *Flatow/Kahn-Freund*, BRG, § 66 Ziff.3, S.296.

Betriebsrat das Einvernehmen innerhalb der Arbeitnehmerschaft sowie zwischen ihr und dem Arbeitgeber zu fördern. Trotz der sozialintegrativen und kooperativen Ausrichtung der Betriebsräte im BRG darf nicht übersehen werden, daß die Entstehungsgeschichte dieses Gesetzes mit der Idee des Klassenkampfs eng verknüpft ist. Das Gesetz strebte zwar die Demokratisierung und die Befriedung der Betriebe an, es sollte aber doch gleichzeitig den Klassenkampf in eine geordnete Bahn der fairen Auseinandersetzung bringen und gleichzeitig dazu beitragen, daß der Kampf der Arbeitnehmer wirksamer und erfolgreicher gestaltet wird[427]. Der Idee nach blieb der Betriebsrat ein Angriffskeil, der von außen angesetzt wurde und von den Arbeitnehmern im Betrieb vorangetrieben werden sollte[428].

3. Die Befugnisse der einzelnen Organe

Der Betriebsrat, der Arbeiterrat und der Angestelltenrat waren gemeinschaftlich für die Unfallverhütung (§ 66 Nr.8; § 78 Nr.6) und für die Überwachung der Einhaltung der Sprüche der Schieds- bzw. Schlichtungsstelle (§ 66 Nr.4, § 78 Nr.1) zuständig.

a. Der Angestellten- und der Arbeiterrat

Über die Einhaltung der tariflichen und der gesetzlichen Vorschriften hatten der Arbeiter- und der Angestelltenrat nach § 78 Nr.1 zu wachen. Weiterhin waren diese beiden Räte für die Mitwirkung in sozialen Angelegenheiten zuständig. Nach § 78 Nr.2 hatten sie die Aufgabe, soweit eine tarifvertragliche Regelung nicht bestand, bei der Regelung der Löhne und sonstiger Arbeitsbedingungen mitzuwirken, namentlich bei der Festsetzung der Akkord- und Stücklohnsätze oder der für die Festsetzung maßgebenden Grundsätze, bei der Einführung neuer Entlohnungs- methoden, bei der Festsetzung der regelmäßigen Arbeitszeit, insbesondere bei Verlängerung und Verkürzung der regelmäßigen Arbeitszeit, bei der Regelung des Urlaubs der Arbeitnehmer und bei der Erledigung von Beschwerden über die Ausbildung der Lehrlinge im Betrieb. Nach § 78 Nr.3 durften der Arbeiterrat und der Angestelltenrat Vereinbarungen über die Arbeitsordnung schließen sowie über Dienstvorschriften für eine Gruppe von Arbeitnehmern. In diesem Bereich hatten die Arbeiterräte und Angestelltenräte ein echtes Mitbestimmungsrecht[429].

[427] *Herschel*, Juristen-Jahrbuch 1961/62, S.80 (83 f.); *Söllner*, DB 1968, S.571 (572); *Weber*, Die vertrauensvolle Zusammenarbeit zwischen Arbeitgeber und Betriebsrat, S.10.

[428] *Herschel*, Juristen-Jahrbuch 1961/62, S.80 (84).

b. Der Betriebsrat

Der Betriebsrat war dagegen ausschließlich für die Belange des Betriebs, insbesondere für die wirtschaftlichen Angelegenheiten zuständig. In § 70 wurde normiert, daß der Betriebsrat zwei seiner Mitglieder in den Aufsichtsrat entsenden kann und in § 72 wurde die Erläuterung der Betriebsbilanz und der Gewinn- und Verlustrechnung in Betrieben mit mehr als dreihundert Arbeitnehmern festgesetzt. Nach § 71 hatte der Betriebsrat zur Erfüllung seiner Aufgaben in Betrieben mit wirtschaftlichen Zwecken das Recht, vom Arbeitgeber zu verlangen, daß dieser, soweit dadurch keine Betriebs- oder Geschäftsgeheimnisse gefährdet werden, über alle den Dienstvertrag und die Tätigkeit der Arbeitnehmer berührenden Betriebsvorgänge Aufschluß gibt und die Lohnbücher und die zur Durchführung von bestehenden Tarifverträgen erforderlichen Unterlagen vorlegt. Ferner hatte der Arbeitgeber vierteljährlich einen Bericht über die Lage und den Gang des Unternehmens und die des Gewerbes im allgemeinen und über die Leistungen des Betriebes und den zu erwartenden Arbeitsbedarf im besonderen vorzulegen.

Weiterhin hatte der Betriebsrat ein Mitwirkungsrecht bei Betriebsänderungen. Nach § 74 hatte der Arbeitgeber die Verpflichtung, sich mit dem Betriebsrat zusammenzusetzen, wenn bei der Erweiterung, Einschränkung oder Stillegung des Betriebes oder bei der Einführung neuer Techniken oder neuer Betriebs- und Arbeitsmethoden die Einstellung oder die Entlassung einer größeren Zahl von Arbeitnehmern erforderlich wurde, um mit diesem über den Umfang der erforderlichen Einstellungen und bei Entlassungen über die Vermeidung von sozialen Härten zu diskutieren.

F. Ergebnis

Die betriebliche Interessenvertretung wurde in Deutschland, anders als in Frankreich, bereits sehr früh zum Gegenstand gesetzlicher Regelungen. Bereits im letzten Jahrhundert wurden gesetzliche Regelungen zu den Fabrikausschüssen getroffen, auch wenn deren Errichtung zunächst auf freiwilliger Basis beruhte. Von Anfang an bestand das Ziel der betrieblichen Interessenvertretung in einer kooperativen Zusammenarbeit mit dem Arbeitgeber im Hinblick auf das Wohl des Betriebs. Die Arbeiterausschüsse sollten, anders als in Frankreich, keine einseitigen Interessenvertreter der Arbeitnehmer sein, sondern hatten

[429] *Wiese* in GK-BetrVG, Einleitung, RN 14.

schon immer eine sozialintegrative Funktion. Diese Grundkonzeption wurde auch bei den Regelungen über die Errichtung von obligatorischen Arbeiterausschüssen in der preußischen Berggesetznovelle von 1905 und im Gesetz über den Vaterländischen Hilfsdienst von 1916 beibehalten. An dieser Tradition konnte auch die Rätebewegung nichts ändern; das Betriebsrätegesetz von 1920 hatte mit der Idee der Rätebewegung nichts gemeinsam. Anstatt auf die Selbstverwaltung durch die Arbeitnehmer zu setzen, setzte das Betriebsrätegesetz die Tradition der kooperativen Zusammenarbeit von betrieblicher Interessenvertretung und Arbeitgeber fort, auch wenn der Betriebsrat damals als Organ des Klassenkampfs angesehen wurde.

Obwohl der Betriebsrat seit dem BetrVG 1952 kein Instrument des Klassenkampfs mehr ist, nicht mehr "ein Pfeil im Fleische des Kapitalismus" wie es *Herschel* einst formulierte[430], der von außen in den Betrieb geschossen wurde, sondern nunmehr als ein Internum des Betriebs selbst anzusehen ist, so ist das BRG von 1920 doch bis heute strukturbildend für die deutsche Betriebsverfassung geblieben.

An erster Stelle ist die Einführung der dualen Vertretungsstruktur zu nennen, die dadurch zum Ausdruck kommt, daß mit dem Betriebsrat ein von den Gewerkschaften unabhängiges Arbeitnehmervertretungsorgan geschaffen wurde. Ferner ist auf das Gebot der kooperativen Zusammenarbeit von Betriebsrat und Arbeitgeber zum Wohle des Betriebs zu verweisen, welches mit einem Streikverbot des Betriebsrats verbunden wurde. Damit einher ging die Errichtung der Einigungsstelle zur Beilegung von Meinungsverschiedenheiten zwischen Arbeitgeber und den verschiedenen Räten. Der Vorrang des Tarifvertrags zur Regelung der Löhne und der Arbeitsbeziehungen wurde auch mit dem BRG von 1920 eingeführt. Zum Schluß ist noch die eingeschränkte Anwendung des Betriebsverfassungsrechts auf Tendenzbetriebe zu erwähnen, welche ihre Wurzeln ebenfalls in diesem Gesetz hat.

430 *Herschel*, Juristen-Jahrbuch 1961/62, S.80 (85).

G. Gesamtergebnis

Auf den ersten Blick erscheinen die beiden Systeme der Arbeitnehmervertretung in Deutschland und Frankreich recht ähnlich. Beide Länder haben eine duale Vertretungsstruktur; einerseits die Gewerkschaften und andererseits eine betriebliche Institution.

Auf den zweiten Blick verblassen aber die anfänglichen Gemeinsamkeiten. Die konzeptionelle Grundausrichtung der Betriebsverfassung ist in Frankreich ist nicht darauf angelegt, daß die Arbeitnehmer in den Unternehmen soziale Verantwortung übernehmen sollen. Die Entscheidungsbefugnisse in personellen, sozialen und wirtschaftlichen Angelegenheiten liegen allein beim Arbeitgeber. Einzig die Verwaltung von betrieblichen Wohlfahrtseinrichtungen fällt in ihren Aufgabenbereich. Die Hauptaufgabe des comité d'entreprise liegt darin, dem Arbeitgeber beratend zur Seite zu stehen. Aus diesem Grund stehen ihm umfängliche Informations- und Anhörungsrechte zu.

Auch wenn das comité d'entreprise nicht homogen besetzt ist, sondern auch der Arbeitgeber Mitglied dieses Gremiums ist, so ist das comité d'entreprise dennoch als Arbeitnehmervertretungsorgan zu qualifizieren, da der Arbeitgeber ein nur sehr eingeschränktes Stimmrecht hat. So darf der Arbeitgeber in Personalfragen, in denen der Arbeitgeber das comité d'entreprise nach dem Gesetz konsultieren muß, nicht mit abstimmen. Auch von der Rechtsprechung wird das Stimmrecht des Arbeitgebers immer stärker beschnitten. Der Einfluß des Arbeitgebers im comité d'entreprise sollte daher nicht überschätzt werden.

Weiterhin können die Arbeitnehmervertreter im comité d'entreprise aufgrund ihrer umfassenden Unterrichtungs- und Anhörungsrechte im Bereich der allgemeinen Unternehmensführung durchaus auch Einfluß auf die Geschäftsleitung nehmen [431]. Hinzu kommt, daß in der Praxis die Arbeitgeber immer häufiger dazu übergehen, nicht mit den Gewerkschaften, sondern mit dem comité d'entreprise Vereinbarungen zu schließen. Dies dürfte vor allem mit dem schwachen Organisationsgrad der Gewerkschaften von 6% in der Privatwirtschaft zusammenhängen. Die Arbeitgeber erkennen aufgrund dieses niedrigen Organisationsgrades die Gewerkschaften nicht mehr als Verhandlungspartner an, sondern versuchen mit dem comité d'entreprise Lösungen zu finden. Dies

[431] Siehe hierzu *Körner*, Formen der Arbeitnehmermitwirkung, S.95 ff.

könnte längerfristig gesehen zu einer weiteren Stärkung des comité d'entreprise führen, da sich zeigt, daß die alten Ängste und Vorurteile zwischen den Arbeitnehmervertretern und den Arbeitgebern schwinden und neue Wege der Sozialpartnerschaft gesucht werden.

Die deutsche Betriebsverfassung ist auf eine vertrauensvolle Zusammenarbeit zwischen Arbeitgeber und Betriebsrat angelegt. Die Arbeitnehmer sollen im Unternehmen soziale Verantwortung übernehmen. Der Betriebsrat kann mit Hilfe seines Initiativrechts den Arbeitgeber zwingen, mit ihm Vereinbarungen zu schließen. Soweit keine tarifliche Regelung entgegensteht, darf der Betriebsrat mit dem Arbeitgeber Betriebsvereinbarungen schließen, welche für alle Arbeitnehmer des Betriebs gelten. Es besteht damit eine Aufgabenteilung zwischen den Gewerkschaften und den Betriebsräten. Die Gewerkschaften sind für die Arbeitsentgelte und die Arbeitsbedingungen zuständig, während die Betriebsräte die Aufgabe haben, die Interessen der Arbeitnehmer innerhalb des Betriebs zu vertreten. Diese Art der Aufgabenteilung ist dem französischen Recht unbekannt.

Das Gebot der vertrauensvollen Zusammenarbeit beinhaltet gleichzeitig ein Arbeitskampfverbot für die Betriebspartner. Kommt es zwischen ihnen zum Streit, so muß die Einigungsstelle angerufen werden, um den Streit zu beenden. In Frankreich ist das Streikrecht dagegen ein individuelles Recht, welches jederzeit von den Arbeitnehmern ausgeübt werden kann, mit der Folge, daß das comité d'entreprise in Streik treten kann, um den Arbeitgeber zur Herausgabe von Informationen zu zwingen.

Letztendlich ist die Interessenvertretung der Arbeitnehmer nach deutschem wie nach französischem Recht gleichermaßen gewährleistet. Die Hauptrolle bei der betrieblichen Interessenvertretung in Frankreich spielen nach dem Gesetz aber die repräsentativen Gewerkschaften, denn nur diese dürfen Vereinbarungen mit dem Arbeitgeber schließen. Die Tarifverträge gelten dank des Erga-omnes-Effekts für alle Arbeitnehmer des Unternehmens, gleichgültig, ob sie Mitglied der tarifschließenden Gewerkschaft sind oder nicht. Allerdings besteht im französischen System das Risiko, daß die Interessenvertretung, die schwerpunktmäßig von den Gewerkschaften ausgeübt wird, geschwächt wird, wenn diese ihren Rückhalt bei der Arbeitnehmerschaft verlieren, denn damit verlieren sie gleichzeitig die Akzeptanz bei den Arbeitgebern als Interessenvertreter der Belegschaft. Diese Gefahr besteht im deutschen Recht nicht, da der Betriebsrat die Belange der Arbeitnehmer unabhängig von den Gewerkschaften im Unternehmen vertreten kann und ihm vom Gesetzgeber zwingende Mitbestimmungsrechte zuerkannt wurden, die ihm eine starke Position dem Arbeitgeber gegenüber einräumen.

4. Kapitel: Die Umsetzungsgesetze im Vergleich

In diesem Kapitel werden das deutsche und das französische Umsetzungsgesetz der Richtlinie 94/45/EG über Europäische Betriebsräte -nach Themenbereichen geordnet- dargestellt werden. Hierbei sollen auch die Vorschläge der Arbeitgruppe "*Information et consultation*" vorgestellt werden. Um die Umsetzung der Richtlinie 94/45/EG in nationales Recht zu koordinieren, hatte die Kommission gleichzeitig mit der Verabschiedung der Richtlinie eine Arbeitsgruppe eingesetzt. Diese Arbeitgruppe setzte sich aus vierzehn Experten, die jeweils aus einem durch die Richtlinie verpflichteten Mitgliedstaat stammten, und aus drei weiteren Experten aus Norwegen, Island und Liechtenstein zusammen. Ihre Vorschläge über eine koordinierte Umsertzung der Richtlinie wurde von den Generaldirektoren für industrielle Beziehungen aus den Arbeits- und Sozialministerien aller beteiligter Staaten am 10.07.1995 gebilligt[432].

A. Allgemeine Vorschriften

Die Vorschriften des 1.Teils der Richtlinie 94/45/EG, der sich mit den Begriffsbestimmungen befaßt, wurden in Deutschland mit den §§ 1-7 des Europäischen Betriebsrätegesetzes (EBRG) umgesetzt. Im französischen Arbeitsgesetzbuch ist die Definition des herrschenden Unternehmens in Art.L. 439-1 über den Konzernbetriebsrat zu finden, während die restlichen allgemeinen Vorschriften über den Europäischen Betriebsrat in Art.L. 439-6 normiert sind.

I. Das herrschende Unternehmen

1. Die Definition

a. Die deutsche Umsetzung

Nach § 6 I EBRG ist ein Unternehmen, das zu einer gemeinschaftsweit tätigen Unternehmensgruppe gehört, ein herrschendes Unternehmen, wenn es unmittelbar oder mittelbar herrschenden Einfluß auf ein anderes Unternehmen derselben Gruppe ausüben kann.

[432] Groupe de Travail "*Information et consultation*" - Transposition de la directive 94/45/EG, Résultats des travaux V/6943/95/FR. Zur Kritik an dieser Arbeitsgruppe wegen mangelnder demokratischer Legitimation siehe *Höland*, Mitbestimmung in Europa, S.69 f.

b. Die französische Umsetzung

Gemäß Art.L. 439-1 richtet sich der herrschende Einfluß nach den Art.L. 354, 355-1 und 357-1 al.2 des code de commerce. Danach ist ein herrschender Einfluß gegeben, wenn ein Unternehmen mehr als die Hälfte des Kapitals des anderen Unternehmens hält, über die Mehrheit der Stimmrechte verfügt, die Hälfte der Mitglieder des Aufsichtsrats bestimmen kann, oder einen dominierenden Einfluß auf einen Vertrag oder die Vertragsstatuten ausüben kann. Weiterhin wird ein Unternehmen als ein herrschendes Unternehmen eingestuft, wenn es mindestens 10% des Kapitals des anderen Unternehmens hält und durch ständige und umfangreiche Geschäftsbeziehungen eine Zusammengehörigkeit der beiden Unternehmen entstanden ist.

2. Die Kriterien für einen herrschenden Einfluß

In Art.3 II der Richtlinie 94/45/EG werden verschiedene Kriterien aufgezeigt, wonach bis zum Beweis des Gegenteils ein herrschender Einfluß auf ein anderes Unternehmen unterstellt wird. Dies ist der Fall, wenn ein Unternehmen

a) die Mehrheit des gezeichneten Kapitals dieses Unternehmens besitzt oder

b) über die Mehrheit der mit den Anteilen am anderen Unternehmen verbundenen Stimmrechte verfügt oder

c) mehr als die Hälfte der Mitglieder des Verwaltungs-, Leitungs- oder Aufsichtsorgans des anderen Unternehmens bestellen kann.

Die Umsetzung der Kriterien in § 6 II EBRG und in Art.L. 439-1 über die Fähigkeit, einen herrschenden Einfluß auszuüben, entspricht wortwörtlich der Richtlinie, wobei in beiden Ländern die Reihenfolge der Kriterien umgekehrt wurde (c, b, a).

Der deutsche Gesetzgeber hat, anders als der französische Gesetzgeber, die Widerlegbarkeit der Vermutung der Ausübung eines herrschenden Einflusses nicht wortgleich mit der Richtlinie umgesetzt. In § 6 II EBRG heißt es lediglich, "ein beherrschender Einfluß wird vermutet"; die bloße Vermutungsregelung hat aber eine geringere Wirkung als die in der Richtlinie vorgesehene Geltungsfiktion[433]. Aus der Begründung des Regierungsentwurfs zum EBRG geht hervor, daß der deutsche Gesetzgeber diese Formulierung in Anlehnung an das

[433] *Lörcher*, AuR 1966, S.297 (300); hierzu näher *Fiedler*, AuR 1996, S.180 (182).

deutsche Aktienrecht vorgenommen hat[434]. Auch wenn die Umsetzung einer Richtlinie in das nationale Recht eingepaßt werden muß, so darf dies dennoch nicht zu einer Abschwächung der Normen der betreffenden Richtlinie führen. Die Umsetzung von Art.3 II der Richtlinie 94/45/EG erfolgte mit § 6 II EBRG im Hinblick auf eine bloße Vermutungsregelung daher nicht richtlinienkonform[435].

Dieser Verstoß wird aber keine große Auswirkung in der Praxis zeigen, denn in Anlehnung an § 17 II AktG reicht es zur Widerlegung der Abhängigkeitsvermutung nicht aus, wenn dargetan wird, daß ein beherrschender Einfluß nicht ausgeübt wird. Es muß vielmehr nachgewiesen werden, daß ein beherrschender Einfluß aus rechtlichen Gründen überhaupt nicht ausgeübt werden kann[436].

II. Die Berechnung der Arbeitnehmerzahl

Nach Art.2 II der Richtlinie 94/45/EG berechnet sich die Zahl der im Durchschnitt während der letzten zwei Jahre beschäftigten Arbeitnehmer nach den einzelstaatlichen Rechtsvorschriften oder Gepflogenheiten. In die Berechnung sind Teilzeitbeschäftigte miteinzubeziehen.

1. Die Umsetzung in Deutschland

Nach § 4 EBRG errechnet sich in Betrieben und Unternehmen des Inlands die Anzahl der im Durchschnitt während der letzten zwei Jahre beschäftigten Arbeitnehmer nach § 5 I BetrVG. Mit dem Verweis auf § 5 I BetrVG hat der deutsche Gesetzgeber auf die in der Richtlinie vorgesehene Möglichkeit der pro-rata-Einbeziehung der Teilzeitkräfte verzichtet; diese werden pro Kopf miteingerechnet[437]. In die Berechnung der Arbeitnehmerzahl sind auch ruhende Arbeitsverhältnisse miteinzubeziehen[438]. Maßgebend für den Fristbeginn ist der Zeitpunkt, in dem die zentrale Leitung die Initiative zur Bildung des besonderen Verhandlungsgremiums ergreift oder die zentrale Leitung einen dem § 9 II EBRG entsprechenden Antrag der Arbeitnehmerschaft erhält.

434 BT.-Drucks. 13/4520, S.19.

435 So auch *Bachner, Nielebock*, AuR 1997, S.129 (129); *Bachner/Kunz*, AuR 1996, S.81 (84); *Lörcher*, AuR 1996, S.297 (300); *Fiedler*, AuR 1996, S.180 (182).

436 *Fiedler*, AuR 1996, S.180 (182).; *Bachner/Nielebock*, AuR 1997, S.129 (129).

437 BT-Drucks. 13/4520, S.18; *Ruoff*, BB 1996S.2478 (2479); *Gaul*, NJW 1996, S.3378 (3379); *Kunz*, AiB 1997, S.267 (272).

438 *Gaul*, NJW 1996, 3378 (3379).

Teilweise wird an der Umsetzung in § 4 EBRG kritisiert, daß ohne ersichtlichen Grund von den übrigen Regelungen des BetrVG abgewichen wurde, wonach es grundsätzlich auf die "in der Regel" beschäftigten Arbeitnehmer ankommt[439]. Eine solche Regelung hätte den Vorteil, daß nicht nur rückwirkend auf die geschäftliche Entwicklung geblickt werde, sondern auch auf die künftige Entwicklung. So könne angemessen auf ein außergewöhnliches Wachstum oder Schrumpfen des Unternehmens reagiert werden.

2. Die Umsetzung in Frankreich

Die Berechnung der Arbeitnehmerzahl richtet sich im französischen Recht nach Art.L. 439-7 al.2, welcher seinerseits auf Art.L. 431-2 verweist. Danach sind für die Berechnung der Zahl der Beschäftigten alle unbefristet eingestellten Arbeitnehmer, einschließlich der Heimarbeiter und der Behinderten voll zu berücksichtigen. Arbeitnehmer mit befristeten Verträgen, Teilzeitbeschäftigte, Leiharbeiter und ruhende Arbeitsverhältnisse werden anteilsmäßig berücksichtigt.

B. Das besondere Verhandlungsgremium

Die Vorschriften des Art.5 der Richtlinie 94/45/EG über das besondere Verhandlungsgremium wurden in Deutschland mit den §§ 8 ff EBRG und in Frankreich mit den Art.L. 439-7 bis 439-11 umgesetzt.

I. Die Zusammensetzung des besonderen Verhandlungsgremiums

1. Das Bestellverfahren

Nach Art.5 II der Richtlinie 94/45/EG legen die Mitgliedstaaten das Verfahren für die Wahl oder die Benennung der Mitglieder des besonderen Verhandlungsgremiums fest, die in ihrem Hoheitsgebiet zu wählen oder zu bestimmen sind.

a. Die deutsche Umsetzung

Die Bestellung der Mitglieder des besonderen Verhandlungsgremiums richtet sich nach § 11 EBRG. Danach werden diese in gemeinschaftsweit tätigen Unternehmen vom Gesamtbetriebsrat (§ 47 BetrVG) bestellt. Falls ein Gesamtbetriebsrat nicht besteht, entsendet der Betriebsrat die Mitglieder in das besondere Verhandlungsgremium.

[439] *Kunz,* AiB 1997, S.267 (272); *Bachner/Kunz,* AuR 1996, S.81 (83); *Däubler/Klebe,* AiB 1995, S.558 (565); *Asshoff/Bachner/Kunz,* Europäisches Arbeitsrecht im Betrieb, S.193.

In gemeinschaftsweit tätigen Unternehmensgruppen werden die Mitglieder des besonderen Verhandlungsgremiums vom Konzernbetriebsrat (§ 54 BetrVG) bestellt. Besteht neben dem Konzernbetriebsrat ein Gesamt- oder ein Einzelbetriebsrat, der nicht im Konzernbetriebsrat vertreten ist, so gelten die Vorsitzenden dieser Gremien als Konzernbetriebsratsmitglieder. Besteht kein Konzernbetriebsrat, so bestellen die Gesamt- bzw. die Einzelbetriebsräte die Mitglieder des besonderen Verhandlungsgremiums. Gemäß § 11 IV EBRG können auch leitende Angestellte als Mitglied entsendet werden.

aa. Die Bestellung externer Personen

Die Bestellung der Mitglieder des besonderen Verhandlungsgremiums wurde vom deutschen Gesetzgeber leider nicht näher differenziert. Dies führt zu unterschiedlichen Interpretationen über den Personenkreis, der von der Regelung des § 11 EBRG umfaßt ist. Es wird die Ansicht vertreten, daß für die Einbeziehung als Mitglied des besonderen Verhandlungsgremiums Voraussetzung ist, daß diese Person als Arbeitnehmer beschäftigt ist[440]. Dagegen spricht aber Art.5 der Richtlinie 94/45/EG, denn dort sind keine Regelungen über die Zusammensetzung der Mitglieder des besonderen Verhandlungsgremiums getroffen worden. Aus diesem Grund wird vielfach angenommen, daß auch Gewerkschaftssekretäre, die nicht Arbeitnehmer des Unternehmens sind, als Mitglied in das besondere Verhandlungsgremium entsendet werden dürfen[441]. Für dieses Ergebnis spricht vor allem Art.10 II der Richtlinie 94/45/EG, wonach der Anspruch auf Lohnfortzahlung nur für "die Mitglieder, die Beschäftigte des gemeinschaftsweit operierenden Unternehmens" sind, besteht. Es spricht somit vieles dafür, daß neben den beschäftigten Arbeitnehmern auch externe Personen als Mitglieder in das besondere Verhandlungsgremium entsendet werden dürfen.

bb. Leitende Angestellte als Mitglieder

Die Entsendung von leitenden Angestellten in das besondere Verhandlungsgremium nach § 11 IV EBRG wird völlig unterschiedlich interpretiert. Die eine Ansicht geht von einer weitgehenden Ausgrenzung der leitenden Angestellten durch das EBRG aus, da deren Entsendung auf rein freiwilliger Basis beruhe[442].

[440] *Gaul*, NJW 1996, S.3378 (3384).

[441] *Bachner/Kunz*, AuR 1996, S.81 (85); *Däubler/Klebe*, AiB 1995, S.558 (566). Zu diesem Ergebnis kommt ebenfalls die von der EU-Kommission eingesetzte Arbeitsgruppe *"Information et consultation"* in ihrem Abschlußbericht, S.136.

[442] *Gaul*, NJW 1996, S.3378 (3384).

Verzichteten die zur Entsendung berechtigten Gremien auf die Entsendung von leitenden Angestellten in das besondere Verhandlungsgremium, so hätten diese überhaupt keine Chance, ihre im Gesetz geregelten Rechte aktiv wahrzunehmen. Wegen der langfristigen Bedeutung der Vereinbarung des besonderen Verhandlungsgremiums über die Errichtung des Europäischen Betriebsrats sei daher die Regelung des § 11 IV EBRG unzulässig und sachlich nicht gerechtfertigt[443].

Die andere Ansicht geht dagegen davon aus, daß die Einbeziehung von leitenden Angestellten in das besondere Verhandlungsgremium strikt abzulehnen sei[444]. Die Entsendung von leitenden Angestellten in das besondere Verhandlungsgremium stelle einen Systembruch im Betriebsverfassungsrecht dar. Die Gründe für die Herausnahme der leitenden Angestellten aus dem Recht der Betriebsvefassung gelte gleichermaßen für das EBRG. Hinzu komme, daß die leitenden Angestellten im besonderen Verhandlungsgremium überrepräsentiert würden, da ihre Anteil sich nur auf 2% der Beschäftigten belaufe[445].

b. Die französische Umsetzung

Im französischen Recht ist die Bestellung der Mitglieder des besonderen Verhandlungsgremiums und des Europäischen Betriebsrats gemeinsam in Art.L. 439-19 geregelt worden. Danach bestimmen die Gewerkschaften aus den Reihen der Arbeitnehmer des gemeinschaftsweit tätigen Unternehmens oder der gemeinschaftsweit tätigen Unternehmensgruppe die Mitglieder des besonderen Verhandlungsgremiums. Bestimmt werden können ihre gewählten Mitglieder in den Unternehmens- bzw. Betriebsausschüssen oder ihre gewerkschaftlichen Repräsentanten[446] im Unternehmen oder der Unternehmensgruppe. Die Anzahl der von jeder Gewerkschaft zu entsendenden Mitglieder des besonderen Verhandlungsgremiums richtet sich nach dem Ergebnis der letzten Wahl.

443 *Gaul*, NJW 1996, S.3378 (3384).

444 *Bachner/Kunz*, AuR 1996, S.81 (84); *Engelen-Kefer*, AiB 1996, S.137 (139).

445 *Bachner/Kunz*, AuR 1996, S.81 (84); *Engelen-Kefer*, AiB 1996, S.137 (139).

446 Mit den "représentants syndicaux" sind die von den repräsentativen Gewerkschaften nach Art.L. 433-1 al.3 in das comité d'entreprise entsandten Gewerkschaftsvertreter gemeint, nicht aber die délégués syndicaux.. Nur in Unternehmen mit weniger als dreihundert Arbeitnehmern übt der délégué syndical gemäß Art.L. 412-7 auch die Funktion des Gewerkschaftsvertreters im comité d'entreprise aus.

Dieses Verfahren der Bestellung der Mitglieder des besonderen Verhandlungsgremiums entspricht ganz der französischen Tradition, nach der die Gewerkschaften auch bei den Wahlen zum comité d'entreprise das Vorschlagsrecht bei der Kandidatenaufstellung im ersten Wahlgang besitzen. Die "Vormachtstellung" der Gewerkschaften in den französischen Unternehmen wurde hiermit noch einmal bekräftigt.

Das französische Gesetz sieht allerdings keine Möglichkeit vor, daß externe Personen als Mitglieder in das besondere Verhandlungsgremium entsendet werden können. Zwar hat der französische Gesetzgeber die Bestellung der Mitglieder des besonderen Verhandlungsgremiums und des Europäischen Betriebsrats in einer gemeinsamen Vorschrift geregelt, doch hat er hierbei die Möglichkeiten der Entsendung der Mitglieder in das besondere Verhandlungsgremium ohne ersichtlichen Grund verkürzt. Die Beschränkung auf Arbeitnehmer besteht nur für die Mitglieder des Europäischen Betriebsrats. Da auch die Entsendung von externen Personen als Mitglieder in das besondere Verhandlungsgremium gestattet ist, hätte Frankreich für eine richtlinienkonforme Umsetzung zwei getrennte Regelungen schaffen müssen.

2. Die Berücksichtigung vertretungsloser Unternehmen

Nach Art.5 IIa der Richtlinie 94/45/EG haben die Mitgliedstaaten Regelungen zu treffen, daß die Arbeitnehmer der Betriebe bzw. Unternehmen, in denen unabhängig vom Willen der Arbeitnehmer keine Arbeitnehmervertretung vorhanden ist, selbst Mitglieder für das besondere Verhandlungsgremium benennen dürfen.

a. Die deutsche Umsetzung

In § 11 EBRG wurde keine ausdrückliche Regelung zu diesem Themenbereich getroffen. Nach einer Auffassung ist deshalb Nachbesserungsbedarf vorhanden, da die Frage des Bestellverfahrens für betriebsratslose Betriebe bzw. Unternehmen ungeregelt geblieben sei[447]. Hiergegen spricht aber, daß Art.5 IIa der Richtlinie nur von Fällen spricht, in denen unabhängig vom Willen der Arbeitnehmer keine Arbeitnehmervertretung besteht. Wenn in einem Betrieb bzw. einem Unternehmen ein Betriebsrat gewählt werden könnte, dann ist dieser Fall nicht von der Regelung der Richtlinie umfaßt[448]. Außerdem soll die Regelung des Art.

[447] *Gaul*, NJW 1996. S.3378 (3380).

5 IIa der Richtlinie Eingriffe in das nationale Recht der Arbeitnehmervertretung vermeiden[449]; der Schwellenwert zur Errichtung eines Betriebsrats nach § 1 BetrVG sollte durch die Richtlinie über Europäische Betriebsräte nicht verändert werden. Aus der Begründung des Bundesregierung geht hervor, daß mit der Regelung des § 11 EBRG keine neuen Wahl- oder Bestellverfahren eingeführt werden sollen[450]. Im Ergebnis bedeutet dies, daß betriebsratslose Betriebe bzw. Unternehmen mit weniger als fünf ständigen Arbeitnehmern von der Bestellung der Mitglieder des besonderen Verhandlungsgremiums ausgeschlossen sind[451].

b. Die französische Umsetzung

Die Regelung des Art.5 IIa der Richtlinie 94/45/EG wurde im französischen Recht mit Art.L. 439-20 umgesetzt. Danach werden, falls in einem Unternehmen oder einer Unternehmensgruppe keine Gewerkschaft vorhanden ist, die Mitglieder des besonderen Verhandlungsgremiums bzw. des Europäischen Betriebsrats von den Arbeitnehmern nach den Vorschriften der Art.L. 433-1 bis 433-11 über die Wahlen zum Unternehmensausschuß direkt gewählt, sofern in diesen Unternehmen mindestens fünfzig Arbeitnehmer beschäftigt sind.

An dieser Umsetzung zeigt sich, daß auch der französische Gesetzgeber seine Schwellenwerte zur Wahl einer Arbeitnehmervertretung nicht geändert hat. Die Errichtung des comité d'entreprise ist nach französischem Recht zwar obligatorisch, wenn aber keine Gewerkschaften im Betrieb bzw. Unternehmen vorhanden sind, besteht die Gefahr, daß kein comité d'entreprise errichtet wird. Diese Gefahr besteht vor allem in mittleren Betrieben, die zwar die gesetzliche Wahlgrenze von fünfzig Arbeitnehmern überschritten haben, insgesamt aber nicht mehr als einhundert Beschäftigte haben[452]. Mit der Regelung des Art.L. 439-20 wird also lediglich bestehendes Recht fortgeschrieben.

448 So auch *Ruoff*, BB 1997, S.24 78 (2480).

449 *Holz*, Die Richtlinie des Rates vom 22. September 1994, S.170; *Klinkhammer/Welslau*, AuR 1994, S.326 (329); *Ruoff*, BB 1997, S.2478 (2480).

450 BT.Drucks. 13/4520, S.21.

451 *Blanpain/Schmidt/Schweibert*, Europäisches Arbeitsrecht, S.386, *Holz*, Die Richtlinie des Rates vom 22. September 1994, S.159; *Wirmer*, DB 1994, S.2134 (2137); *Ruoff*, BB 1997, S.2478 (24801).

452 *Lecher*, WSI-Mitteilungen 1993, S.421 (426); hiernach hatten im Jahre 1985 insge-samt 25% der genannten Betriebe keinen Unternehmensausschuß; 1988 waren es bereits 26,3 %, die kein comité d'entreprise errichtet hatten.

3. Das Proportionalitätsprinzip

Nach Art.5 IIc ist bei der Zusammensetzung des besonderen Verhandlungsgremiums zunächst sicherzustellen, daß jeweils ein Mitglied für jeden Mitgliedstaat, in dem sich ein oder mehrere Betriebe des gemeinschaftsweit tätigen Unternehmens oder das herrschende Unternehmen oder ein oder mehrere abhängige Unternehmen der gemeinschaftsweit operierenden Unternehmensgruppe befinden, in das besondere Verhandlungsgremium entsendet wird. Weiterhin ist das besondere Verhandlungsgremium anteilsmäßig im Verhältnis zu den beschäftigten Arbeitnehmern in den einzelnen Mitgliedstaaten zu besetzten.

a. Die deutsche Umsetzung

Die Zusammensetzung des besonderen Verhandlungsgremiums richtet sich nach § 10 EBRG. Gemäß § 10 I EBRG hat zunächst jeder Mitgliedstaat, in dem das Unternehmen oder die Unternehmensgruppe einen Betrieb hat, nach dem Grundsatz der Repräsentation einen Arbeitnehmervertreter in das besondere Verhandlungsgremium zu entsenden. In § 10 II EBRG ist der Grundsatz der Proportionalität geregelt. Danach werden aus Mitgliedstaaten zusätzlich ein, zwei oder drei Mitglieder in das besondere Verhandlungsgremium entsendet, wenn dort mindestens 25%, 50% oder 75 % der Arbeitnehmer des gemeinschaftweit tätigen Unternehmens oder der gemeinschaftsweit tätigen Unternehmensgruppe beschäftigt sind.

An dieser Proportionalitätsregelung wurde Kritik geübt. Es wird der Einwand vorgetragen, daß hier die Gefahr der Majorisierung der Mehrheit durch die Minderheit der Arbeitnehmer bestehe, denn nach § 13 III EBRG wird im besonderen Verhandlungsgremium nach Köpfen abgestimmt[453]. Um diese Gefahr zu vermeiden, hätte daher sinnvollerweise auf die Proportionalitätsregelung des § 22 IV EBRG in Bezug auf die Zusammensetzung des Europäischen Betriebsrats zurückgegriffen werden sollen.

b. Die französische Umsetzung

Der französische Gesetzgeber hat die Zusammensetzung des besonderen Verhandlungsgremiums und des Europäischen Betriebsrats gemeinsam in Art.L. 439-18 geregelt. Gemäß Art.L. 439-18 al.1 hat zunächst jeder Mitgliedstaat, in

[453] *Bachner/Kunz*, AuR 1996, S.61 (84); *Gaul*, NJW 1996, S.3378 (3380).

welchem sich ein Unternehmen oder ein Betrieb des gemeinschaftsweit operierenden Unternehmens oder einer gemeinschaftsweit operierenden Unternehmensgruppe befindet, ein Mitglied in das besondere Verhandlungsgremium bzw. den Europäischen Betriebsrat zu entsenden. Dem Proportionalitätsgrundsatz wird gemäß Art.L. 439-18 al.2 wie folgt Rechnung getragen: Befinden sich in einem Mitgliedstaat 20%, 30%, 40%, 50%, 60% oder 80% der Arbeitnehmer, so sind jeweils ein, zwei, drei, vier, fünf oder sechs zusätzliche Mitglieder in das besondere Verhandlungsgremium bzw. den Europäischen Betriebsrat zu entsenden.

II. Die Informationspflicht der zentralen Leitung

§ 8 II EBRG statuiert eine umfassende Informationspflicht der zentralen leitung gegenüber dem besonderen Verhandlungsgremium. Sie muß rechtzeitig alle zur Durchführung der Aufgaben des besonderen Verhandlungsgremiums erforderlichen Auskünfte erteilen und die erforderlichen Unterlagen zur Verfügung stellen. Diese Verpflichtung ist begrifflich derjenigen des Arbeitgebers gegenüber dem Betriebsrat gemäß der Generalklausel des § 80 II BetrVG nachgebildet[454].

Die Informationspflicht der zentralen Leitung wird inhaltlich durch die Aufgaben des besonderen Verhandlungsgremiums konkretisiert. Das besondere Verhandlungsgremium braucht, um bei den Verhandlungen über die Errichtung eines Europäischen Betriebsrats ein gleichberechtigter Partner zu sein, erheblich umfassendere Informationen als sie der Auskunftsanspruch nach § 5 EBRG umfaßt[455]. Die Aufgabe des besonderen Verhandlungsgremiums besteht nicht nur darin, die Größe der Arbeitnehmervertretung und die Anzahl der Mitglieder pro Mitgliedstaat festzulegen. Es hat vielmehr zunächst einmal darüber zu beraten, welche Form der Arbeitnehmervertretung gewählt werden soll; ob also ein dezentrales Verfahren oder ein zentrales Gremium eingerichtet werden soll. Hierzu muß das besondere Verhandlungsgremium über die Hierachiestrukturen im Unternehmen informiert werden, denn nur mit Hilfe dieser Informationen kann das besondere Verhandlungsgremium darüber entscheiden, welche Form der Arbeitnehmerbeteiligung auf europäischer Ebene die optimale für die betroffenen Arbeitnehmer ist.

454 *Blanke*, EBRG, § 8, RN 6.

455 So auch *Blanke*, EBRG, § 8, RN 6; a.A. *Müller*, EBRG, § 8, RN 2, der die beiden Auskunftsansprüche gleichstellt.

Zu den Unterlagen, die dem besonderen Verhandlungsgremium von der zentralen Leitung zur Verfügung gestellt werden müssen, gehören neben den unternehmensbezogenen Informationen auch Übersetzungen des EBRG in die verschiedenen Landessprachen sowie nähere Erläuterungen hierzu. Ferner müssen die nationalen Arbeitnehmervertretungen über die Wahl- und Schutzvorschriften der anderen Mitgliedstaaten informiert werden[456]. Die Erforderlichkeit bestimmt sich nach der Sachlage im Einzelfall[457]. Über die Frage der Erforderlichkeit kann nicht die zentrale Leitung bestimmen; im Rahmen der ihm gesetzlich zugewiesenen Aufgaben steht vielmehr dem besonderen Verhandlungsgremium insoweit ein Beurteilungsspielraum zu[458].

Die Auskünfte und Unterlagen müssen dem besonderen Verhandlungsgremium rechtzeitig zur Verfügung gestellt werden. Einen Anhaltspunkt dafür, was unter Rechtzeitigkeit zu verstehen ist, bietet § 21 I S.1 EBRG. Hiernach kommt es zur Errichtung eines Europäischen Betriebsrats kraft Gesetzes, wenn die zentrale Leitung innerhalb von sechs Monaten seit Stellung des Antrags nach § 9 EBRG die Aufnahme von Verhandlungen entweder ausdrücklich verweigert oder schlicht untätig bleibt. Da die Aufnahme von Verhandlungen nur auf der Grundlage entsprechender Auskünfte und Unterlagen sinnvoll ist, sind dem besonderen Verhandlungsgremium die erforderlichen Informationen und Unterlagen in unmittelbarem Anschluß an seine Bildung nach § 9 EBRG zu übermitteln[459].

III. Grundsätze der Zusammenarbeit

Gemäß § 8 III EBRG haben die zentrale Leitung und das besondere Verhandlungsgremium vertrauensvoll zusammenzuarbeiten. Derselbe Grundsatz der vertrauensvollen Zusammenarbeit gilt gemäß § 38 EBRG für die zentrale Leitung und den Europäischen Betriebsrat. Mit diesen Vorschriften sollen Art.6 I und Art.9 S.1 der Richtlinie umgesetzt werden, wonach die zentrale Leitung und das besondere Verhandlungsgremium bzw. der Europäische Betriebsrat "im Geiste der Zusammenarbeit" verhandeln müssen.

456 *Klebe* in D/K/K, BetrVG, § 8 EBRG, RN 5.
457 *F/K/H/E*, § 80 BetrVG, RN 36.
458 *Blanke*, EBRG, § 8, RN 8; *Klebe* in D/K/K, BetrVG, § 8 EBRG, RN 5.
459 *Blanke*, EBRG, § 8, RN 9.

Im französischen Umsetzungsgesetz wurden Art.6 I und Art.9 S.1 der Richtlinie 94/45/EG nicht berücksichtigt. In Art.L. 439 -9 al.1 heißt es lediglich, daß die Unternehmensleitung und das besondere Verhandlungsgremium zu verhandeln haben im Hinblick auf einen Vertrag über die Unterrichtung und Anhörung der Arbeitnehmer. Dasselbe gilt für die Zusammenarbeit zwischen zentraler Leitung und dem Europäischen Betriebsrat; auch dort findet der Grundsatz der Zusammenarbeit keine Berücksichtigung..

1. Inhaltliche Ausgestaltung der Zusammenarbeit

Die Aufnahme des Gebots der vertrauensvollen Zusammenarbeit bedeutet nicht, daß alle in Deutschland aus diesem Grundsatz abgeleiteten Konsequenzen auch auf die Regelungen des EBRG übertragen werden können. Es handelt sich bei dem hier normierten Prinzip um ein europarechtliches Gebot[460]. Es besagt, daß die zentrale Leitung und das besondere Verhandlungsgremium strittige Fragen über die Ausgestaltung der grenzübergreifenden Unterrichtung und Anhörung mit dem ernsten Willen zur Verständigung behandeln müssen. Sie sollen in kooperativer, wenngleich durchaus interessenbewußter Weise miteinander umgehen[461].

Die sozialen Gegensätze sollen durch die Geltung des Postulats zur fairen Kooperation nicht verwischt werden. Der "spirit of cooperation" verbietet vor allem schikanöses Verhalten gegenüber der jeweils anderen Partei; weitere konkrete Verhaltenspflichten lassen sich hieraus nicht ableiten. Der Grundsatz der Zusammenarbeit, wie ihn die Richtlinie 94/45/EG vorsieht, richtet sich in erster Linie an die Adresse der zentralen Leitung, da sie diejenige Partei ist, die zur Kooperation aufgerufen ist[462]. Der Europäische Betriebsrat besitzt mangels echter Mitbestimmungsrechte nur geringen Einfluß auf die Entscheidungen der zentralen Leitung und ist kaum in der Lage, deren Arbeit zu behindern. Umgekehrt ist es der zentralen Leitung sehr wohl möglich, die Funktionsfähigkeit des Europäischen Betriebsrats empfindlich zu schwächen.

2. Betriebliches Arbeitskampfverbot

Zu untersuchen ist nun, ob sich aus der Richtlinie 94/45/EG ein betriebliches Arbeitskampfverbot herleiten läßt. Weder im Gemeinsamen Standpunkt des Rates vom 22.09.1994[463], noch in der Begründung der Kommission[464] noch in

[460] *Zügel*, Mitwirkung der Arbeitnehmer, S.356; *Lerche*, Europäischer Betriebsrat, S.221.
[461] *Blanke*, EBRG, § 8, RN 10.
[462] *Sandmann*, Die Euro-Betriebsrats-Richtlinie, S.221.

der Stellungnahme des Europaparlaments vom 04.05.1994[465] sind Hinweise zu finden, daß der "spirit of cooperation" dem deutschen Recht entsprechen soll.

a. Frankreich

Der Europäische Betriebsrat ähnelt im Hinblick auf seine Kompetenzausstattung dem französischen comité d'entreprise, denn genau wie dieses hat der Europäische Betriebsrat nur Anhörungs- und Informationsrechte, aber keine echten Mitbestimmungsrechte. Die Alleinentscheidungsbefugnis liegt im französischen System der Arbeitnehmervertretung allein bei der Geschäftsführung. Exakt dasselbe Modell findet sich in der Richtlinie 94/45/EG wieder. Obwohl die Richtlinie 94/45/EG an die Betriebspartner das Gebot der Zusammenarbeit stellt, so hat sich dennoch das konfliktorientierte Modell der romanischen Länder in stärkerem Maße durchgesetzt[466]. Eine vertrauensvolle Zusammenarbeit mit dem Arbeitgeber erscheint in diesen Ländern äußerst schwierig, wenn nicht sogar undenkbar[467].

Ferner muß daraufhingewiesen werden, daß es sich bei dem Gebot des "spirit of cooperation" nur um eine politische Leitlinie handelt und nicht um eine rechtlich durchsetzbare Regel[468]. *Blanpain/Windey* bringen dies wie folgt auf den Punkt:"...one cannot dictate love, especially to those, who still believe in class war"[469]. Der Grundsatz des Verhandelns im Geiste der Zusammenarbeit unterstreicht lediglich die Notwendigkeit eines Grundvertrauens, welches das Verhältnis von Arbeitgeber- und Arbeitnehmervertretern kennzeichnen sollte; dieses fällt allerdings nicht vom Himmel, sondern muß von den Beteiligten mühsam erarbeitet werden[470].

463 Gemeinsamer Standpunkt des Rates vom 22.09.1994, EG Abl. Nr.L 254 vom 30.09.1994, S.64 ff.

464 Begründung der Kommission, KOM (94) 134 endg. = BR. Drucks. 453/94, S.1 ff.

465 Stellungnahme des Europaparlaments vom 04.05.1994, EG Abl. Nr.C 205 vom 25.07.1994, S.173 ff.

466 Zu den Arbeitnehmervertretungsmodellen der romanischen Länder siehe *Zachert*, AuR 1982, S.20 ff; *Blanpain*, International Encyclopedia, Bd.2 ff.

467 *Zügel*, Die Mitwirkung der Arbeitnehmer, S.243 ff; *Weiss*, AuR 1995, S.438 (439); *Goos*, NZA 1994, S.776 (779).

468 *Blanpain/Schmidt/Schweibert*, Europäisches Arbeitsrecht, S.387; *Blanpain/Windey*, European works councils, RN 225.

469 *Blanpain/Windey*, European works councils, RN 225.

470 *Blanpain/Schmidt/Schweibert*, Europäisches Arbeitsrecht, S.387 f.; *Blanpain/Windey*, European works councils, RN 226. In diese Richtung auch *Niedenhoff*, Mitbestimmung in den Staaten der Europäischen Union, S.122.

Dies zeigt im Ergebnis, daß in der Richtlinie 94/45/EG kein Streikverbot für den Europäischen Betriebsrat verankert ist. Die Richtlinie wurde damit in Frankreich europarechtskonform umgesetzt. In allen Mitgliedstaaten, die ein betriebsverfassungsrechtliches Arbeitskampfverbot nicht kennen, sind somit derartige Arbeitskämpfe nicht ausgeschlossen[471].

b. Deutschland

Ob für die deutschen Mitglieder des Europäischen Betriebsrats ein betriebliches Arbeitskampfverbot besteht, ist juristisch noch nicht geklärt. Die Beantwortung dieser Frage dürfte wohl davon abhängen, nach welchem Recht sich die Zulässigkeit der Arbeitskampfmaßnahme richtet. Ist hierbei auf nationales Recht abzustellen, so wird man aufgrund der deutschen Gegebenheiten einen Arbeitskampf auf betrieblicher Ebene für unzulässig erachten müssen[472].

Ist bei der Beurteilung der Frage, ob ein betrieblicher Arbeitskampf zulässig ist, das Gemeinschaftsrecht maßgebend, so muß geprüft werden, ob und welche Maßstäbe dieses für die rechtliche Beurteilung von Arbeitskampfmaßnahmen im Rahmen betriebsverfassungsrechtlicher Auseinandersetzungen zur Verfügung stellt. Laut Art.137 des EG-Vertrages gibt es noch immer keine Möglichkeit für die Mitgliedstaaten, auf europäischer Ebene eine Regelung über das Arbeitskampfrecht zu treffen. De lege lata wird man daher zum gegenwärtigen Zeitpunkt die Zulässigkeit von betrieblichen Arbeitskampfmaßnahmen im Rahmen einer europäischen Angelegenheit allein auf der Grundlage des nationalen Rechts beurteilen müssen[473]. Damit besteht sowohl für das besondere Verhandlungsgremium als auch für den Europäischen Betriebsrat in Deutschland ein betriebliches Arbeitskampfverbot[474]. Dasselbe gilt für die Arbeitnehmervertreter eines inländischen, dezentralen Anhörungs- und Unterrichtungssystems.

471 *Blanke*, EBRG, § 38, RN 4; *Goos*, NZA 1994, S.776 (779); *Rademacher*, Europäischer Betriebsrat, S.114; *Zügel*, Die Mitwirkung der Arbeitnehmer, S.243.

472 Statt vieler *Blanke*, EBRG, § 38, RN 4.

473 *Blanke*, EBRG, § 38, RN 4.

474 Bt.-Drucks. 13/4520; so auch *Ruoff*, BB 1997, S.2478 (2483); *Engels/Müller*, DB 1996, S.981(988); *Blanpain/Schmidt/Schweibert*, Europäisches Arbeitsrecht, S.380; *Müller*, EBRG, § 38, RN 2; *Blanke*, EBRG, § 38, RN 4. *A.A. Holz*, Die Richtlinie des Rates vom 22. September 1994, S.188; *Niedenhoff*, Mitbestimmung in den Staaten der Europäischen Union, S.122.

IV. Die Amtszeit des besonderen Verhandlungsgremiums

1. Die deutsche Umsetzung

§ 15 II EBRG regelt zwar nicht explizit die Amtszeit des besonderen Verhandlungsgremiums, da aber in dieser Vorschrift die "Bildung" eines besonderen Verhandlungsgremiums aufgrund eines neuen Antrags nach zwei Jahren vorgeschrieben ist, ist davon auszugehen, daß der Gesetzgeber die Amtszeit des besonderen Verhandlungsgremiums nach Installierung des Verfahrens über die Unterrichtung und Anhörung der Arbeitnehmer bzw. die Errichtung eines europäischen Betriebsrats enden lassen will[475].

2. Die französische Umsetzung

Nach französischem Recht endet gemäß Art.L. 439-11 al.2 die Amtszeit des besonderen Verhandlungsgremiums, sobald ein Verfahren über die Unterrichtung und Anhörung der Arbeitnehmer im gemeinschaftsweit operierenden Unternehmen oder in der gemeinschaftsweit operierenden Unternehmensgruppe eingerichtet ist, oder ein Europäischer Betriebsrat errichtet wurde.

3. Kritik an der französischen Umsetzung

In der Richtlinie 94/45/EG selbst wurde keine Regelung über die Amtszeit des besonderen Verhandlungsgremiums getroffen. Art.5 V der Richtlinie spricht aber gegen eine solche Befristung der Amtszeit, wie sie der französische Gesetzgeber vorgenommen hat. Dort ist von der "Einberufung" des besonderen Verhandlungsgremiums nach zwei Jahren die Rede, wenn zunächst beschlossen wurde, keine Verhandlungen über die Errichtung eines Europäischen Betriebsrats aufzunehmen. Dies bedeutet, daß kein neues Verhandlungsgremium zu wählen ist, sondern das bereits bestehende wieder ins Leben zu rufen ist[476].

Weiterhin spricht gegen die frühzeitige Beendigung des besonderen Verhandlungsgremiums Art.6 IIIf der Richtlinie 94/45/EG, daß die zentrale Leitung und das besondere Verhandlungsgremium u.a. eine Regelung über "das bei ihrer Neuaushandlung anzuwendende Verfahren" treffen müssen. Wenn die Verhandlungspartner eine solche Vereinbarung zu treffen haben, dann müssen sie auch in der Lage sein, deren Einhaltung garantieren zu können. Daher sprechen viele Argumente dafür, daß die Amtszeit des besonderen Verhandlungsgremiums auf

475 Diese Ansicht wird auch vertreten von *Hromadka*, DB 1995, S.1125 (1130); *Wunsch-Semmler*, Entwicklungslinien einer europäischen Arbeitnehmermitwirkung, S.125.

476 *Weiss*, AuR 1995, S.438 (441).

längere Zeit angelegt ist[477]. Die Richtlinie wurde somit im Bereich der Amtszeit des besonderen Verhandlungsgremiums weder von Deutschland noch von Frankreich europarechtskonform umgesetzt.

C. Die freiwillige Vereinbarung zur Schaffung eines EBR

I. Die deutsche Umsetzung

Nach § 17 EBRG sollen das besondere Verhandlungsgremium und die zentrale Leitung vorrangig eine freiwillige Vereinbarung über die grenzüberschreitende Unterrichtung und Anhörung der Arbeitnehmer treffen. Hierbei können die Verhandlungspartner frei wählen zwischen der Errichtung eines Europäischen Betriebsrats nach § 18 EBRG oder der Vereinbarung über ein Verfahren zur Unterrichtung und Anhörung der Arbeitnehmer gemäß § 19 EBRG. In jedem Fall muß die Vereinbarung alle betroffenen Arbeitnehmer in den einzelnen Mitgliedstaaten erfassen.

Die in Art.6 II der Richtlinie 94/45/EG aufgeführten Kriterien, die unbeschadet der Autonomie der Verhandlungspartner in der Vereinbarung über die Errichtung eines Europäischen Betriebsrats festzulegen sind, wurden wortgleich in § 18 EBRG, der diese Vorschrift in deutsches Recht umsetzt, übernommen. Allerdings hat der Gesetzgeber in § 18 I EBRG eine Sollvorschrift bezüglich dieser Kriterien eingeführt. Diese Umsetzung widerspricht aber dem Sinn und Zweck der Richtlinie, welche zwar die Möglichkeit eröffnet, individuelle Regelungen zu treffen, aber nur über die in Art.6 II der Richtlinie hinaus genannten Kriterien. Die dort genannten Kriterien müssen auf jeden Fall zum Gegenstand der Vereinbarung gemacht werden[478].

II. Mindestinhalt der freiwilligen Vereinbarung

Die genannten Vorschriften gewährleisten eine weitgehende Gestaltungsfreiheit von besonderem Verhandlungsgremium und zentraler Leitung bei der Ausgestaltung der Vereinbarung über die grenzübergreifende Unterrichtung und Anhörung der Arbeitnehmer. Entsprechend dem Subsidiaritätsprinzip genießen die freiwilligen Vereinbarungen Vorrang vor den subsidiären Vorschriften über

[477] Im Ergebnis so auch *Weiss*, AuR 1995, S.438 (441).

[478] So auch *Goos*, NZA 1994, S.776 (777); *Bachner/Nielebock*, AuR 1997, S.129 (133); *Bachner/Kunz*, AuR 1996, S.81 (85); *Kunz*, AiB 1997, S.267 (279). A.A:. *Ruoff*, BB 1997, S.2478 (2481), der die Umsetzung in § 18 I EBRG ohne Angabe von Gründen für richtlinienkonform hält.

den Europäischen Betriebsrat kraft Gesetzes. Gemäß § 17 S.1 EBRG sind die Parteien inhaltlich nicht an die Vorschriften über den Europäischen Betriebsrat kraft Gesetzes gebunden.

1. Grenzübergreifende Unterrichtung und Anhörung

Umstritten ist der Begriff der grenzübergreifenden Angelegenheit. Sicher ist nur, daß rein nationale Angelegenheiten nicht dazugehören. In der Literatur wird zum Teil vertreten, daß bereits dann eine gemeinschaftsweite Angelegenheit vorliegt, wenn in einem Mitgliedstaat eine unternehmerische Entscheidung getroffen wird, die sich wiederum auf einen Betrieb oder ein Unternehmen in einem anderen Mitgliedstaat auswirkt[479]. Andere sind der Ansicht, daß die unternehmerische Entscheidung in mindestens zwei Mitgliedstaaten Auswirkungen haben muß, um als grenzübergreifende Angelegenheit qualifiziert werden zu können[480]. Aus dem Sinn und Zweck der Richtlinie ergibt sich, daß Entscheidungen, die in einem Mitgliedstaat getroffen werden und sich auf andere Mitgliedstaaten auswirken, unter den Begriff der grenzübergreifenden Angelegenheit fallen, da nur auf diesem Weg eine effektive Arbeitnehmermitwirkung gewährleistet werden kann.

b. Die angemessene Beteiligung der Arbeitnehmer

Zu untersuchen ist, ob eine angemessene Beteiligung der Arbeitnehmer aus allen Mitgliedstaaten, in denen das Unternehmen bzw. der Konzern einen Betrieb hat, auch für Vereinbarungen nach § 17 EBRG als Mindestvoraussetzung ihrer Rechtswirksamkeit erforderlich ist. Dies ist lediglich in § 41 EBRG, der die Weitergeltung von Art.13-Abkommen regelt, vorgesehen. Dasselbe muß auch für Vereinbarungen nach § 17 EBRG gelten, da es keinen Sinn macht, an § 17 EBRG geringere Anforderungen zu stellen als an § 41 EBRG. Wie eine angemessene Beteiligung der Arbeitnehmer auszusehen hat, ist in § 17 EBRG nicht geregelt. Hier kann aber der Sinn und Zweck der Richtlinie 94/45/EG und des EBRG weiterhelfen. Danach ist das Recht auf Unterrichtung und Anhörung als ein Recht konzipiert, das unmittelbar allen Arbeitnehmern und nicht nur ihren Repräsentanten zusteht. Aus diesem Grund ist die Erstreckung einer Vereinbarung gemäß § 41 I S.2 EBRG auf alle Arbeitnehmer dahingehend zu interpretieren, daß sie nicht lediglich passiv einbezogen und unterrichtet

[479] So *Sandmann*, Die Euro-Betriebsrats-Richtlinie, S.212; *Gaul*, NJW 1997, S.3378 (3383); *Däubler* in D/K/K, BetrVG, § 17 EBRG, RN 12.

[480] *Mayer*, BB 1995, S.1794 (1797).

werden, sondern vielmehr aktiv zu beteiligen sind[481]. Die angemessene Beteiligung kann wiederum nur im Wege der Repräsentation erfolgen. In der Praxis ist es in erster Linie die Aufgabe des besonderen Verhandlungsgremiums und der zentralen Leitung auszuhandeln, welche Form und Intensität der Beteiligung der Arbeitnehmer angemessen ist[482].

III. Die französische Umsetzung

Nach Art.L. 439-9 al.2, der die freiwillige Vereinbarung über die Errichtung eines Europäischen Betriebsrats regelt, muß die Vereinbarung die in Art.6 II der Richtlinie 94/45/EG genannten Kriterien verbindlich regeln. Die einzelnen Kriterien stimmen mit denen der Richtlinie überein. Die französische Umsetzung ist in diesem Bereich, im Gegensatz zur deutschen Umsetzung, richtlinienkonform.

IV. Die Rechtsnatur der freiwilligen Vereinbarung

Die Richtlinie 94/45/EG schweigt über die Rechtsnatur der Vereinbarung zur Schaffung eines Europäischen Betriebsrats bzw. zur Schaffung eines Verfahrens zur Unterrichtung- und Anhörung von Arbeitnehmern in gemeinschaftsweit operierenden Unternehmen. Ebenso schweigen die nationalen Umsetzungsgesetze über die Rechtsnatur der oben genannten Vereinbarung.

1. Die Rechtsnatur nach deutschem Recht

Die Vereinbarung zur Errichtung des Europäischen Betriebsrats bzw. zur Schaffung eines Verfahrens über die Unterrichtung und Anhörung von Arbeitnehmern in gemeinschaftsweit tätigen Unternehmen ist ganz allgemein als Kollektivvertrag zu qualifizieren, da das besondere Verhandlungsgremium als Vertragspartner alle Arbeitnehmer des gemeinschaftsweit tätigen Unternehmens repräsentiert[483]. Dieser Kollektivvertrag beinhaltet sowohl einen schuldrechtlichen wie einen normativen Teil. Der schuldrechtliche Teil bezieht sich auf die Rechte und Pflichten der vertragsschließenden Parteien und der normative Teil regelt die Einsetzung des Europäischen Betriebsrats bzw. das Unterrichtungs- und Anhörungsverfahren der Arbeitnehmer einschließlich der Zusammensetzung der Gremien und deren Kompetenzen[484].

[481] *Blanke*, EBRG, § 17, RN 9.
[482] *Müller*, § 17 EBRG, RN 6.
[483] Arbeitsgruppe "*Information et consultation*", Abschlußbericht, S.158. Zum Begriff des Kollektivvertrags siehe *Zöllner/Loritz*, Arbeitsrecht, § 6 II 2b), S.70.

Die Arbeitsgruppe "*Information et consultation*" und die Literatur haben sich mit der Problematik der rechtlichen Qualifizierung der Vereinbarung zur Schaffung eines Europäischen Betriebsrats intensiv auseinandergesetzt. Übereinstimmung besteht dahingehend, daß es sich bei dieser Vereinbarung keinesfalls um einen Tarifvertrag handeln kann, da auf der vertragsschließenden Seite der Arbeitnehmer keine Gewerkschaft beteiligt ist[485]. Zum einen gibt es die Ansicht, daß diese Vereinbarung als "Instrument des Vertrages" zu qualifizieren sei[486]. Andere sehen in der Vereinbarung eine "Gesamt- bzw. Konzernbetriebsvereinbarung"[487] oder auch eine "Europäische Betriebsvereinbarung"[488].

Der Qualifizierung als Betriebsvereinbarung kann allerdings nicht gefolgt werden, da Betriebsvereinbarungen gemäß § 77 II BetrVG nur zwischen dem Arbeitgeber und dem Betriebsrat, bzw. dem Gesamt- oder Konzernbetriebsrat geschlossen werden können[489]. Wenig sinnvoll erscheint auch die Einordnung als rein schuldrechtlicher Vertrag, da in dieser Vereinbarung nicht nur Rechte, sondern auch Pflichten für den Europäischen Betriebsrat festgelegt werden, welcher wiederum nicht Vertragspartei ist. Da Verträge zu Lasten Dritter unzulässig sind, müßte der Gesetzgeber hier eine besondere Legitimation schaffen[490]. Die Vereinbarung zwischen dem besonderen Verhandlungsgremium und der zentralen Leitung zur Schaffung eines Europäischen Betriebsrats ist daher im Ergebnis als Kollektivvertrag sui generis zu qualifizieren[491].

484 *Blanpain/Schmidt/Schweibert*, Europäisches Arbeitsrecht, S.393; *Blanpain/Windey*, European works councils, RN 238; *Rademacher*, Europäischer Betriebsrat, S.120.

485 Arbeitsgruppe "*Information et consultation*", Abschlußbericht, S.158; *Lerche*, Europäischer Betriebsrat, S.231; *Weiss*, AuR 1995, S.438 (443); *Däubler/Klebe*, AiB 1995, S.557 (568); *Rademacher*, Europäischer Betriebsrat, S.120 f.; *Blanpain/Windey*, European works councils, RN 238.

486 *Klinkhammer/Welslau*, Europäische Betriebsräte in der Praxis, S.65 (88).

487 *Sandmann*, Die Euro-Betriebsrats-Richtlinie, S.199; *Wunsch-Semmler*, Entwicklungslinien einer europäischen Arbeitnehmermitwirkung, S.122 ff., die die Richtlinie 94/45/EG bruchlos in das BetrVG integrieren möchte.

488 *Hanau*, FS für *Vieregge*, S.319 (334).

489 *F/K/H/E*, BetrVG, § 77, RN 18.

490 *Weiss*, AuR 1995, S.438 (443).

491 So auch *Rademacher*, Europäischer Betriebsrat, S.120 f.; *Weiss*, AuR 1995, S.438 (443); *Lerche*, Europäischer Betriebsrat, S.231; *Blanpain/Windey*, European works councils, RN 238; *Blanpain/Schmidt/Schweibert*, Europäisches Arbeitsrecht, S.393; *Däubler* in D/K/K, BetrVG, § 17 EBRG, RN 11.

Die Vereinbarung zur Installierung eines Europäischen Betriebsrats muß mit normativer Wirkung ausgestattet werden und gleichzeitig müssen alle Mitgliedstaasten diese Vereinbarung als bindend akzeptieren[492]. Eine rein schuldrechtliche Vereinbarung wäre wenig sinnvoll, da die Richtlinie 94/45/EG mit Art.6 lediglich die Möglichkeit schaffen wollte, flexible Vereinbarungen für die Unternehmen zu treffen. Diese sollen aber im Grad der Verbindlichkeit keineswegs hinter den subsidiären Vorschriften der Richtlinie 94/45/EG zurückbleiben[493].

Hieran ist nun die Frage anzuknüpfen, welches Recht auf diese Vereinbarung anzuwenden ist und welche normative Wirkung dieselbe entfaltet. Da die Richtlinie grundsätzlich in nationales Recht umgesetzt werden muß, um ihre Wirkung entfalten zu können, kann sich die Rechtswirkung der Vereinbarung zur Schaffung eines Europäischen Betriebsrats nicht direkt aus der Richtlinie 94/45/EG ergeben, sondern ergibt sich vielmehr aus dem jeweils nationalen Recht[494]. In Ermangelung einer Rechtswahlklausel ist dies grundsätzlich das Recht jenes Mitgliedstaates, dem die zentrale Leitung unterliegt[495]. Die Vereinbarung ist aufgrund ihres kollektivvetraglichen, normativen Charakters wie ein Tarifvertrag und eine Betriebsvereinbarung primär an Hand objektiver Kriterien auszulegen[496].

2. Die Rechtsnatur nach französischem Recht

Nach französischem Recht dürfte es sich bei der freiwilligen Vereinbarung um einen Tarifvertrag handeln, da die Verhandlungspartner auf der Seite der Arbeitnehmervertretung von den Gewerkschaften bestimmt werden. Zudem besitzen die französischen Gewerkschaften das Monopol mit dem Arbeitgeber Vereinbarungen zu schließen. In der Praxis definiert nur eine Minderheit von Vereinbarungen ihren eigenen rechtlichen Status. Hierbei handelt es sich fast

492 Arbeitsgruppe "*Information et consultation*", Abschlußbericht, S.158; *Sandmann*, Die Euro-Betriebsrats-Richtlinie, S.199.

493 So die überzeugende Argumentation von *Rademacher*, Europäischer Betriebsrat, S.121. A.A. *Hanau*, FS für *Vieregge*, S.319 (334); der explizit eine rein schuldrechtliche Verpflichtung annimmt.

494 *Däubler/Klebe*, AiB 1995, S.557 (568); *Blanpain/Schmidt/Schweibert*, Europäisches Arbeitsrecht, S.393; *Weiss*, AuR 1995, S.438 (443); *Rademacher*, Europäischer Betriebsrat, S.121; *Sandmann*, Die Euro-Betriebsrats-Richtlinie, S.199.

495 Statt aller *Rademacher*, Europäischer Betriebsrat, S.122. Zur Möglichkeit der Rechtswahl siehe *Blanpain/Windey*, European works councils, RN 251 und RN 253.

496 *Blanke*, EBRG, § 17, RN 15; *Müller*, § 17 EBRG, RN 10.

ausschließlich um Vereinbarungen in Unternehmen oder Unternehmensgruppen mit Sitz in Frankreich. Die hier geschlossenen Vereinbarungen werden i.d.R. nach französischem Recht eingetragen und in Kopie bei der Behörde für Arbeit und Beschäftigung des jeweiligen Départements und beim Sekretariat des örtlichen *conseil de prud'hommes* hinterlegt[497]. Hierdurch erhalten die freiwilligen Vereinbarungen den Rechtsstatus von Tarifverträgen.

D. Der Europäische Betriebsrat kraft Gesetzes

I. Die Zusammensetzung des Europäischen Betriebsrats

Laut Ziffer 1b des Anhangs der Richtlinie 94/45/EG setzt sich der Europäische Betriebsrat aus den Arbeitnehmern des gemeinschaftsweit operierenden Unternehmens oder der gemeinschaftsweit operierenden Unternehmensgruppe zusammen.

1. Die deutsche Umsetzung

Gemäß § 22 I EBRG setzt sich der Europäische Betriebsrat aus den Arbeitnehmern des gemeinschaftsweit tätigen Unternehmens oder der gemeinschaftsweit tätigen Unternehmensgruppe zusammen. Die deutsche Umsetzung entspricht damit exakt den Vorgaben der Richtlinie.

2. Die französische Umsetzung

Nach Art.L. 439-13 setzt sich der Europäische Betriebsrat kraft Gesetzes einerseits aus dem Leiter des Unternehmens bzw. dem Leiter des herrschenden Unternehmens, unterstützt von zwei Personen mit beratender Stimme, zusammen und andererseits aus den Arbeitnehmervertretern des gemeinschaftsweit tätigen Unternehmens bzw. der gemeinschaftsweit tätigen Unternehmensgruppe. Gemäß Art.L. 439-14 al.1 ist der Leiter des Unternehmens bzw. des herrschenden Unternehmens der Vorsitzende des Europäischen Betriebsrats.

a. Die Hintergründe der französischen Umsetzung

Diese Umsetzung ist nur vor dem Hintergrund der Zusammensetzung des comité d'entreprise zu verstehen. Gemäß Art.L. 433-1 setzt sich dieses aus dem Arbeitgeber als Vorsitzenden und den gewählten Arbeitnehmervertretern zusammen. Mit der Einführung der "loi quinquennale" vom 20. Dezember 1993

[497] Vgl. hierzu *Blanke*, § 41 EBRG, RN 30.

wurde dem Arbeitgeber das in Art.L. 433-1 al.2 verankerte Recht zugestanden, sich von zwei Mitarbeitern im comité d'entreprise unterstützen zu lassen.

b. Kritik an der französischen Umsetzung

Der französische Gesetzgeber hat bei der Umsetzung der Richtlinie 94/45/EG nicht berücksichtigt, daß es sich bei dem Europäischen Betriebsrat um ein neues Institut auf europäischer Ebene handelt[498], welches nicht in allen Bereichen den nationalen Bestimmungen entspricht.

Eine Lösung kann nur über die Auslegung der Richtlinie selbst gefunden werden[499]. Hier ist zunächst auf den Wortlaut der Regelung von Ziffer 1b des Anhangs der Richtlinie 94/45/EG einzugehen. Danach setzt sich der Europäische Betriebsrat aus den Arbeitnehmern des gemeinschaftsweit tätigen Unternehmens zusammen. Diese Regelung ist so eindeutig, daß keine hiervon abweichende Interpretation vorgenommen werden kann. Hätte der Ministerrat eine Regelung im Sinne Frankreichs zulassen wollen, dann hätte dies ausdrücklich in der Richtlinie geregelt werden müssen, gerade auch im Hinblick auf die Mitgliedstaaten, die nur homogen zusammengesetzte Arbeitnehmervertretungsorgane kennen. Zu beachten ist auch, daß es sich bei der in Frage stehenden Norm um eine Organisationsnorm handelt, bei deren Implementierung die Mitgliedstaaten keine Möglichkeit für Abweichungen haben; sie sind an diese strikt gebunden[500]. Der französische Gesetzgeber hat daher im Bereich der Zusammensetzung des Europäischen Betriebsrats nicht richtlinienkonform umgesetzt.

II. Die Bestellung der EBR-Mitglieder

1. Die deutsche Umsetzung

Die Bestellung der inländischen Mitglieder des Europäischen Betriebsrats ist in § 23 EBRG geregelt. Laut § 23 I, II EBRG werden in gemeinschaftsweit tätigen Unternehmen die Mitglieder vom Gesamtbetriebsrat bzw. Betriebsrat bestellt. Bei den zu entsendenden Mitgliedern muß es sich nur um Arbeitnehmer des Unternehmens handeln, nicht aber um Betriebsratsmitglieder[501]. In

498 *Goos*, NZA 1994, S.776 (778); *Sandmann*, Die Euro-Betriebsrats-Richtlinie, S.126; *Junker*, JZ 1992, S.1100 (1105); *Klinkhammer/Welslau*, AuR 1994, S.326 (329).

499 Ausführlich zur Interpretation einer EG-Richtlinie siehe *Lutter*, JZ 1992, S.593 ff; *Bleckmann*, ZGR 1992, S.364 ff; *Everling*, ZGR 1992, S.376 ff.

500 *Weiss*, AuR 1995, S.438 (440).

gemeinschaftsweit tätigen Unternehmensgruppen werden sie vom Konzernbetriebsrat bestellt; ist ein Gesamtbetriebsrat bzw. ein Einzelbetriebsrat des Konzerns nicht im Konzernbetriebsrat vertreten, so gelten die Vorsitzenden dieser Gremien als Konzernbetriebsratsmitglieder. Falls in der gemeinschaftsweit tätigen Unternehmensgruppe kein Konzernbetriebsrat besteht, so regelt § 23 III EBRG die Bestellung der Mitglieder des Europäischen Betriebsrats. Nach § 23 VI EBRG kann das zuständige Sprecherausschußgremium einen leitenden Angestellten bestimmen, der mit Rederecht an den Sitzungen zur Unterrichtung und Anhörung des Europäischen Betriebsrats teilnimmt.

Auch in diesem Zusammenhang wird die Entsendung von leitenden Angestellten kontrovers diskutiert. Die einen sehen mit der "Minimal-Einbeziehung" der leitenden Angestellten in den Europäischen Betriebsrat die Vorgabe der Richtlinie 94/45/EG gerade noch so erfüllt[502]. Die anderen sehen wiederum in der Entsendung von leitenden Angestellten in den Europäischen Betriebsrat einen Systembruch zur deutschen Betriebsverfassung[503]. Die Gründe für die Herausnahme der leitenden Angestellten aus dem BetrVG müßten auch für den Europäischen Betriebsrat gelten.

2. Die französische Umsetzung

Der französische Gesetzgeber hat die Entsendung der Mitglieder in den Europäischen Betriebsrat gemeinsam mit der Entsendung der Mitglieder in das besondere Verhandlungsgremium in Art.L. 439-19 geregelt. Danach sind also die Gewerkschaften für die Entsendung der Mitglieder in den Europäischen Betriebsrat verantwortlich. Nur wenn diese im Unternehmen bzw. der Unternehmensgruppe nicht existieren, werden die Mitglieder von den Arbeitnehmern nach den Regeln über die Wahlen zum Unternehmensausschuß (Art.L. 433-2 bis 433-11) direkt gewählt.

III. Das Proportionalitätsprinzip

1. Die deutsche Umsetzung

Der Europäische Betriebsrat setzt sich nach § 22 I EBRG aus den Arbeitnehmern des gemeinschaftsweit tätigen Unternehmens oder der gemeinschaftsweit tätigen Unternehmensgruppe zusammen, wobei höchstens dreißig Mitglieder

[501] *Engelen-Kefer*, AiB 1996, S.137 (138).
[502] *Gaul*, NJW 1996, S. 3378 (3384).
[503] *Bachner/Kunz*, AuR 1996, S.81 (85); *Engelen-Kefer*, AiB 1996, S.137 (139).

bestellt werden können. § 22 II EBRG regelt das Repräsentationsprinzip, wonach jeder Mitgliedstaat, in dem das Unternehmen bzw. die Unternehmensgruppe einen Betrieb hat, ein Mitglied in den Europäischen Betriebsrat entsendet. Es wird nach dem Grundsatz der Proportionalität unterschieden: Hat das Unternehmen oder die Unternehmensgruppe bis zu 10.000 Arbeitnehmer, werden laut § 22 III EBRG aus Mitgliedstaaten, die mindestens 20%, 30%, 40%, 50%, 60%, 70% bzw. 80% der Arbeitnehmer beschäftigen, zusätzlich ein, zwei, drei, vier, fünf, sechs bzw. sieben zusätzliche Mitglieder in den Europäischen Betriebsrat entsendet.
Hat das Unternehmen oder die Unternehmensgruppe mehr als 10.000 Arbeitnehmer, so werden gemäß § 22 IV EBRG aus Mitgliedstaaten, die mindestens 20%, 30%, 40%, 50%, 60%, 70% bzw. 80% der Arbeitnehmer beschäftigen, zusätzlich ein, drei, fünf, sieben, neun, elf bzw. dreizehn zusätzliche Mitglieder in den Europäischen Betriebsrat entsendet.

Der Gefahr der Majorisierung der Mehrheit durch die Minderheit wurde durch die Entsendungsregelung der zusätzlichen Mitglieder in den Europäischen Betriebsrat, anders als bei der Bestellungsregelung der zusätzlichen Mitglieder in das besondere Verhandlungsgremium, vorgebeugt[504].

2. Die französische Umsetzung

Die Zusammensetzung des Europäischen Betriebsrats hat der französische Gesetzgeber gemeinsam mit der Zusammensetzung des besonderen Verhandlungsgremiums geregelt. Nach Art.L. 439-18 al.1 hat zunächst jeder Mitgliedstaat, in dem das gemeinschaftsweit tätige Unternehmen oder die gemeinschaftsweit tätige Unternehmensgruppe einen Betrieb hat, ein Mitglied in den Europäischen Betriebsrat zu entsenden. Gemäß Art.L. 439-18 al.2 entsenden Mitgliedstaaten, in denen mindestens 20%, 30% 40%, 50%, 60% bzw. 80% der Arbeitnehmer beschäftigt sind, ein, zwei drei, vier, fünf bzw. sechs zusätzliche Mitglieder in den Europäischen Betriebsrat.

IV. Der engere Ausschuß

Im Anhang 1c zu Art.7 der Richtlinie 94/45/EG ist geregelt, daß der Europäische Betriebsrat berechtigt ist, sofern es die Zahl seiner Mitglieder zuläßt, ein engerer Ausschuß mit höchstens drei Mitgliedern aus seiner Mitte zu wählen.

[504] *Bachner/Kunz*, AuR 1996, S.81 (84).

1. Die deutsche Umsetzung

Nach § 26 I EBRG bildet der Europäische Betriebsrat aus seiner Mitte einen Ausschuß von drei Mitgliedern, wenn er aus mindestens neun Mitgliedern besteht; seine Mitglieder sollen in verschiedenen Mitgliedstaaten beschäftigt sein. Der engere Ausschuß ist für die laufenden Geschäfte verantwortlich und nach § 33 II EBRG ist er anstelle des Europäischen Betriebsrats bei außergewöhnlichen Umständen zu beteiligen.
Hat der Europäische Betriebsrat weniger als neun Mitglieder, so kann er gemäß § 26 II EBRG dem Vorsitzenden oder einem anderen Mitglied des Europäischen Betriebsrats die Führung der laufenden Geschäfte übertragen.

2. Die französische Umsetzung

Nach Art.L. 439-14 al.2 wählt der Europäische Betriebsrat mit Stimmenmehrheit einen Sekretär aus seiner Mitte; besteht der Europäische Betriebsrat aus mindestens zehn Mitgliedern, so wählt er einen Ausschuß von drei Mitgliedern.

V. Die Mitwirkungsrechte des Europäischen Betriebsrats

1. Die deutsche Umsetzung

Nach § 32 I EBRG hat die zentrale Leitung den Europäischen Betriebsrat einmal im Kalenderjahr über die Entwicklung der Geschäftslage und die Perspektiven des gemeinschaftsweit tätigen Unternehmens oder der gemeinschaftsweit tätigen Unternehmensgruppe unter rechtzeitiger Vorlage der erforderlichen Unterlagen zu unterrichten und anzuhören. In § 32 II EBRG sind die Einzelheiten aufgelistet, über die der Europäische Betriebsrat informiert werden muß. Sie entsprechen den Kriterien, die unter Ziffer 2 des Anhangs der Richtlinie 94/45/EG aufgeführt sind.

Die in § 32 II EBRG vorgenommene Konkretisierung der Entwicklung der Geschäftslage und der Perspektiven in den Ziffern 1 bis 4 entspricht im deutschen Recht den wirtschaftlichen Angelegenheiten nach § 106 III BetrVG. Die in den Ziffern 5 bis 10 genannten Kriterien entsprechen dagegen den Kriterien der Betriebsänderung im Sinne des § 111 S.2 BetrVG[505]. Die Informationsschwelle wurde bewußt niedrig angesetzt. Es ist weder erforderlich, daß die betreffende Angelegenheit in einem engen Zusammenhang mit den in § 32 II

[505] BT.-Drucks. 13/4520, S.26; *Engels/Müller*, DB 1996, S.981 (987); *Oetker*, DB 1996 Beilage 10, S.1 (7). Ausführlich zu den einzelnen Unterrichtungsgegenständen siehe *Blanke*, EBRG, § 32, RN 18 ff.

EBRG aufgezählten Beteiligungstatbeständen stehen, noch, daß die Interessen der Arbeitnehmer wesentlich berührt werden, oder tatsächlich tangiert werden[506]. Dies ergibt sich aus dem Sinn und Zweck der Richtlinie 94/45/EG. Im 19. Erwägungsgrund steht: "ist der Europäische Betriebsrat (...) in bezug auf die Tätigkeiten des Unternehmens oder der Unternehmensgruppe zu unterrichten und anzuhören, damit er mögliche Auswirkungen auf die Interessen der Arbeitnehmer (...) abschätzen kann."

Nach § 33 I EBRG ist die zentrale Leitung zusätzlich verpflichtet, bei außergewöhnlichen Umständen, die erhebliche Auswirkungen auf die Interessen der Arbeitnehmer haben, den Europäischen Betriebsrat rechtzeitig unter Vorlage der erforderlichen Unterlagen zu unterrichten und auf Verlangen anzuhören. Als außergewöhnliche Umstände zählen die Verlegung von Unternehmen, Betrieben oder wesentlichen Betriebsteilen, die Stillegung derselben sowie Massenentlassungen. Auf sein Verlangen ist der Europäische Betriebsrat bzw. der engere Ausschuß von der zentralen Leitung anzuhören.

2. Die französische Umsetzung

In Art.L. 439-15 ist sowohl die jährliche Unterrichtung und Anhörung des Europäischen Betriebsrats geregelt als auch die Unterrichtung und Anhörung bei außergewöhnlichen Umständen. Die Gegenstände der jährlichen Unterrichtung und Anhörung, die in Art.L. 439-15 al.1 geregelt sind, entsprechen den Kriterien, die in Ziffer des Anhangs der Richtlinie 94/45/EG genannt sind.

Gemäß Art.L. 439-15 al.2 muß bei außergewöhnlichen Umständen, die die Interessen der Arbeitnehmer erheblich betreffen, namentlich bei Betriebsverlegungen, Betriebsschließungen und bei Massenentlassungen, der Europäische Betriebsrat bzw. der engere Ausschuß unverzüglich von der zentralen Leitung informiert werden. Der Europäische Betriebsrat bzw. der engere Ausschuß hat das Recht, eine Zusammenkunft mit der zentralen Leitung zu verlangen, um mit dieser einen Meinungsaustausch über die Angelegenheiten zu führen, die die Interessen der Arbeitnehmer erheblich betreffen.

[506] *Blanke*, EBRG, § 32, RN 15; a.A. *Müller*, EBRG, § 32, RN 15.

3. Die jährliche Unterrichtung und Anhörung

a. Der Umfang der Unterrichtung

In der Richtlinie 94/45/EG sind weder der Begriff der Unterrichtung noch deren Umfang nicht definiert. Aus dem eindeutigen Vorgaben des Anhangs 2 S.1 der Richtlinie 94/45/EG ergibt sich, daß die Unterrichtung "auf der Grundlage eines von der zentralen Leitung vorgelegten Berichts" zu erfolgen hat. Die Auffassung der Bundesregierung[507], wonach entsprechend der in § 106 II BetrVG getroffenen Regelung lediglich die für den auch mündlich zulässigen Bericht erforderlichen Unterlagen schriftlich vorzulegen sind, widerspricht dem Wortlaut der Richtlinie. Zu den erforderlichen Unterlagen gehört zunächst der schriftliche Bericht der zentralen Leitung über die in § 32 II EBRG beispielhaft aufgezählten Aspekte. Welche Unterlagen darüberhinaus vorzulegen sind, bestimmt sich nach den Angelegenheiten, über die die zentrale Leitung den europäischen Betriebsrat zu informieren hat[508]. Die Unterrichtung muß letztlich so umfassend sein, daß auf ihrer Grundlage ohne eigene Nachforschungen durch die Arbeitnehmervertreter eine sachgerechte Erörterung möglich ist[509]. Die Informationen müssen so ausführlich sein, daß es den Arbeitnehmervertretern möglich ist, die Sachzusammenhänge zu verstehen und eigene Nachforschungen anstellen zu können[510].

b. Die Rechtzeitigkeit der Unterrichtung

Die Unterlagen müssen rechtzeitig vorgelegt werden. Dadurch soll sichergestellt werden, daß sich die Mitglieder des Europäischen Betriebsrats gründlich in die zu behandelnde Materie einarbeiten können und sich auf die Zusammenkunft mit der zentralen Leitung vorbereiten können[511]. Die Unterrichtung ist die Voraussetzung für die Willensbildung des Europäischen Betriebsrats; dies macht es erforderlich, daß die Unterrichtung zu einem Zeitpunkt erfolgen muß, in welchem der Europäische Betriebsrat nicht nur über den Inhalt der Informationen beraten kann, sondern gegebenfalls auch noch einen Sachverständigen hinzuziehen kann. Der Bericht und die erforderlichen Unterlagen müssen jeweils in die verschiedenen nationalen Sprachen übersetzt werden; dies muß

507 BT-Drucks. 13/5021, S.8.

508 *Blanke*, EBRG, § 32, RN 7.

509 *Gaul*, NJW 1995, S.228 (230); *Hromadka*, DB 1995, S.1125 (130 f.); *Kittner* in D/K/K, BetrVG, § 32 EBRG, RN 5.

510 *Blanpain/Windey*, European works councils, RN 214 f.; *Blanke*, EBRG, § 32, RN 9; *Gaul*, NJW 1996, S.3378 (3382); *Ruoff*, BB 1997, S.2478 (2482).

511 *Kittner* in D/K/K, BetrVG, § 32 EBRG, RN 6; *Blanke*, EBRG, § 32, RN 8.

von der zentralen Leitung im Rahmen der Rechtzeitigkeit beachtet werden. In Anlehnung an § 106 II BetrVG muß die Unterrichtung des Europäischen Betriebsrats erfolgen, bevor die zentrale Leitung ihre Entscheidung getroffen hat[512]. Die fragliche Angelegenheit muß sich also noch im Planungsstadium befinden.

c. Der Zeitpunkt der Anhörung

Dem Text der Richtlinie entsprechend, hat der französische Gesetzgeber keine Regelung über den Zeitpunkt der Weitergabe der Informationen an den Europäischen Betriebsrat getroffen. Dies hat unter den französischen Autoren zu unterschiedlichen Interpretationen über die Rechtzeitigkeit der Weitergabe der Informationen und der entsprechenden Anhörung des Europäischen Betriebsrats geführt.

aa. Die französische Literatur

Nach einer Ansicht ist den Mitwirkungsrechten des Europäischen Betriebsrats Genüge getan, wenn die zentrale Leitung diesen nach Durchführung der geplanten Maßnahme informiert und anhört, da die Richtlinie selbst über den Zeitpunkt der Unterrichtung und Anhörung des Europäischen Betriebsrats keine Regelung getroffen habe[513]. Andererseits wird die Ansicht vertreten, daß der Europäische Betriebsrat vor der Durchführung der geplanten Maßnahme angehört werden müsse[514]. Begründet wird diese Ansicht mit dem Sinn und Zweck der Richtlinie, da die Mitwirkungsrechte der Arbeitnehmer ansonsten ad absurdum geführt würden.

bb. Die französische Rechtsprechung

Die *Cour d'Appel de Versailles* mußte sich ebenfalls mit der Problematik der Rechtzeitigkeit der Anhörung des Europäischen Betriebsrats Renault-Vilvoorde befassen[515]. In seinen Entscheidungsgründen legte sie die Richtlinie 94/45/EG und Art.L. 439-6 code du travail[516] aus und kam zu dem Ergebnis, daß eine

[512] *F/K/H/E*, BetrVG, § 106, RN 15; *Asshoff/Bachner/Kunz*, Europäisches Arbeitsrecht im Betrieb, S.194.

[513] *Teyssié*, La Semaine Juridique 1995, Teil I 3858, S.299 (300); *Rodière*, Droit Ouvrier 1995, S.61 (65); *Rojot* in *Blanpain/Hanami*, European Works Councils, S.143.

[514] *Bélier*, Droit social 1995, S.1027 (1029); *Jacquier*, Droit social 1996, S.1081 (1082); zur Rechtzeitigkeit der Information siehe auch *Harazim*, AiB 1997, S.632 (636).

[515] *Cour d'Appel de Versailles* vom 07.05.1997, AuR 1997, S.299 ff. Siehe hierzu auch die ausführliche Urteilsanmerkung von *Lorenz/Zumfelde*, RdA 1998, S.168 ff.

vorzeitige Unterrichtung und Anhörung des Europäischen Betriebsrats stattfinden müsse, wenn ansonsten der "effet utile" der Norm nicht zum Tragen komme[517]. Die *Cour d'Appel de Versailles* geht damit von einer Einzelfallprüfung aus und sieht keine generelle Notwendigkeit einer vorzeitigen Unterrichtung und Anhörung[518]. Der "effet utile" müsse anhand vernünftiger Kriterien bewertet werden, wozu auch "der Spielraum zählt, der für Bemerkungen, Beanstandungen und Kritik gegeben ist, sowie das Ausmaß und die mögliche Unumkehrbarkeit des möglicherweise eingetretenen Schadens oder aber auch die Wahrung einer angemessenen chronologischen Abfolge bezüglich sinnvoller Maßnahmen oder Reaktionen, wenn nicht gar hinsichtlich einer Abänderung der ursprünglichen Entschließung, damit die getroffene oder zu fällende Entscheidung insgesamt ein Mindestmaß an Flexibilität aufweist oder das für die Abwicklung erforderliche Minimum an Akzeptanz und Verständnis beinhaltet, welches offensichtlich im Rahmen grenzüberschreitender Sozialpartnerschaft angestrebt wird"[519].

cc. Die Arbeitsgruppe "Information et consultation"

Mit dem Problem der Rechtzeitigkeit der Anhörung des Europäischen Betriebsrats hat sich auch die von der Kommission eingesetzte Arbeitsgruppe "*Information et consultation*" beschäftigt, die dazu beitragen soll, daß in den einzelnen Mitgliedstaaten keine sich widersprechenden Umsetzungen der Richtlinie 94/45/EG in nationales Recht vorgenommen werden. Auch wenn ihre Ergebnisse keinen rechtsverbindlichen Charakter haben[520], so können diese aber dennoch für die Interpretation der Richtlinie 94/45/EG herangezogen werden. Sie kam zu dem Ergebnis, daß die Anhörung des Europäischen Betriebsrats vor der Durchführung der geplanten Maßnahme stattfinden müsse, da der Sinn und Zweck der Anhörung in einem Dialog zwischen zentraler Leitung und Europäischem Betriebsrat bestehe[521]. Die Anhörung soll den Arbeitnehmervertretern die Möglichkeit geben, die Entscheidung der zentralen Leitung beeinflussen zu können, auch wenn die zentrale Leitung letztendlich völlig frei in ihrer

516 Nach Art.L. 439-6 ist ein Europäischer Betriebsrat zu errichten, um das Recht der Arbeitnehmer auf grenzübergreifende Unterrichtung und Anhörung zu garantieren.

517 *Cour d'Appel de Versailles* vom 07.05.1997, AuR 1997, S.300.

518 *Lorenz/Zumfelde*, RdA 1998, S.168 (170).

519 *Cour d'Appel de Versailles* vom 07.05.1997, AuR 1997, S.300; siehe hierzu auch *Däubler* in D/K/K, BetrVG, Einl. EBRG, RN 20.

520 Arbeitsgruppe "*Information et consultation*", Abschlußbericht, S.3.

521 Arbeitsgruppe "*Information et consultation*", Abschlußbericht, S.171.

Entscheidung ist. Die Informationen müßten daher so frühzeitig an den Europäischen Betriebsrat weitergeleitet werden, daß dieser noch in der Lage ist, den Rat eines Experten hinzuziehen zu können, um der zentralen Leitung Argumente liefern zu können[522].

Im Ergebnis ist der Ansicht zu folgen, die eine frühzeitige Informierung und Anhörung des Europäischen Betriebsrats bejaht, da das reine Wortlautargument dem Sinn und Zweck der Richtlinie über Europäische Betriebsräte nicht gerecht wird. Dieses Ergebnis wird auch von den Gründen der Richtlinie 94/45/EG gestützt, welche zur Interpretation derselben herangezogen werden dürfen[523]. Dort ist zu lesen: "**Bevor** bestimmte Beschlüsse mit erheblichen Auswirkungen auf die Interessen der Arbeitnehmer ausgeführt werden, sind die Arbeitnehmervertreter unverzüglich zu unterrichten und anzuhören".

d. Die Intensität der Anhörung

Über die Intensität der Anhörung herrscht vor allem in der deutschen Literatur Streit. Einigkeit besteht nur darin, daß die Anhörung des Europäischen Betriebsrats nur ein Mitwirkungsrecht, aber auf keinen Fall ein Mitbestimmungsrecht ist[524]. Kontrovers diskutiert wird dagegen, wie der Begriff der Anhörung im Sinne der Richtlinie 94/45/EG auszulegen ist. Die eine Ansicht geht davon aus, daß der Begriff der Anhörung gleichzusetzen sei mit dem Begriff der Anhörung im deutschen Recht, namentlich in § 102 BetrVG[525]. Dem Europäischen Betriebsrat soll damit nur ein Recht zur Stellungnahme zugebilligt werden. Der überwiegende Teil der Literatur spricht sich dagegen für eine extensive Auslegung des Begriffs der Anhörung aus und versteht darunter ein Beratungsrecht des Europäischen Betriebsrats[526]. Für die zweitgenannte Ansicht spricht bereits die Legaldefinition des Begriffs der Anhörung in Art.2 f. der Richtlinie 94/45/EG. Unter Anhörung wird ein "Meinungsaustausch und die

522 Arbeitsgruppe "*Information et consultation*", Abschlußbericht, S.170.

523 *Lorenz/Zumfelde*, RdA 1998, S.168 (170).

524 *Jacquier*, Droit social 1996, S.1081 (1082); *Oetker*, DB 1996 Beilage 10, S.1 (7); *Gaul*, NJW 1995, S.228 (230); *Engels/Müller*, DB 1996, S.981 (981); *Schlachter*, RdA 1993, S.313 (326); *Wirmer*, DB 1994, S.2134 (2134); *Schmidt*, NZA 1997, S.180 (180).

525 *Gaul*, NJW 1995, S.228 (230); *Hromadka*, DB 1995, 1125 (1131).

526 *Weiss*, AuR 1995, S.438 (440) FN 8; *Oetker*, DB 1996 Beilage 10, S.1 (9); *Ruoff*, BB 1997, S.2478 (2483); *Engels/Müller*, DB 1996, S.981 (981); *Däubler/Klebe*, AiB 1995, S.557 (567); *F/K/H/E*, BetrVG, § 1, RN 263; *Langenbrinck*, DB 1998, S.1081 (1083); *Teyssié*, La Semaine Juridique 1995, Teil I 3858, S.299 (300).

Errichtung eines Dialogs zwischen den Arbeitnehmervertretern und der zentralen Leitung" verstanden. Das bloße Recht zur Stellungnahme würde dieser Definition nicht genügen.

Hilfreich für die Interpretation des Begriffs der Anhörung ist auch ein Blick in das französische Betriebsverfassungsrecht, da dieses für die Mitwirkungsrechte des Europäischen Betriebsrats wohl Pate gestanden hat[527]. Der Begriff der Anhörung ist im französischen Recht klar bestimmt; er beinhaltet einerseits einen Meinungsaustausch und andererseits eine freie Diskussion zwischen dem Arbeitgeber und den Arbeitnehmervertretern[528].
Die Arbeitsgruppe "*Information et consultation*" hat sich ebenfalls mit der inhaltlichen Gestaltung der Anhörung beschäftigt[529]. Auch sie kommt unter Rückgriff auf die Richtlinie 75/129/EWG über Massenentlassungen und die Richtlinie 77/187/EWG über den Betriebsübergang zu dem Ergebnis, daß es sich bei dem Anhörungsrecht des Europäischen Betriebsrats um ein Beratungsrecht handelt[530]. Sie definiert das Anhörungsrecht als Möglichkeit der Arbeitnehmervertreter, die Entscheidung des Arbeitgebers durch einen freien Meinungsaustausch zu beeinflussen, auch wenn dieser letztendlich frei in seiner Entscheidungsfindung bleibt[531].

Im Ergebnis bleibt damit festzuhalten, daß die besseren Argumente dafür sprechen, daß das Anhörungsrecht des Europäischen Betriebsrats ein Beratungsrecht ist und kein bloßes Recht zur Stellungnahme.

VI. Die Mitwirkungsrechte in Tendenzunternehmen

Nach § 34 EBRG finden auf Unternehmen und herrschende Unternehmen von Unternehmensgruppen, die unmittelbar und überwiegend den in § 118 I S.1 Nr.1 und Nr.2 BetrVG genannten Bestimmungen oder Zwecken dienen nur § 32 II Nr.5 bis 10 EBRG und § 33 I EBRG mit der Maßgabe Anwendung, daß eine Unterrichtung und Anhörung nur über den Ausgleich oder die Milderung der wirtschaftlichen Nachteile erfolgen muß, die den Arbeitnehmern infolge der Unternehmens- oder Betriebsänderung entstehen.

527 So auch *Windbichler*, ZfA 1996, S.1 (14).
528 *G.Lyon-Caen/Pélissier/Supiot*, Droit du travail, RN 727.
529 Arbeitsgruppe "*Information et consultation*", Abschlußbericht, S.167 ff.
530 Arbeitsgruppe "*Information et consultation*", Abschlußbericht, S.168.
531 Arbeitsgruppe "*Information et consultation*", Abschlußbericht, S.169.

Eine vergleichbare Regelung im französischen Umsetzungsgesetz ist nicht vorhanden, da im französischen Arbeitsrecht besondere Bestimmungen für Tendenzunternehmen unbekannt sind und nach Art.8 III der Richtlinie 94/45/EG die Tendenzschutzklausel nur umgesetzt werden darf, wenn ein Mitgliedstaat bereits im Zeitpunkt der Verabschiedung der Richtlinie solche Tendenzschutzvorschriften vorgesehen hat[532].

1. Die Gleichsetzung mit § 118 I BetrVG

Nach Art.8 III kann jeder Mitgliedstaat "besondere Bestimmungen für die zentrale Leitung von in seinem Hoheitsgebiet ansässigen Unternehmen vorsehen, die in bezug auf Berichterstattung und Meinungsäußerung unmittelbar und überwiegend eine bestimmte weltanschauliche Tendenz verfolgen". In einer gemeinsamen Erklärung für das Ratsprotokoll zu Art.8 III haben der Rat und die Kommission dagegen erklärt: "Unter dem Ausdruck 'Unternehmen und Betriebe, die in Bezug auf die Berichterstattung und Meinungsäußerung unmittelbar und überwiegend eine bestimmte weltanschauliche Tendenz verfolgen' sind Unternehmen und Betriebe zu verstehen, die unmittelbar und hauptsächlich die nachstehenden Zwecke verfolgen:

- politische, berufsständische, konfessionelle, erzieherische, wissenschaftliche oder künstlerische Zwecke,
- Zwecke der Berichterstattung oder Meinungsäußerung"[533].

Angesichts dieser unterschiedlichen Regelungen in der Richtlinie über Europäische Betriebsräte einerseits und in der Erklärung für das Ratsprotokoll ist nun zu klären, welche rechtliche Bedeutung Ratsprotokollerklärungen bei der Interpretation von Richtlinien zukommt. Hinsichtlich ihrer rechtlichen Bedeutung besteht zunächst Einigkeit darüber, daß Ratsprotokollerklärungen bei der Auslegung von Richtlinien dann keine Berücksichtigung finden können, wenn sie in Widerspruch zum Wortlaut des Rechtsaktes stehen[534]. Ansonsten würde das Rechtsetzungsverfahren nach dem EG-Vertrag mit der Einbeziehung von Kommission und Europäischem Parlament durch eine solche außerhalb des Verfahrens zustandegekommene Erklärung ausgehebelt. Weitere Voraussetzung

[532] Außer in Deutschland existieren nur in Österreich und Schweden Tendenzschutzregelungen.

[533] Ratsdokument 9067/94, S.8.

[534] *Dreher*, EuZW 1994, S.743 (744); *Rademacher*, Europäischer Betriebsrat, S.139; *Karl*, JZ 1991, S.593 (597); *Lutter*, JZ 1992, S.593 (600).

für die Berücksichtigung einer Ratsprotokollerklärung ist, daß diese mit dem für die Annahme des Rechtsaktes selbst erforderlichen Stimmenquorum angenommen wurde[535]. Aus dem Rechtsstaatsprinzip ergibt sich ferner, daß die Ratsprotokollerklärung veröffentlicht worden sein muß, wenn deren Berücksichtigung bei der Auslegung einer Richtlinie sich unmittelbar oder mittelbar zu Lasten Dritter auswirken würde[536]. Weiterhin muß die Veröffentlichung europaweit erfolgen[537].

Der Wortlaut des Art.8 III der Richtlinie 94/45/EG ermöglicht den Erlaß von Sondervorschriften für Unternehmen, "die in bezug auf Berichterstattung und Meinungsäußerung (...) eine bestimmte weltanschauliche Tendenz verfolgen". Hiermit wird klar zum Ausdruck gebracht, daß die Tendenzbestimmungen lediglich für Unternehmen des Pressewesens gelten, da die Aufzählung in Art.8 III abschließendenden und nicht beispielhaften Charakter hat[538]. Zu diesem eindeutigen Wortlaut der Richtlinie steht die Ratsprotokollerklärung klar in Widerspruch, wenn sie die Tendenzbestimmungen auch auf Unternehmen ausdehnen möchte, die politische, karitative, berufsständische, konfessionelle, erzieherische, wissenschaftliche oder künstlerische Zwecke verfolgen. Im Ergebnis steht die Ratsprotokollerklärung im Widerspruch zum Wortlaut der Richtlinie 94/45/EG und kann damit zur Auslegung des Art.8 III nicht herangezogen werden.

Die Tendenzschutzbestimmung darf somit nur auf Unternehmen angewendet werden, die sich mit Berichterstattung und Meinungsäußerung befassen[539]. § 34 EBRG ist damit in Bezug auf die von den Tendenzschutzbestimmungen des Art.8 III betroffenen Unternehmen nicht richtlinienkonform umgesetzt.

535 *Dreher*, EuZW 1994, 743 (744); *Lutter*, JZ 1992, S.593 (600).

536 *Rademacher*, Europäischer Betriebsrat, S.140; *Lutter*, JZ 1992, S.593 (600 f.).

537 *Pechstein*, EuR 1990, S.249 (255); *Dreher*, EuZW 1994, S.743 (744); *Lutter*, JZ 1992, S.593 (600 f.). A.A. *Karl*, JZ 1991, S.593 (598), der bei der Umsetzung einer Richtlinie einen "entsprechenden Hinweis in den Gesetzesmaterialien" für ausreichend hält. Ebenso *Oetker*, DB 1996 Beilage Nr.10, S.1 (12).

538 *Rademacher*, Europäischer Betriebsrat, S.141.

539 Im Ergebnis so auch der Bundesrat in seiner Stellungnahme, BR.-Drucks. 251/96, S.8; *Sandmann*, Die Euro-Betriebsrats-Richtlinie, S.224; *Bachner/Nielebock*, AuR 1997, S.129 (136); *Lörcher*, AuR 1996, S.297 (300 ff.); *Rademacher*, Europäischer Betriebsrat, S.141. A.A. *Ruoff*, BB 1997, S.2478 (2479); *Oetker*, DB 1996 Beilage Nr.10; S.1 (12); *Däubler* in D/K/K, BetrVG, § 34 EBRG, RN 4.

2. Der Umfang der Mitwirkungsrechte

Der Richtlinientext läßt eine Einschränkung der Unterrichtungs- und Anhörungsrechte des Europäischen Betriebsrats in Tendenzunternehmen nur dann zu, "falls die innerstaatlichen Rechtsvorschriften solche besonderen Bestimmungen zum Zeitpunkt der Annahme dieser Richtlinie bereits enthalten". Nach § 118 I S.2 BetrVG darf in Tendenzunternehmen kein Wirtschaftsausschuß gebildet werden.

Allerdings erscheinen Tendenzschutzbestimmungen bezüglich der reinen Information und Beratung in wirtschaftlichen Angelegenheiten zur Gewährleistung der Pressefreiheit nicht zwingend geboten[540]. Auch nach der Rechtsprechung des *BAG* bleiben beim Vorliegen der drei Grundvoraussetzungen -Tendenzunternehmen, Tendenzträger und tendenzbedingte Maßnahme- die Informations-, Beratungs,- und Anhörungsrechte des Betriebsrats uneingeschränkt erhalten[541]. Nach Auffassung des *BAG* kommt es allein darauf an, ob die Einschränkung der Beteiligungsrechte durch die Tendenz bedingt und erforderlich ist, weil sonst deren Verwirklichung durch die Beteiligungsrechte des Betriebsrats verhindert oder ernstlich beeinträchtigt werden könnte. Diese Möglichkeit bestehe aber nur bei den echten Mitbestimmungsrechten. Da der Europäische Betriebsrat aber über derartige Rechte nicht verfügt, besteht keine Gefahr der Verhinderung oder Beeinträchtingung der Tendenzverwirklichung. Im Ergebnis bedeutet dies, daß § 34 EBRG zu streichen ist[542].

E. Die Beilegung von Meinungsverschiedenheiten

Die Mitgliedstaaten haben gemäß Art.11 III der Richtlinie 94/45/EG geeignete Maßnahmen zur Verfügung zu stellen, um eine ordnungsgemäße Unterrichtung und Anhörung des Europäischen Betriebsrats sicherzustellen. Aus diesem Grund ist dem Europäischen Betriebsrat insbesondere die Möglichkeit einzuräumen, Klage gegen die zentrale Leitung erheben zu können. Im EBRG ist kein gesonderter Unterlassungsanspruch der Arbeitnehmevertreter gegen die zentrale Leitung vorgesehen, falls diese gegen anhörungspflichtige Maßnahmen verstößt.

540 *F/K/H/E*, BetrVG, § 118, RN 44; *Fabricius* in GK-BetrVG; § 118, RN 104 ff; *Birk*, JZ 1973, S.753 (754); *Sandmann*, Die Euro-Betriebsrats-Richtlinie, S.226.

541 *BAG*, AP Nr.2 zu § 118 BetrVG 1972; *BAG*, AP Nr.4 zu § 118 BetrVG 1972. A.A. *Oetker*, DB 1996 Beilage Nr.10; S.1 (15), der bereits in dem Anhörungsrecht des Europäischen Betriebsrats eine Beeinträchtigung der Pressefreiheit erblickt.

542 So auch *Weiss*, AuR 1995, S.438 (444); der Bundesrat in seiner Stellungnahme, BR.-Drucks. 251/96, S.8; *Sandmann*, Die Euro-Betriebsrats-Richtlinie, S.226.

I. Das deutsche Recht

1. Anspruch auf Unterlassung anhörungspflichtiger Maßnahmen

Die Unterrichtung und Anhörung der Arbeitnehmervertreter hat zu einem Zeitpunkt zu erfolgen, in dem deren Vorschläge und Bedenken von der zentralen Leitung noch berücksichtigt werden können. Aus der Richtlinie 94/45/EG selbst kann i.d.R. kein Anspruch der Arbeitnehmervertretung, anhörungspflichtige Maßnahmen bis zur Durchführung des Unterrichtungs- und Anhörungsverfahrens zu unterlassen, hergeleitet werden[543].

a. Anspruch aus der Richtlinie

Ein Unterlassungsanspruch kann aber dann unmittelbar auf die Richtlinie 94/45/EG gestützt werden, wenn es sich bei dem betreffenden Unternehmen um eine öffentlich-rechtliche AG handelt. Aus dem Geltungsbereich der Richtlinie ist nur der strikt hoheitliche Bereich der öffentlichen Verwaltung ausgenommen[544]. Deshalb unterfallen auch juristische Personen des öffentlichen Rechts dem Anwendungsbereich der Richtlinie über Europäische Betriebsräte, sofern sie eine wirtschaftliche Tätigkeit ausüben[545]. In diesem Fall sind sie als Unternehmen i.S. des Gemeinschaftsrechts anzusehen. Der Unterlassungsanspruch gegenüber gemeinschaftsweit operierenden öffentlichen Unternehmen kann aus diesem Grund unmittelbar auf die Richtlinie gestützt werden, da sich die öffentliche Hand nicht auf staatlich veranlaßte und zu vertretende Umsetzungsdefizite berufen kann. Sind die Vorschriften in einer Richtlinie hinreichend bestimmt und begründen sie subjektive Rechte der begünstigten Adressaten, so wirkt eine Richtlinie nach der Rechtsprechung des *EuGH* zulasten der öffentlichen Hand und zugunsten der Begünstigten wie eine Verordnung i.S. des Art.189 II des EG-Vertrages[546]. Im Ergebnis können damit Arbeitnehmervertreter von juristischen Personen des öffentlichen Rechts, sofern diese eine wirtschaftliche Tätigkeit ausüben, einen Unterlassungsanspruch gegen die zentrale Leitung direkt auf die Richtlinie 94/45/EG stützen.

543 Begründung des Kommissionsentwurfs vom 13.04.1994 KOM (94) 134 endg. RN32; *Blanke*, EBRG, § 32, RN 33; a.A. *Bachner/Nielebock*, AuR 1997, S.129 (134 f.).

544 Für den parallelen Fall der Betriebsübergangsrichtlinie 77/187/EWG *EuGH* vom 15.10.1996, Rs. C-298/94, NZA 1996, S.1279 RN 16 f.

545 *Blanke*, EBRG, § 32, RN 34. In den Anwendungsbereich der RL 94/45/EG fallen u.a. öffentlich-rechtliche Sparkassen, Landesbanken, die Deutsche Post AG etc..

546 Beispielhaft *EuGH* vom 26.02.1986, Rs. 152/84, EAS Art.5 RL 76/207/EWG Nr.4 RN 48 ff. (Marshall II).

b. Ansprüche aus nationalem Recht

Im Bereich der privaten Wirtschaft kann sich ein Unterlassungsanspruch nur aus dem nationalen Recht ergeben und nicht aus der Richtlinie direkt.

aa. Gesetzlicher Unterlassungsanspruch

Als Anspruchsgrundlage kommt mangels spezialgesetzlicher Regelung im EBRG der betriebsverfassungsrechtliche Unterlassungsanspruch nach § 23 III BetrVG bzw. der allgemeine Unterlassungsanspruch nach § 1004 i.V.m. § 823 I oder II BGB in Betracht. Beide Unterlassungsansprüche können nach der Rechtsprechung des *BAG* nebeneinander bestehen[547]. Der Anspruch aus § 23 III BetrVG setzt einen groben Verstoß des Arbeitgebers gegen seine Verpflichtungen "aus diesem Gesetzt" vor; hiermit ist folglich nur das Betriebsverfassungsgesetz gemeint. In analoger Anwendung dürften aber auch die Pflichten der zentralen Leitung aus dem EBRG fallen; antragsbefugt müßte dann aufgrund einer richtlinienkonformer Auslegung des § 23 III BetrVG i.V.m. dem EBRG auch der Europäische Betriebsrat selbst sein[548]. Nach der bisherigen h.M. würde ein Unterlassungsanspruch nach § 23 III BetrVG aber scheitern, wenn die zentrale Leitung entgegen § 32 EBRG und § 33 EBRG anhörungspflichtige Maßnahmen vor Durchführung des Unterrichtungs- und Anhörungsverfahrens ausführt, denn insoweit besteht kein echtes Mitbestimmungsrecht des Europäischen Betriebsrats[549]. Die Einräumung eines Unterlassungsanspruchs würde nach dieser Ansicht unzulässigerweise zu einem "Mitbestimmungsrecht auf Zeit" führen[550]. Aus denselben Gründen würde auch der allgemeine Unterlassungsanspruch scheitern.

Das Scheitern eines effektiven Rechtsschutzes ist aber äußerst unbefriedigend, da die Unterrichtungs- und Anhörungspflichten den Kernbereich des EBRG darstellen Das EBRG sieht deshalb in § 44 I Nr.2 i.V.m. § 42 Nr.2 bei Verstößen gegen die Mitwirkungsrechte des Europäischen Betriebsrats eine Freiheitsstrafe bis zu einem Jahr vor. Aus diesem Grund muß für den Europäischen Betriebsrats sowohl aus § 23 III BetrVG als auch aus § 10004 i.V.m. § 823 I

[547] *BAG* vom 03.05.1994, NZA 1995, S.40.

[548] *Blanke*, EBRG, § 32, RN 36. A.A. *F/K/H/E*, BetrVG, § 13, RN 69, welche nur die inländischen Betriebsräte oder die im Betrieb vertretenen Gewerkschaften in gesetzlicher Przeßstandschaft für den Europäischen Betriebsrat für antragsbefugt halten.

[549] *Trittin* in D/K/K, BetrVG, § 23, RN 79 ff; *F/K/H/E*, BetrVG, § 23, RN 66 m.w.N.

[550] *Hromadka*, DB 1995, S.1125 (1130); *Lerche*, Europäischer Betriebsrat, S.288

oder II BGB ein Unterlassungsanspruch bestehen, wenn der Arbeitgeber massiv und in gezielter Form gegen die Vorschriften des EBRG verstößt[551]. Dies ist typischerweise bei Verstößen gegen die Informations- und Anhörungspflicht nach § 32 EBRG gegeben. Wird eine Maßnahme, von der der Europäische Betriebsrat hätte vorher unterrichtet und angehört werden müssen, ohne dessen Einschaltung begonnen oder sogar durchgeführt, so muß dem Europäischen Betriebsrat auch die Möglichkeit eingeräumt werden, mit Hilfe einer einstweiligen Verfügung den sofortigen Stopp oder die Rückgängigmachung der Maßnahme zu erwirken, bis das Verfahren ordnungsgemäß abgeschlossen ist[552].

bb. Unterlassungsanspruch aus der Vereinbarung

Nicht geregelt wurde weiterhin, ob sich direkt aus der Vereinbarung für die Parteien Rechte und Pflichten ergeben, deren Einhaltung im Streitfall auch gerichtlich eingeklagt werden können. Da für die Vertragsparteien aus der freiwilligen Vereinbarung unmittelbare rechtliche Verpflichtungen erwachsen und die freiwillige Vereinbarung gesetzesverdrängende Wirkung besitzt, müssen die darin begründeten Rechte und Pflichten auch gerichtlich durchsetztbar sein[553].

Bei Streitigkeiten über die Einhaltung der Vereinbarung zur Schaffung eines Europäischen Betriebsrats bzw. eines Verfahrens über die Unterrichtung und Anhörung von Arbeitnehmern in gemeinschaftsweit tätigen Unternehmen sollte sowohl dem besonderen Verhandlungsgremium als auch dem Europäischen Betriebsrat selbst die Antragsbefugnis zugesprochen werden. Dem besonderen Verhandlungsgremium, weil es Vertragspartner dieser Vereinbarung ist[554]. Da aber das "Weiterleben" des besonderen Verhandlungsgremiums in Deutschland gesetzlich nicht geregelt wurde, und in der Literatur heftig umstritten ist, muß auch dem Europäischen Betriebsrat als direkt betroffenes Gremium ein Antragsrecht vor dem Arbeitsgericht eingeräumt werden, damit kein Vakuum entsteht für den Fall, daß die Rechtsprechung das besondere Verhandlungsgremium als nicht mehr existent betrachtet, sobald der Europäische Betriebsrat bzw. das Unterrichtungs- und Anhörungsverfahren installiert worden ist.

551 *Däubler* in D/K/K, BetrVG, Einl. EBRG RN 20; *Kittner* in D/K/K, BetrVG, § 33 EBRG, RN 5; *Blanke*, EBRG, § 32, RN 37; a.A. *Müller*, EBRG, § 33 RN 6.

552 *Däubler* in D/K/K, BetrVG, Einl. EBRG, RN 15.

553 *Blanke*, EBRG, § 41, RN 11.

554 So auch die Arbeitsgruppe "*Information et consultation*", Abschlußbericht, S.163.

2. Der Klageweg

Durch die Änderung des § 2a ArbGG wurde die grundsätzliche Zuständigkeit der Arbeitsgerichtsbarkeit im Beschlußverfahren für Angelegenheiten aus dem Gesetz über Europäische Betriebsräte begründet. Dem Europäischen Betriebsrat wurde in § 10 ArbGG die Parteifähigkeit eingeräumt, damit er gemäß § 2a Nr.3b ArbGG im Beschlußverfahren gegen die zentrale Leitung gerichtlich vorgehen kann. In Angelegenheiten eines Europäischen Betriebsrats, im Rahmen eines Verfahrens zur Unterrichtung und Anhörung oder des besonderen Verhandlungsgremiums ist laut §§ 82, 83 III ArbGG für die örtliche Zuständigkeit des Arbeitsgerichts der Sitz des vertragsschließenden Unternehmens entscheidend.

3. Betriebliches Einigungsstellenverfahren

Der Bundesrat hat in seiner Stellungnahme zum Entwurf über das EBRG die fehlende Möglichkeit eines Einigungsstellenverfahrens im Sinne des § 109 BetrVG gerügt[555]. Das Einigungsstellenverfahren sei ein geeignetes Instrumentarium, welches insbesondere bei den zu befürchtenden Fällen der Umgehung der Auskunftspflicht unter Berufung auf das Geschäfts- und Berufsgeheimnis zu einer kurzfristigen und praxisnahen Beilegung von Meinungsverschiedenheiten führe. Die Bundesregierung lehnte diesen Vorschlag in ihrer Gegenäußerung zu der Stellungnahme des Bundesrates ab, weil das in § 109 BetrVG geregelte Einigungsstellenverfahren in der Praxis kaum eine Rolle spiele[556]. Außerdem sei eine Verkürzung der Dauer von Streitverfahren nicht gewährleistet, weil in jedem Fall die Arbeitsgerichte angerufen werden könnten. Die Argumentation der Bundesregierung ist nicht überzeugend, denn die Einführung eines Einigungsstellenverfahrens ändert nichts an der Möglichkeit, etwaige Streitigkeiten kurzfristig beizulegen[557]. Weiterhin ist das Argument, daß das Einigungsstellenverfahren in der Praxis keine große Rolle spiele, nicht stichhaltig, da es über die Funktionsfähigkeit desselben keine Aussage trifft. Im Ergebnis wäre es daher sinnvoll gewesen, wenn der deutsche Gesetzgeber neben der Klagemöglichkeit des Europäischen Betriebsrats zusätzlich die Möglichkeit eines Einigungsstellenverfahrens vorgesehen hätte.

555 BR.-Drucks. 251/96, S.8.

556 BT.-Drucks. 13/5021, S.8.

557 *Engelen-Kefer*, AiB 1996, S.137 (139); *Asshoff/Bachner/Kunz*, Europäisches Arbeitsrecht im Betrieb, S.208; *Däubler* in D/K/K, BetrVG, Einl. EBRG, RN 21.

II. Das französische Recht

Im französischen Recht ist die Antragsbefugnis der Arbeitnehmerseite bei Verstößen gegen das Gesetz über Europäische Betriebsräte in Art.L. 439-1 IV geregelt. Danach haben das comité d'entreprise bzw. die repräsentativen Gewerkschaften das Recht, vor dem "*tribunal de grande instance*" in dessen Bezirk das herrschende Unternehmen seinen Sitz hat, Klage zu erheben. Da das französische Recht in Art.L. 439-11 II ausdrücklich geregelt hat, daß das besondere Verhandlungsgremium nicht mehr existiert, sobald der Europäische Betriebsrat bzw. das Unterrichtung- und Anhörungsverfahren installiert ist, sollte dennoch auch dem Europäischen Betriebsrat selbst als direkt betroffenes Gremium zusätzlich eine Antragsbefugnis eingeräumt werden[558].

F. Die Weitergeltung bestehender Vereinbarungen

I. Die deutsche Umsetzung

Nach § 41 I EBRG sind die Bestimmungen des EBRG auf die in den §§ 2 und 3 EBRG genannten Unternehmen und Unternehmensgruppen, in denen vor dem 22.09.1996 eine Vereinbarung über grenzübergreifende Unterrichtung und Anhörung besteht, nicht anwendbar, solange diese Vereinbarung wirksam ist. Die Vereinbarung muß sich auf alle in den Mitgliedstaaten beschäftigten Arbeitnehmer erstrecken und den Arbeitnehmern aus denjenigen Mitgliedstaaten eine angemessene Beteiligung an der Unterrichtung und Anhörung ermöglichen, in denen das Unternehmen oder die Unternehmensgruppe einen Betrieb hat. § 41 III EBRG sieht die Möglichkeit vor, daß Vereinbarungen, welche am Stichtag nicht alle Arbeitnehmer erfassen, innerhalb von sechs Monaten die Einbeziehung derselben nachholen dürfen. Nach § 41 II EBRG steht der Weitergeltung der Vereinbarung nicht entgegen, daß die Vereinbarung auf seiten der Arbeitnehmer nur von einer im BetrVG vorgesehenen Arbeitnehmervertretung geschlossen wurde.

II. Die französische Umsetzung

Art.5 des Gesetzes n° 96-985 vom 12. November 1996, welches die Richtlinie 94/45/EG in französisches Recht umsetzt, regelt die Weitergeltung bereits bestehender Vereinbarungen. Danach gelten die Verpflichtungen nach Buch IV, Titel III, Kapitel X des code du travail in der durch dieses Gesetz abgeänderten

[558] Das Antragsrecht des Europäischen Betriebsrats war ursprünglich in Art.L.439-1 III des französischen Gesetzentwurfs zur Umsetzung der Richtlinie 94/45/EG auch vorgesehen, wurde dann aber wieder herausgenommen.

Fassung nicht für gemeinschaftweit tätige Unternehmen und Unternehmensgruppen, die zum 22.09.1996 bereits über eine für alle Arbeitnehmer geltende Vereinbarung über Gremien oder andere Verfahren zur Unterrichtung, zur Anhörung und zum Dialog auf Gemeinschaftsebene verfügen.

1. Arbeitnehmervertretung

Die freiwilligen Vereinbarungen in französischen Unternehmen wurden in der Regel mit den Gewerkschaften geschlossen[559]. Der französische Gesetzgeber hat im code du travail keine Konkretisierung vorgenommen, wie repräsentativ die Arbeitnehmervertretung sein muß, damit die geschlossene Vereinbarung in den Genuß des Art.13 kommen kann.

Nach dem Sinn und Zweck des Art.13 ist für den Bestandsschutz ein bestimmter Zustand bzw. ein bestimmtes Ergebnis und nicht die Einhaltung eines bestimmten procedere von Bedeutung[560]. So bestimmt Art.13 daß "eine für alle Arbeitnehmer geltende Vereinbarung besteht"; dies spricht dafür, daß die Unternehmensleitung ihren Verhandlungspartner frei wählen kann. Weiterhin soll mit dieser Vorschrift die Kontinuität einer auf dem Prinzip der Freiwilligkeit basierenden Praxis gesichert werden[561]. Da der Abschluß einer Vereinbarung zur Installierung eines Europäischen Betriebsrats vor dem 22.09.1996 auf Freiwilligkeit beruhte, war von den Verhandlungspartner naturgemäß auch kein bestimmtes Verfahren einzuhalten[562]. Im Ergebnis bedeutet dies, daß eine Gewerkschaft oder sogar ein rein nationals Gremium als Verhandlungspartner ausreicht[563].

2. Der Geltungsbereich für alle Arbeitnehmer

Eine Vereinbarung im Sinne des Art.13 gilt dann für alle Arbeitnehmer, wenn sie, vorbehaltlich nationaler Schwellenwerte, die Belegschaften aus allen Mitgliedstaaten erfaßt, in denen das Unternehmen bzw. die Unternehmensgruppe vertreten ist[564]. Aus diesem Grund ist es mit Art.13 nicht zu vereinbaren,

[559] *Le Friant*, NZA 1994, S.158 (159).
[560] *Hromadka*, DB 1995, S.1125 (1127); *Rademacher*, Europäischer Betriebsrat, S.151; *Wirmer*, DB 1994, S.2134 (2136). A.A. *Weiss*, AuR 1995, S.438 (440).
[561] *Wirmer*, DB 1994, S.2134 (2136).
[562] *Hromadka*, DB 1995, S.1125 (1127); *Rademacher*, Europäischer Betriebsrat, S.151.
[563] So auch *Goos*, NZA 1994, S.776 (778); *Hanau*, FS für Vieregge, S.319 (330); *Hohenstatt*, EuZW 1995, S.169 (172); *Wuttke*, DB 1995, S.774 (775); *Willemsen/Hohenstatt*, NZA 1995, S.399 (401) f.); *Rademacher*, Europäischer Betriebsrat, S.152.

wenn der Geltungsbereich auf bestimmte Sparten oder bestimmte Länder beschränkt ist[565], denn bei der Anhörung geht es darum, die Interessen sämtlicher Arbeitnehmer in den Entscheidungsprozeß einzubringen. Die freiwillige Vereinbarung muß also sicherstellen, daß die Interessen der gesamten Belegschaft gegenüber der zentralen Leitung vertreten werden[566]. Dies bedeutet, daß in dieses Gremium Arbeitnehmervertreter aus allen Mitgliedstaaten, in denen das Unternehmen tätig ist, entsendet werden müssen. Ein rein nationales Gremium kann die Interessenvertretung der gesamten Belegschaft nicht gewährleisten[567].

G. Die Kostentragungspflicht des Arbeitgebers

I. Die deutsche Umsetzung

1. Beratung durch Sachverständige

a. Das besondere Verhandlungsgremium

Nach § 13 IV EBRG kann sich das besondere Verhandlungsgremium durch Sachverständige seiner Wahl unterstützen lassen, soweit dies zur Wahrnehmung seiner Aufgaben erforderlich ist. Die Hinzuziehung von Sachverständigen soll dem besonderen Verhandlungsgremium die Erledigung seiner gesetzlichen Aufgaben erleichtern. Hierbei können auch Beauftragte von Gewerkschaften als Sachverständige herangezogen werden[568]. Damit wird der Tatsache Rechnung getragen, daß den Gewerkschaften beim Abschluß von Vereinbarungen zur Installierung eines Europäischen Betriebsrats eine bedeutende Rolle zukommt. Der Sachverständige braucht im übrigen nicht neutral zu sein, sondern kann seine Sachkunde auch zur spezifisch arbeitnehmerorientierten Interessenwahrnehmung zur Verfügung stellen[569]. Die Hinzuziehung von Sachverständigen durch das besondere Verhandlungsgremium muß gemäß § 13 IV S.1 EBRG "zur ordnungsgemäßen Erfüllung seiner Aufgaben erforderlich" sein. Die Richtlinie 94/45/EG macht diese Einschränkung, anders als für den Europäischen Betriebsrat, nicht. Das Fehlen dieser Beschränkung in der Richtlinie stellt kein

564 *Willemsen/Hohenstatt*, NZA 1995, S.399 (401).

565 *Hornung-Draus,* Der Arbeitgeber 1994, S.759 (764); *Weiss,* AuR 1995, S.438 (440); *Rademacher*, Europäischer Betriebsrat, S.156.

566 *Hromadka*, DB 1995, S.1125 (1127).

567 A.A. *Rademacher,* Europäischer Betriebsrat, S.157, der zwar erhebliche Schwierigkeiten bei der Arbeitnehmerrepräsentation durch ein rein nationales Gremium sieht, ein solches aber letztendlich dennoch im Einzelfall als repräsentativ anerkennen möchte.

568 Hierzu kritisch *Weiss*, AuR 1995, S.438 (444).

569 *Blanke*, EBRG, § 13, RN 18.

Redaktionsversehen dar, sondern hat gute Gründe. Die Errichtung einer europäischen Arbeitnehmervertretung und deren Ausgestaltung ist eine komplexe und schwierige Aufgabe. Hierbei werden an die Mitglieder des besonderen Verhandlungsgremiums hohe Anforderung in bezug auf wirtschaftswissenschaftliche und rechtliche Fragen gestellt. Deshalb ist in richtlinienkonformer Auslegung das Erforderlichkeitsprinzip für das Recht auf Hinzuziehung von Sachverständigen restriktiv auszulegen. Es ist für die Beratung des besonderen Verhandlungsgremiums grundsätzlich zu bejahen[570].

b. Der Europäische Betriebsrat

Nach § 29 EBRG können sich der Europäische Betriebsrat und der Ausschuß durch Sachverständige ihrer Wahl unterstützen lassen, soweit dies zur ordnungsgemäßen Erfüllung ihrer Aufgaben erforderlich ist. Die Vorschrift übernimmt damit wörtlich die Bestimmung aus der Richtlinie 94/45/EG. Die Zuziehung von Sachverständigen durch den Europäischen Betriebsrat oder den Ausschuß ist danach an die Bedingung der "Erforderlichkeit" geknüpft. Dies ist bei schwierigen Materien, wie z.B. Rechtsfragen im Zusammenhang mit der Umsetzung der Richtlinie in den einzelnen Mitgliedstaaten, bei arbeitsrechtlichen und tarifrechtlichen Fragen, bei Alternativen zu geplanten Produktionsverlagerungen, bei Stillegungen, Massenentlassungen etc. gegeben[571]. Die Hinzuziehung von Sachverständigen im Rahmen des Erforderlichen soll dem Europäischen Betriebsrat bzw. dem Ausschuß die Erledigung seiner gesetzlichen Aufgaben erleichtern. Auch hier wurde vom Gesetzgeber klargestellt, daß Sachverständige Gewerkschaftsbeauftragte sein können. Im Rahmen der Erforderlichkeit können durchaus auch mehrere Sachverständige hinzugezogen werden, denn angesichts des grenzübergreifenden Charakters der Zuständigkeit des Europäischen Betriebsrats und seiner Funktion dürfte häufiger die Hinzuziehung jeweils eines Sachverständigen pro vertretenem Mitgliedstaat erforderlich sein[572].

2. Kosten und Sachaufwand

a. Sachverständige

Nach § 16 I S.2 EBRG und § 30 S.2 EBRG beschränkt sich die Kostentragungspflicht der zentralen Leitung auf einen Sachverständigen. Ob diese

570 *Bachner/Nielebock*, AuR 1997, S.129 (131); *Kunz*, AiB 1997, S.267 (278).

571 *Blanke*, EBRG, § 30, RN 3.

572 *Blanke*, EBRG, § 29, RN 2.

Beschränkung der Kostentragungspflicht so zu verstehen ist, daß während des gesamten Tätigkeitszeitraums des besonderen Verhandlungsgremiums lediglich die Kosten eines Sachverständigen von der zentralen Leitung zu tragen sind, ist nicht eindeutig. Angesichts der komplexen Materie wäre eine solche Auslegung der Bestimmung völlig unangemessen und mit dem Sinn und Zweck der Richtlinie sowie den komplexen Aufgaben des besonderen Verhandlungsgremiums nicht zu vereinbaren[573].

Die Vorschrift des § 16 I S.2 EBRG ist folglich dahingehend auszulegen, daß sich die Kostentragungspflicht immer dann, wenn sich das besondere Verhandlungsgremium durch Sachverständige beraten läßt, auf einen Sachverständigen beschränkt wird. Im Ergebnis heißt dies, daß die zentrale Leitung die Kosten für einen Sachverständigen pro Beratungs- und Verhandlungsgegenstand des besonderen Verhandlungsgremiums zu tragen hat.[574] Dasselbe gilt für die Kostentragungspflicht der zentralen Leitung für die Unterstützung durch Sachverständige des Europäischen Betriebsrats[575].

b. Laufende Kosten

aa. Das besondere Verhandlungsgremium

Nach § 16 I EBRG hat die zentrale Leitung die durch die Bildung und Tätigkeit des besonderen Verhandlungsgremiums entstehenden Kosten zu tragen. Hierunter fallen die sachlichen und persönlichen Kosten der Organe und ihrer Mitglieder, allerdings nur soweit sie erforderlich sind. Hierfür genügt es, daß das besondere Verhandlungsgremium und seine Mitglieder die Ausgaben unter Anlegung eines verständigen Maßstabes für erforderlich halten durfte[576]. Zu den Kosten der Errichtung eines besonderen Verhandlungsgremiums gehören auch Reisen der nach § 11 EBRG für die Bildung des besonderen Verhandlungsgremiums zuständigen Gremien bzw. deren Mitglieder zu einer Arbeitnehmervertretung in einem ausländischen Mitgliedstaat, um die Antragstellung zur Errichtung eines besonderen Verhandlungsgremiums absprechen zu können[577]. Die zentrale Leitung hat hierbei neben den Kosten für die Bahnfahrkarten nebst

[573] *Bachner/Nielebock*, AuR 1997, S.129 (131).

[574] *Blanke*, EBRG, § 16, RN 9; *Bachner/Nielebock*, AuR 1997, S.129 (131); *Klebe* in D/K/K BetrVG, § 13 EBRG, RN 13.

[575] *Bachner/Nielebock*, AuR 1997, S.129 (131); *Blanke*, EBRG, § 30,EBRG, RN 4.

[576] *ArbG. Hamburg* vom 17.04.1997, AuR 1998, S.42 f.

[577] *Blanke*, EBRG, § 16, RN 3.

Zuschlägen auch die bei Dienstreisen üblicherweise gezahlten Pauschalbeträge zu erstatten[578].

Die Kosten der Tätigkeit des besonderen Verhandlungsgremiums umfassen zum einen die durch die Sitzungen und Verhandlungen mit der zentralen Leitung veranlaßten Reise- und Aufenthaltskosten der Mitglieder des besonderen Verhandlungsgremiums. Zum anderen hat die zentrale die für die Sitzungen in erforderlichem Umfang Räume, sachliche Mittel, Dolmetscher und Büropersonal zur Verfügung zu stellen. Zu den von der zentralen Leitung zu tragenden Kosten gehören auch die Mittel, die für die Kommunikation zwischen den Mitgliedern des besonderen Verhandlungsgremiums notwendig sind. Hierzu gehören u.a. auch Internetzugang, e-mail, Faxgeräte etc[579]. Die zentrale Leitung hat weiterhin die Kosten für etwaige Rechtsstreitigkeiten einschließlich der Anwaltskosten zu tragen, wenn das besondere Verhandlungsgremium davon ausgehen konnte, daß diese zur pflichtgemäßen Durchsetzung seiner Rechte notwendig waren[580].

bb. Der Europäische Betriebsrat

Gemäß § 30 EBRG hat die zentrale Leitung über die in § 16 EBRG geregelten Tatbestände hinaus die Kosten für die laufende Geschäftsführung des Europäischen Betriebsrats und des Ausschusses zu tragen. Dies sind alle Kosten, die zu einer ordnungsgemäßen und sachgerechten Durchführung der Aufgaben des Europäischen Betriebsrats und des Ausschusses erforderlich sind[581]. Ausdrücklich aufgeführt sind im Gesetz das Bereitstellen von Räumen, sachlichen Mitteln und Büropersonal, sowie für Sitzungen die Übernahme von Dolmetscherkosten.

Die in § 30 EBRG bloß für Verwaltungsausgaben vorgesehene Kostentragungspflicht entspricht nicht den Vorgaben der Richtlinie 94/45/EG, denn nach Ziffer 7 der subsidiären Vorschriften hat die zentrale Leitung darüber hinaus den Mitgliedern des Europäischen Betriebsrats die erforderlichen und materiellen Mitteln zur Verfügung zu stellen, damit diese ihre Aufgaben in angemessener Weise wahrnehmen können. Hierunter fallen auch Fortbildungsmaßnahmen für

578 *ArbG. Hamburg* vom 17.04.1997, AuR 1998, S.42 f.
579 Siehe hierzu näher *Blanke*, EBRG, § 16, RN 4.
580 *F/K/H/E*, BetrVG, § 40, RN 17; *Müller*, EBRG, § 16, RN 2.
581 Zu den erforderlichen Kosten siehe näher *Wedde* in D/K/K, BetrVG, § 40, RN 30 ff.

Mitglieder des Europäischen Betriebsrats, da die Mitarbeit in einem europäischen Arbeitnehmervertretungsgremium neuartige Qualifikationsanforderungen, wie Fremdsprachenkenntnisse oder Kenntnisse über die unterschiedlichen Rechtssysteme in den anderen Mitgliedstaaten erfordert[582]. § 40 I EBRG muß folglich in der Weise ergänzt werden, daß der in § 37 VI, VII BetrVG vorgesehene Schulungs- und Bildungsanspruch auf die Mitglieder des Europäischen Betriebsrats erstreckt wird.

II. Die französische Umsetzung

Die Kosten für Sachverständige und Verwaltungsausgaben wurden in Art.L. 439-16 geregelt. Danach können sich der Europäische Betriebsrat und der Ausschuß von Sachverständigen ihrer Wahl unterstützen lassen; die Kostentragungspflicht der zentralen Leitung wurde entsprechend der Richtlinie auf einen Sachverständigen beschränkt. Die Verwaltungsausgaben gehen ebenfalls zu Lasten der zentralen Leitung. Nach Art.L. 439-16 III wird die von den Mitgliedern des Europäischen Betriebsrats in Sitzungen verbrachte Zeit als Arbeitszeit betrachtet und zum üblichen Zeitpunkt vergütet.

Ferner hat die zentrale Leitung nach Art.L. 439 16 IV die Pflicht, den Mitgliedern des Europäischen Betriebsrats und den Ausschußmitgliedern die zur Ausübung ihrer Aufgaben erforderliche Zeit zur Verfügung zu stellen. Hierfür ist ein Zeitkontingent von 120 Stunden pro Mitglied im Jahr vorgesehen, welches nur bei außergewöhnlichen Umständen überschritten werden darf. Diese Zeit gilt als Arbeitszeit und wird zum üblichen Zeitpunkt vergütet.

H. Der Geheimnisschutz

In Art.8 der Richtlinie 94/45/EG sind zwei Bereiche des Geheimnisschutzes geregelt; zum einen die vertrauliche Behandlung der von der zentralen Leitung an den Europäischen Betriebsrat bzw. das besondere Verhandlungsgremium weitergeleiteten Informationen und zum anderen die Möglichkeit der Zurückhaltung von vertraulichen Informationen durch die zentrale Leitung.

[582] *Bachner/Kunz*, AuR 1996, S.81 (86); *Weiss*, AuR 1995, S.438 (444); *Gaul*, NJW 1996, S.3378 (3382); a.A. *Ruoff*, BB 1997, S.2478 (2482).

I. Die vertrauliche Behandlung von Informationen

Nach Art.8 I ist es den Mitgliedern des Europäischen Betriebsrats nicht gestattet, ihnen ausdrücklich als vertraulich mitgeteilte Informationen an Dritte weiterzugeben. Gemäß Ziffer 3 III des Anhangs der Richtlinie informieren die Mitglieder des Europäischen Betriebsrats allerdings unbeschadet der Regelungen des Art.8 der Richtlinie die Arbeitnehmervertreter der Betriebe des gemeinschaftsweit tätigen Unternehmens oder der gemeinschaftsweit tätigen Unternehmensgruppe.

1. Die deutsche Umsetzung

Die vertrauliche Behandlung von Betriebs- und Geschäftsgeheimnissen ist in § 39 II EBRG geregelt worden. Danach sind die Mitglieder und Ersatzmitglieder des Europäischen Betriebsrats verpflichtet, Betriebs- und Geschäftsgeheimnisse, die ihnen von der zentralen Leitung als geheimhaltungsbedürftig erklärt wurden, nicht zu offenbaren oder zu verwerten. Diese Verpflichtung gilt allerdings nicht gegenüber den örtlichen Arbeitnehmervertretern der Betriebe und Unternehmen, wenn diese im Rahmen des § 18 EBRG oder nach § 35 EBRG über den Inhalt der Unterrichtung und der Ergebnisse der Anhörung zu unterrichten sind. Gemäß § 39 III EBRG gilt daher die Pflicht zur Vertraulichkeit auch für die örtlichen Arbeitnehmervertreter.

2. Die französische Umsetzung

Die in Art.8 I der Richtlinie geregelte Pflicht der vertraulichen Behandlung von Informationen wurde in Frankreich mit Art.L. 439-14 al.4 umgesetzt. Danach haben die Mitglieder des Europäischen Betriebsrats die örtlichen Arbeitnehmervertreter unter Einhaltung der Bestimmungen zur beruflichen Schweigepflicht und der Diskretionspflicht über die Ergebnisse der Unterrichtung und Anhörung zu unterrichten. Diese Regelung widerspricht dem Wortlaut und dem Sinn und Zweck der Ziffer 3 III des Anhangs der Richtlinie 94/45/EG, welche gerade eine umfassende Informierung der örtlichen Arbeitnehmervertretungen gewährleisten möchte. Der französische Gesetzgeber muß hier eine Korrektur des Gesetzes vornehmen und einen ungefilterten Informationsfluß an die örtlichen Arbeitnehmervertretungen zulassen.

II. Die Zurückhaltung vertraulicher Informationen

Gemäß Art.8 II der Richtlinie über Europäische Betriebsräte hat jeder Mitgliedstaat vorzusehen, daß die in seinem Hoheitsgebiet ansässige zentrale Leitung in besonderen Fällen und unter den in den einzelstaatlichen Rechtsvorschriften festgelegten Bedingungen und Beschränkungen Informationen nicht weiter leiten muß, wenn diese die Arbeitsweise der betroffenen Unternehmen nach objektiven Kriterien erheblich beeinträchtigen oder schaden könnten.

1. Die deutsche Umsetzung

Gemäß § 39 I EBRG besteht die Pflicht der zentralen Leitung, über die im Rahmen der §§ 18 und 19 EBRG vereinbarten oder die sich aus den §§ 32 und 33 I EBRG ergebenden Angelegenheiten zu unterrichten, soweit dadurch keine Betriebs- oder Geschäftsgeheimnisse des Unternehmens oder der Unternehmensgruppe gefährdet werden.

Diese Bestimmung ähnelt der des § 106 II BetrVG, wonach der Arbeitgeber den Wirtschaftsausschuß zu unterrichten hat, soweit dadurch nicht die Betriebs- und Geschäftsgeheimnisse des Unternehmens gefährdet werden. Der Arbeitgeber darf nur dann die Weitergabe von Informationen verweigern, wenn er nach pflichtgemäßer Prüfung der objektiv begründeten Ansicht ist, daß trotz der Geheimhaltungspflicht des § 79 II BetrVG durch die Mitteilung der Information eine Gefährdung der Betriebs- und Geschäftsgeheimnisse eintreten könnte[583]. Eine solche Gefährdung kommt nur in Ausnahmefällen in Betracht; sie kann im Hinblick auf die Bedeutung der völligen Geheimhaltung einer Tatsache für den Bestand oder die Entwicklung des Unternehmens bestehen sowie in der Person eines oder mehrerer Mitglieder des Wirtschaftsausschusses begründet sein[584].

2. Die französische Umsetzung

Die in Art.8 II der Richtlinie 94/45/EG vorgesehene Beschränkung der Weitergabe von Informationen an den Europäischen Betriebsrat wurde vom französischen Gesetzgeber nicht umgesetzt.

583 *F/K/H/E*, BetrVG, § 106, RN 21.

584 *Joost* in Münchener HB des Arbeitsrechts, § 311, RN 58; *Däubler/Trümner* in D/K/K, BetrVG, § 106, RN 58 verlangen dagegen das Vorliegen beider Gründe.

a. Die rechtlichen Hintergründe

Die Nichtumsetzung des Art.8 II der Richtlinie 94/45/EG erklärt sich vor dem Hintergrund der Behandlung von vertraulichen Informationen im französischen Recht. Der Arbeitgeber hat hiernach keine gesetzliche Möglichkeit, Informationen im Rahmen der Unterrichtung des comité d'entreprise zurückzuhalten[585]. Die Mitglieder des comité d'entreprise und die gewerkschaftlichen Repräsentanten in diesem Gremium sind nach Art.L. 432-7 lediglich an die berufliche Schweigepflicht und die Diskretionspflicht gebunden. Unter die berufliche Schweigepflicht fallen alle Herstellungsverfahren[586].

Informationen müssen nach Art.L. 432-7 dann als vertraulich behandelt werden, wenn sie vom Arbeitgeber in der Sitzung als solche bezeichnet wurden. Die Möglichkeiten für den Arbeitgeber, eine Information als vertraulich einzustufen, sind an gewisse Voraussetzungen gebunden. Der vertrauliche Charakter muß nach objektiven Maßstäben gegeben sein[587]. Dies bedeutet einerseits, daß die als vertraulich bezeichnete Information nicht bereits der Öffentlichkeit oder dem Personal des Unternehmens zugänglich gemacht wurde und andererseits, daß die Weitergabe der fraglichen Information dem Interesse des Unternehmens schaden könnte[588].

b. Ein Umsetzungsvorschlag

Die in Art.8 II getroffene Regelung, daß die Mitgliedstaaten Bedingungen festlegen müssen, nach denen die zentrale Leitung gewisse Informationen nicht an den Europäischen Betriebsrat weiterleiten muß, ist eine obligatorische Vorschrift[589]; sie muß also von jedem Mitgliedstaat umgesetzt werden.

aa. Die objektiven Kriterien

Die Kriterien zur beruflichen Schweigepflicht und der Diskretionspflicht nach Art.L. 432-7 lassen sich für die Umsetzung des Art.8 II der Richtlinie 94/45/EG nutzbar machen. Nach Art.8 II der Richtlinie 94/45/EG dürfen Informationen nur dann zurückgehalten werden, wenn nach objektiven Kriterien eine erhebliche Beeinträchtigung oder ein Schaden für das Unternehmen zu erwarten ist.

585 *G.Lyon-Caen/Pélissier/Supiot*, Droit du travail, RN 729.
586 *G.Lyon-Caen/Pélissier/Supiot*, Droit du travail, RN 729.
587 *Savatier*, Droit social 1985, S.111 (113).
588 *Savatier*, Droit social 1985, S.111 (113).
589 So auch die Arbeitsgruppe "*Information et consultation*", Abschlußbericht, S.88.

Diese Kriterien stimmen mit den Voraussetzung über die berufliche Schweigepflicht und der Diskretionspflicht des Art.L. 432-7 überein. Der französische Gesetzgeber müßte also für die Unterrichtung der Europäischen Betriebsräte eine Regelung schaffen, welche die Kriterien des Art.L. 432-7 enthält und in diesen Fällen das Recht zur Zurückhaltung dieser Informationen zuläßt.

Eine solche Regelung würde sich gut in das französische Recht einfügen, da auch der Arbeitgeber in bezug auf die Unterrichtung des comité d'entreprise derjenige ist, welcher darüber entscheidet, ob eine Information vertraulich zu behandeln ist. Die Möglichkeit, daß die zentrale Leitung selbst über die Weitergabe von Informationen entscheiden kann, ist von der Richtlinie gedeckt[590]. Den Mitgliedstaaten wird in Art.8 II der Richtlinie 94/45/EG lediglich die Möglichkeit eingeräumt, die Befreiung von der Weitergabe der vertraulichen Informationen von einer behördlichen oder gerichtlichen Genehmigung abhängig zu machen.

bb. Die Sanktionsvorschriften

Die oben vorgeschlagene Regelung über die Zurückhaltung von Informationen würde sich auch deshalb gut in das französische Recht einfügen, da das comité d'entreprise vor Gericht gegen den Arbeitgeber klagen kann, wenn dieser in unberechtigter Weise Informationen als vertraulich zu behandeln erklärt hat. Das Klagerecht des comité d'entreprise ergibt sich aus Art.L. 431-6 al.1, wonach dieses eine juristische (personnalité civile) Person ist[591]. Der Europäische Betriebsrat ist gemäß Art.L. 439-14 al.1 ebenfalls eine juristische Person (personnalité juridique); er kann daher auch vor Gericht gegen die zentrale Leitung Klage erheben. Mit dieser Vorschrift hat der französische Gesetzgeber Art.11 IV der Richtlinie 94/45/EG umgesetzt, wonach die Mitgliedstaaten dafür Sorge zu tragen, daß dem Europäischen Betriebsrat der Klageweg eröffnet wird, wenn die zentrale Leitung sich auf die Vertraulichkeit der Informationen beruft und diese nicht weiterleitet.

Bezeichnet der Arbeitgeber gewisse Informationen als vertraulich, obwohl die objektiven Kriterien hierfür nicht erfüllt, so macht er sich eines "délit d'entrave"

590 Arbeitsgruppe "*Information et consultation*", Abschlußbericht, S.174.
591 *Savatier*, Droit social 1987, S.101 (101).

nach Art.L. 483-1 strafbar, da er mit seinem Verhalten das ordnungsgemäße Funktionieren des comité d'entreprise behindert hat[592].

Um den Sanktionsvorschriften des Art.11 III der Richtlinie 94/45/EG Genüge zu tun, hat der französischen Gesetzgeber eine neue Regelung eingeführt. Nach Art.L. 483-1-2 macht sich die zentrale Leitung eines "délit d'entrave" schuldig, wenn sie die Funktionsweise des Europäischen Betriebsrats oder des besonderen Verhandlungsgremiums behindert. Analog zur Regelung des Art.L. 483-1-2 wäre auch dann ein "délit d'entrave" gegeben, wenn die zentrale Leitung Informationen zurückhält, obwohl diese nach objektiven Kriterien nicht zurückgehalten werden dürfen, denn dadurch würde das ordnungsgemäße Funktionieren des Europäischen Betriebsrats beeinträchtigt.

I. Schutzvorschriften

Nach Art.10 I der Richtlinie 94/45/EG genießen die Arbeitnehmervertreter bei der Wahrnehmung ihrer Aufgaben im besonderen Verhandlungsgremium, dem Europäischen Betriebsrat und beim Unterrichtungs- und Anhörungsverfahren den gleichen Schutz und gleichartige Sicherheiten wie die Arbeitnehmervertreter nach den innerstaatlichen Rechtsvorschriften oder Gepflogenheiten.

I. Die deutsche Umsetzung

Der Schutz der inländischen Mitglieder des Europäischen Betriebsrats, des besonderen Verhandlungsgremiums und der Arbeitnehmervertreter am Umterrichtungs- und Anhörungsverfahren ist in § 40 EBRG geregelt. Danach gelten für diese die Vorschriften des § 37 I bis V BetrVG, die §§ 78, 103 BetrVG sowie des § 15 I, III-V KSchG entsprechend.

II. Die französische Umsetzung

Gemäß Art.L. 439-23 al.1 finden die Vorschriften des Art.L. 436-1 bis 436-3 über die Voraussetzungen einer Kündigung von Mitglieder des comité d'entreprise entsprechende Anwendung. Gemäß Art.L. 439-23 al.2 darf kein Arbeitnehmer mit Disziplinarmaßnahmen bestraft werden oder entlassen werden, weil er seine Rechte im Zusammenhang mit dem Europäischen Betriebsrat bzw. dem besonderen Verhandlungsgremium wahrgenommen hat.

[592] *Savatier*, Droit social 1985, S.111 (115).

J. Das Verhältnis zwischen EBR und Konzernbetriebsrat

I. Die französische Umsetzung

Das Verhältnis des comité d'entreprise européen zum comité de groupe wurde vom französischen Gesetzgeber in das Umsetzungsgesetz miteingearbeitet. Nach Art.L. 439-24 kann in einem Unternehmen im Sinne des Art.L. 439-1, in dem ein Europäischer Betriebsrat errichtet wurde, im Rahmen der Vereinbarung gemäß Art.L. 439-8 oder einer innerhalb der Unternehmensgruppe getroffenen Vereinbarung beschlossen werden, die Arbeitsweise des comité de groupe anzupassen oder dieses gegebenfalls aufzulösen. Dazu bedarf es der Zustimmung des comité de groupe. Im Fall der Auflösung des comité de groupe gelten die Bestimmungen des Art.L. 439-2 bezüglich der Informationsrechte des comité de groupe für das comité d'entreprise européen.

II. Das deutsche Recht

Der deutsche Gesetzgeber dagegen hat es unterlassen, das Verhältnis von Konzernbetriebsrat und Europäischem Betriebsrat, welche auf derselben Ebene angesiedelt sind, zu regeln. Dies ist aber von evidenter Bedeutung, damit die Arbeitnehmervertretung nicht durch ein konfliktreiches Konkurrenzverhältnis der beiden Institutionen geschwächt wird[593]. Die Grenzziehung kann auf keinen Fall dahingehend erfolgen, daß der Konzernbetriebsrat nur für nationale, der Europäische Betriebsrat dagegen nur für grenzübergreifende Fragen zuständig sein soll, denn inländische Probleme werden häufig nur dann verständlich, wenn der internationale Kontext hergestellt wird. Am sinnvollsten erscheint es daher, ein Kooperationsverfahren zwischen den beiden Gremien zu installieren, damit diese ihre Informationen ungehindert austauschen können[594].

K. Der Ausbau von Gewerkschaftsrechten

An dieser Stelle muß das EBRG erneut kritisiert werden. Das Gesetz behandelt die Rechte der Gewerkschaften äußerst stiefmütterlich. Obwohl in der Begründung zum Gesetzesentwurf ausdrücklich auf die Nähe zum BetrVG hingewiesen wird[595], sind keine vergleichbaren Rechte im EBRG enthalten. Die Gewerkschaftsrechte beschränken sich nach §§ 9, 12, 24 EBRG lediglich auf Informationen im Zusammenhang mit der Bildung des besonderen Verhandlungsgremiums und des Europäischen Betriebsrats sowie auf die Klarstellung, daß nach §§

593 *Weiss*, AuR 1995, S.438 (442).
594 So auch *Weiss*, AuR 1995, S.438 (442).
595 BT-Drucks. 13/4520, S.15.

13 IV, 29 EBRG Sachverständige kraft Gesetzes auch Gewerkschaftsbeauftragte sein können. Weiterhin ist noch das Strafantragsrecht nach § 44 III EBRG zu erwähnen.

I. Verstoß des EBRG gegen Art.9 III GG

Die verfassungsrechtlich garantierte Koalitionsfreiheit gemäß Art.9 III GG wurde im EBRG nicht beachtet. Nach der neuen Rechtsprechung des *BVerfG* ist der Gesetzgeber zur Rücksichtnahme auf die Koalitionen verpflichtet[596]. Die durch Art.9 III GG garantierten Betätigungsmöglichkeiten der Gewerkschaften dürfen nicht dadurch unterlaufen werden, daß die betriebliche Interessenvertretung zu einer Konkurrenzinstitution ausgebaut wird. Zwischen den für die gesamte Belegschaft sprechendenden betrieblichen Interessenvertretungsorganen auf der einen Seite und den Gewerkschaften auf der anderen Seite muß daher ein Verhältnis der Kooperation und nicht der Isolation oder gar des Gegeneinanders geschaffen werden[597]. Um das von der Verfassung garantierte Minimum der Koalitionsfreiheit zu garantieren, müssen die Gewerkschaften weitergehende Rechte wie ein Zugangsrecht zum Betrieb oder ein ausdrückliches Teilnahmerecht an den Sitzungen des Europäischen Betriebsrats erhalten[598], denn nur so können diese aufgrund der mitgeteilten Informationen sinnvolle Stragtegien entwickeln, mit deren Hilfe die zentrale Leitung unter Druck gesetzt werden kann.

II. Verstoß des EBRG gegen das ILO-Übereinkommen Nr.135

Das EBRG verstößt ferner gegen das ILO-Übereinkommen Nr.135 "über den Schutz und Erleichterung für Arbeitnehmervertreter im Betrieb", welches die Bundesrepublik Deutschland ratifiziert hat. In Art.5 des Übereinkommens ist folgendes normiert: "Sind in einem Betrieb sowohl Gewerkschaftsvertreter als auch gewählte Vertreter tätig, so sind nötigenfalls geeignete Maßnahmen zu treffen, um zu gewährleisten, daß das Vorhandensein gewählter Vertreter nicht dazu benutzt wird, die Stellung der beteiligten Gewerkschaften oder ihrer Vertreter zu untergraben, und um die Zusammenarbeit zwischen den gewählten Vertretern und den beteiligten Gewerkschaften und ihren Vertretern in allen einschlägigen Fragen zu fördern"[599]. Unter den gewählten Vertretern sind solche

596 *BVerfG* vom 14.11.1995, AuR 1996, S.151; hierzu auch *Däubler*, AuR 1996, S.303 ff.
597 *Däubler*, AuR 1996, S.303 (304).
598 *Klebe/Kunz*, Europäische Betriebsräte, FS für Däubler, S.1 (15); *Bachner/Nielebock*, AuR 1997, S.129 (131); *Bachner/Kunz*, AuR 1996, S.81 (87).

zu verstehen, die von der gesamten Belegschaft gewählt sind. Hierzu zählen auch die Mitglieder des besonderen Verhandlungsgremiums und des Europäischen Betriebsrats[600]. Eine "Untergrabung" der Gewerkschaften steht dann zu befürchten, wenn in bestimmten Sachbereichen ausschließlich gewählten Vertreter Befugnisse zugestanden werden, während den Gewerkschaften jede Einflußnahme verwehrt wird[601]. Die Ablehnung eines koaltionsrechtlichen Zugangsrechts durch die deutsche Rechtsprechung verstößt nach Ansicht des Sachverständigenausschusses der ILO gegen das ILO-Übereinkommen Nr.135[602]; dies muß erst recht gelten, wenn den Gewerkschaften zwar ein Strafantragsrecht zugebilligt wird, ihnen aber die Möglichkeit verwehrt wird, im Betrieb selbst einem eventuellen Verdacht nachzugehen.

L. Ergebnis:

Der Vergleich hat gezeigt, daß sich die nationalen Arbeitnehmervertretungsstrukturen in beiden Umsetzungsgesetzen deutlich widerspiegeln. Das EBRG entspricht in vielfacher Hinsicht dem deutschen BetrVG. Dies wird insbesondere deutlich durch die ausdrückliche Übernahme von Begriffen des BetrVG in das EBRG, wie z.B. § 4 S.1 EBRG, der die Definition des Arbeitnehmerbegriffs nach § 5 I BetrVG übernimmt. Ferner finden sich u.a. in §§ 34, 40 I EBRG Verweisungen auf das BetrVG. Stark angelehnt an die deutsche Tradition der betrieblichen Arbeitnehmervertretung ist ebenfalls die fast vollständige Ausklammerung von Gewerkschaftsrechten, das Monopol der betrieblichen Interessenvertretung bei der Entsendung von Mitgliedern in das besondere Verhandlungsgremium und den Europäischen Betriebsrat nach §§ 11, 23 EBRG, das Gebot der vertrauensvollen Zusammenarbeit in §§ 8 III, 38 EBRG sowie die Einschränkung von Mitwirkungsrechten der Arbeitnehmervertreter in Tendenzunternehmen nach § 34 EBRG. Der entscheidende Unterschied des EBRG gegenüber dem deutschen Modell der Betriebsverfassung liegt in der konzeptionellen Strukturentscheidung der Richtlinie 94/45/EG sowie des EBRG vom Vorrang der Vereinbarungen zwischen der Unternehmensleitung und den Arbeitnehmervertretern gegenüber den gesetzlichen Vorgaben. Der Spielraum, der den Verhandlungspartnern bei der Installierung einer europäischen Arbeitnehmervertretung an die Hand gegeben wurde, übersteigt bei weitem die sonst

599 Zitiert nach *Däubler/Kittner/Lörcher*, Internationale Arbeits- und Sozialordnung, Nr.212.
600 Statt aller *Bachner/Nielebock*, AuR 1997, S.129 (131).
601 *Däubler*, AuR 1996, S.303 (305).
602 Siehe hierzu *Lörcher*, AuR 1991, S.97 (100).

eng umrissenen Möglichkeiten zur Regelung kollektivrechtlicher Fragen wie z.B. in §§ 3, 47 IV, 55 IV BetrVG[603].

Auch im französischen Umsetzungsgesetz hat das französische Modell der Betriebsverfassung deutlich Eingang gefunden. So hat in Frankreich der Arbeitgeber den Vorsitz im comité d'entreprise. Diese Struktur findet sich auch in der Zusammensetzung des Europäischen Betriebsrats kraft Gesetzes wieder, obwohl in den zwingenden Vorschriften der Richtlinie 94/45/EG das deutsch-niederländische Modell einer reinen Arbeitnehmervertretung festgeschrieben wurde. Die besondere Rolle der Gewerkschaften bei der betrieblichen Arbeitnehmervertretung wird im französischen Umsetzungsgesetz dadurch unterstrichen, daß ihnen, wie bei der Wahl zum comité d'entreprise auch, das Monopol bei der Kandidatenaufstellung im Hinblick auf die Entsendung der Mitglieder in das besondere Verhandlungsgremium und den Europäischen Betriebsrat zusteht.

603 So such *Blanke*, EBRG, Einl., RN 32.

Zusammenfassung der Ergebnisse:
Die Entstehungsgeschichte der Richtlinie 94/45/EG ist eng mit der Entwicklung der Sozialpolitik der Europäischen Gemeinschaft verbunden. Zunächst war die Europäische Gemeinschaft als reine Wirtschaftsgemeinschaft angelegt; dementsprechend spielte die Sozialpolitik eine gänzlich untergeordnete Rolle. Erst in den 70er Jahren änderte sich diese Situation[604]. Aufgrund der fortschreitenden Integration mußten auch die Belange der Arbeitnehmer gemeinschaftsweit harmonisiert werden, um die bereits erfolgten Ziele auf wirtschaftlichem Gebiet nicht zu gefährden. In diese Zeit fällt auch der erste Versuch der Einsetzung eines Europäischen Betriebsrats. Dieser sollte nach dem Vorschlag des Rates über das Statut einer Europäischen Aktiengesellschaft mit Hilfe der Verordnung installiert werden[605]. Doch der Versuch, einen "starren" Europäischen Betriebsrat in den einzelnen Mitgliedstaaten zu installieren, ohne auf die zum Teil völlig unterschiedlichen Traditionen der Arbeitnehmervertretung Rücksicht zu nehmen, war zum Scheitern verurteilt. Erst über zwanzig Jahre später kam es tatsächlich zur Verabschiedung der Richtlinie 94/45/EG über die Einsetzung eines Europäischen Betriebsrats oder die Schaffung eines Verfahrens zur Unterrichtung und Anhörung der Arbeitnehmer in gemeinschaftsweit operierenden Unternehmen oder Unternehmensgruppen. Nur mit Hilfe der prozeduralen und inhaltlichen Offenheit dieser Richtlinie war es möglich geworden, eine europäische Arbeitnehmervertretung in den Mitgliedstaaten zu installieren, ohne die gewachsenen nationalen Strukturen der betrieblichen Arbeitnehmervertretung zu übergehen.

Das deutsche und das französische Betriebsverfassungsrecht haben trotz verschiedener Gemeinsamkeiten in ihrer Grundkonzeption eine unterschiedlich Ausrichtung. Das deutsche Modell der Betriebsverfassung ist auf eine Übernahme von sozialer Verantwortung durch die Arbeitnehmer im Unternehmen angelegt. Hiermit verbunden ist zum einen das Modell der "echten" Mitbestimmung und zum anderen der Grundsatz der vertrauensvollen Zusammenarbeit und das damit verbundene betriebliche Arbeitskampfverbot. Der Grundsatz der vertrauensvollen Zusammenarbeit zwischen Arbeitgeber und den Arbeitnehmervertretern fand bereits in einem Minderheitenentwurf des volkswirtschaftlichen Ausschusses der Frankfurter Nationalversammlung seinen ersten Niederschlag.

604 Zur Entwicklung der Sozialpolitik in der Europäischen Gemeinschaft siehe *Weiss*, FS für Stahlhacke, S.657 (661 ff.).
605 EG Abl. Nr.C 124 vom 10.10.1970, S.1.

Dieser Grundgedanke zieht sich wie ein roter Faden durch die Geschichte der industriellen Mitbestimmung in Deutschland. Sowohl die "Lex Berlepsch", welche die freiwillige Errichtung von Arbeiterausschüssen in der Reichsgewerbeordnung von 1891 erstmals gesetzlich fixierte, als auch die preußische Berggesetznovelle von 1905, in welcher zum ersten Mal obligatorische Arbeiterausschüsse vorgesehen wurden, hatten eine sozialintegrative und wirtschaftsfriedliche Intention. An dieser Konzeption wurde auch im Betriebsrätegesetz von 1920 festgehalten.

Das französische Betriebsverfassungsrecht ist nicht darauf angelegt, daß die Arbeitnehmer im Unternehmen soziale Verantwortung übernehmen sollen. Der Arbeitgeber hat das alleinige Entscheidungsrecht im Bereich der sozialen, wirtschaftlichen und personellen Angelegenheiten. Das comité d'entreprise soll dem Arbeitgeber lediglich beratend zur Seite stehen. Aus diesem Grund hat es umfangreiche Informations- und Anhörungsrechte in bezug auf die allgemeine Unternehmensführung. Hierbei kann es durchaus Einfluß auch die Unternehmensführung ausüben. Auch wenn der Arbeitgeber Mitglied des comité d'entreprise ist, so sollte sein Einfluß in diesem Gremium aber nicht überschätzt werden. Er ist immer dann nicht stimmberechtigt, wenn er als Arbeitgeber das comité d'entreprise in mitwirkungspflichtigen Personalangelegenheiten konsultiert. Ferner ist sein Stimmrecht von der Rechtsprechung immer stärker beschnitten worden. Man kann daher das comité d'entreprise durchaus als eigenständiges Arbeitnehmervertretungsorgan ansehen. Diese Ansicht wird durch die Praxis untermauert. Das comité d'entreprise ist zwar laut Gesetz nicht befugt, mit dem Arbeitgeber Vereinbarungen zu schließen. Dies ist ausschließlich das Recht der Gewerkschaften; man spricht hier auch vom Monopol der Gewerkschaften[606]. In der Praxis zeigt sich aber mehr und mehr, daß die Arbeitgeber die Gewerkschaften aufgrund des geringen Organisationsgrades der Arbeitnehmer in den Unternehmen immer weniger als Verhandlungspartner akzeptieren. Es werden in zunehmenden Maße Vereinbarungen mit dem comité d'entreprise geschlossen. Dies zeigt, daß die Arbeitgeber das comité d'entreprise als eigenständiges Arbeitnehmervertretungsorgan ansehen und an neuen Lösungen interessiert sind. Die gegenseitigen Ängste und Vorurteile der Arbeitnehmer und der Arbeitgeber scheinen damit immer mehr der Vergangenheit anzugehören. Längerfristig könnte dies zu einer weiteren Stärkung des comité

[606] Dieses Recht ist gesetzlich festgeschrieben in Art.L. 132-2 code du travail.

d'entreprise als Verhandlungspartner der Geschäftsleitung und zu einem Ausbau seiner Rechte führen.

Dem französischen Recht ist ein betriebliches Arbeitskampfverbot, so wie es das deutsche Recht für den Betriebsrat vorsieht, wesensfremd. Das Streikrecht in Frankreich ist ein individuelles Recht, das lediglich kollektiv ausgeübt werden muß[607]. Daher kann das comité d'entreprise auch jederzeit die Arbeit niederlegen, um auf die Arbeitgeberseite Druck auszuüben. Dieser konzeptionelle Unterschied im Streikrecht läßt sich am Beispiel der Umsetzung des "spirit of cooperation" besonders verdeutlichen. Auch wenn der Grundsatz der Zusammenarbeit zwischen der zentralen Leitung und dem Europäischen Betriebsrat in der Richtlinie 94/45/EG verankert wurde, so hat er in den einzelnen Mitgliedstaaten doch ganz unterschiedliche Auswirkungen. Es handelt sich hiebei nur um eine politische Leitlinie, die rechtlich nicht durchsetzbar ist[608]. Dies bedeutet wiederum, daß in Ländern, in denen kein betriebliches Arbeitskampfverbot besteht, der Europäische Betriebsrat zur Durchsetzung seiner Recht streiken darf, im Gegensatz zu einem Europäischen Betriebsrat, der in Deutschland ansässig ist und an das betrieblichen Arbeitskampfverbot gebunden ist. Denn mangels einer europäischen Regelung über das Streikrecht wird man die Rechtmäßigkeit eines Streiks nach dem jeweiligen nationalen Recht beurteilen müssen. Dies hat zur Folge, daß in Deutschland der Europäische Betriebsrat zur Durchsetzung seiner Rechte nicht streiken darf, da sich das betriebliche Arbeitskampfverbot auch auf diese Institution erstreckt.

Die "weiche" Angleichungsmöglichkeit, welche die Richtlinie 94/45/EG den Mitgliedstaaten eröffnet, ist an verschiedenen Stellen des EBRG wiederzufinden. Das EBRG entspricht in vielfacher Hinsicht dem deutschen BetrVG. Dies wird insbesondere deutlich durch die ausdrückliche Übernahme von Begriffen des BetrVG in das EBRG, wie z.B. § 4 S.1 EBRG, der die Definition des Arbeitnehmerbegriffs nach § 5 I BetrVG übernimmt. Ferner finden sich u.a. in §§ 34, 40 I EBRG Verweisungen auf das BetrVG. Stark angelehnt an die deutsche Tradition der betrieblichen Arbeitnehmervertretung ist ebenfalls die fast vollständige Ausklammerung von Gewerkschaftsrechten, das Monopol der

607 *Weiss*, FS für Kissel, S.1253 (1255); *G.Lyon-Caen/Pélissier/Supiot*, Droit du travail, RN 1102; *Jeammaud/Le Friant*, AuR 1994, S.85 (86).

608 *Blanpain/Windey*, European works councils, RN 225; *Blanpain/Schmidt/Schweibert*, Europäisches Arbeitsrecht, S.387.

betrieblichen Interessenvertretung bei der Entsendung von Mitgliedern in das besondere Verhandlungsgremium und den Europäischen Betriebsrat nach §§ 11, 23 EBRG, das Gebot der vertrauensvollen Zusammenarbeit in §§ 8 III, 38 EBRG sowie die Einschränkung von Mitwirkungsrechten der Arbeitnehmervertreter in Tendenzunternehmen nach § 34 EBRG.

In Frankreich hat der Arbeitgeber den Vorsitz im comité d'entreprise. Diese Struktur findet sich auch in der Zusammensetzung des Europäischen Betriebsrats kraft Gesetzes wieder, obwohl in den zwingenden Vorschriften der Richtlinie 94/45/EG das deutsch-niederländische Modell einer reinen Arbeitnehmervertretung festgeschrieben wurde. Die besondere Rolle der Gewerkschaften bei der betrieblichen Arbeitnehmervertretung wird im französischen Umsetzungsgesetz dadurch unterstrichen, daß ihnen, wie bei der Wahl zum comité d'entreprise auch, das Monopol bei der Kandidatenaufstellung im Hinblick auf die Entsendung der Mitglieder in das besondere Verhandlungsgremium und den Europäischen Betriebsrat zusteht.

Die prozedurale und inhaltliche Offenheit der Vorgaben der Richtlinie hat auch sehr deutlich ihren Niederschlag in den freiwilligen Vereinbarungen zur Installierung des Europäischen Betriebsrats gefunden. In den Vereinbarungen dominiert oftmals das nationale Arbeitnehmervertretungssystem des Landes, in dem sich der Sitz der zentralen Leitung befindet. Interessant ist aber die Tatsache, daß sich das deutsch-niederländische Modell der subsidiären Vorschriften in der Praxis wesentlich seltener durchgesetzt hat als das französische Modell, wonach Arbeitgeber und Arbeitnehmervertreter gemeinsam in diesem Gremium vertreten sind. In 3/4 der Fälle wurde das französische Modell gewählt; darunter auch in Unternehmen, die ihren Sitz in Deutschland haben[609].

Bei wissenschaftlichen Untersuchungen zur Arbeits- und Funktionsweise von Europäischen Betriebsräten hat sich u.a. herausgestellt, daß die ersten europäischen Gremien auf Unternehmensebene zur Unterrichtung und Anhörung von Arbeitnehmervertretern als reine Informationsausschüsse eingerichtet wurden[610]. Im Laufe der Zeit konnten neben den reinen Informationsrechten -wenn auch begrenzte- Konsultations- und Mitwirkungsfunktionen realisiert

609 *Lecher/Nagel/Platzer*, Die Konstituierung Europäischer Betriebsräte, S.248; *Blanke*, EBRG, Einl. RN 49.

610 *Lecher/Nagel/Platzer*, Die Konstituierung Europäischer Betriebsräte, S.249 ff.

werden. Dies zeigt, daß der prozedurale Ansatz der Richtlinie im Laufe der Zeit zu einem Ausbau der Rechte der Arbeitnehmervertretung führen kann, wenn sich auf beiden Seiten ein gewisses Vertrauensverhältnis aufgebaut hat. Ein anschauliches Beispiel hierfür ist die zwischen dem Ford-EBR und der Ford-Konzernspitze abgeschlossene Vereinbarung zur Verselbständigung der Ford Visteon-Organisation. Mit dieser Vereinbarung wurde zum ersten Mal ein Europäischer Betriebsrat als Verhandlungs- und Vertragspartner eines internationalen Konzerrnmanagements akzeptiert. Die Vereinbarung wurde von der amerikanischen Konzernspitze und dem europäischen Management von Ford und Visteon, dem Ford-EBR und den Arbeitnehmervertretern der europäischen Visteon-Werke unterschrieben. Durch die verpflichtend abzuschließenden nationalen Umsetzungsvereinbarungen handelt es sich um eine verbindliche, gerichtlich durchsetzbare europäische Vereinbarung. Der Abschluß dieser Vereinbarung war nur durch die Erarbeitung einer gemeinsamen gewerkschaftlichen Position im Ford-EBR und die Abstimmung einer gemeinsamen Vorgehensweise mit der amerikanischen Automobilarbeitergewerkschaft (UAW) möglich geworden.

Hierdurch wird deutlich, welche bedeutende Rolle den europäischen und internationalen Gewerkschaftsorganisationen bei der Installierung und Betreuung von Europäischen Betriebsräten zukommt. 45% aller Vereinbarungen wurden auf Arbeitnehmerseite von Gewerkschaften geschlossen. Aus diesem Grund muß noch einmal die Kritik am EBRG hervorgehoben werden, welches die Rechte der Gewerkschaften fast vollständig ausklammert.

Ausblick:

Bereits für das Jahr 1999 ist gemäß Art.15 der Richtlinie 94/45/EG eine Überprüfung der Anwendung der Euro-Betriebsratsrichtlinie durch die Kommission im Benehmen mit den Mitgliedstaaten und den Sozialpartnern auf europäischer Ebene vorgesehen. Die Revision der Richtlinie bietet die Möglichkeit, überschießende Praxen und Erfahrungen von Europäischen Betriebsräten in den Revisionsprozeß miteinzubringen und für einen möglichen Ausbau sowie eine Konkretisierung der Mitwirkungsrechte zu nutzen. Ziel dieser Überprüfung der Richtlinie wäre es dann, den prozeduralen nun materielle Regelungen folgen zu lassen[611]. Damit könnte gleichzeitig die in der Praxis aufgrund der freiwilligen

Vereinbarungen entstandene Vielfalt von Regelungen wieder vereinheitlicht werden bzw. auf eine gemeinsame Grundlage gestellt werden. Grundlegende Veränderung dürfen bei der Revision nicht erwartet werden, dennoch sollen hier einige Punkte genannt werden, die bei der Überprüfung Eingang in die Richtlinie finden sollten:

- Die Tendenzschutzregelung sollte vollständig aufgehoben werden.
- Die Rechtzeitigkeit der Unterrichtung des Europäischen Betriebsrats müßte inhaltlich präzisiert werden; ebenso der Begriff der Anhörung. Es sollte hier klar zum Ausdruck kommen, daß es sich bei der Anhörung um einen Meinungsaustausch handelt, der vor der endgültigen Entscheidung der zentralen Leitung stattzufinden hat.
- Im Anschluß an den Fall Renault-Vilvoorde sollte die Regelung eines Unterlassungsanspruchs gegenüber der zentralen Leitung in Bezug auf vorgesehene Unternehmensmaßnahmen bei Nichtbeteiligung des Europäischen Betriebsrats geroffen werden. In diesem Zusammenhang muß auch die Möglichkeit eines gerichtlichen Eilverfahrens vorgesehen werden.
- Eine Garantie für Mitglieder des besonderen Verhandlungsgremiums sowie des Europäischen Betriebsrats auf Schulung und Weiterbildung sollte verankert werden.
- Weiterhin muß die Stärkung der Rolle der Gewerkschaften vorangetrieben werden; hier sollte insbesondere ein Zugangsrecht zum Betrieb festgeschrieben werden.

[611] *Lecher/Nagel/Platzer*, Die Konstituierung Europäischer Betriebsräte, S.272 f.

Kolibri 360 GmbH
Ferdinand-Jühlke-Straße 7
99095 Erfurt, Deutschland
produktsicherheit@kolibri360.de

Druck:
CPI Druckdienstleistungen GmbH
im Auftrag der
Kolibri 360 GmbH
Ferdinand-Jühlke-Str. 7
99095 Erfurt